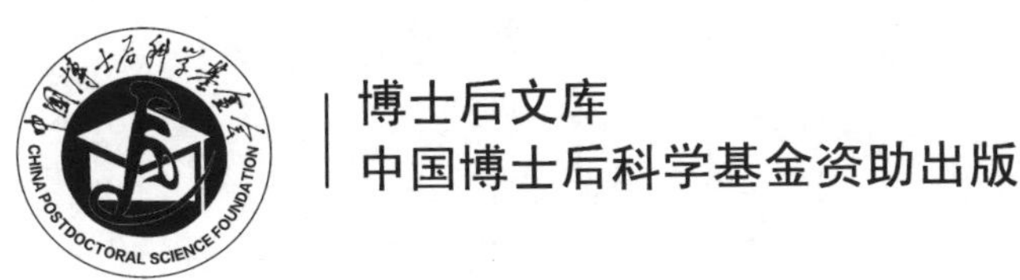

博士后文库
中国博士后科学基金资助出版

生活饮用水水质标准修订与实施保障

郜玉楠　傅金祥　编著

科学出版社
北　京

内 容 简 介

本书主要针对我国生活饮用水卫生标准在制定和实施过程中存在的问题，介绍了饮用水水源水质概况、饮用水水质标准发展、饮用水优先控制污染物筛选、饮用水污染物组群技术、饮用水污染物处理技术评估、饮用水安全法律保障，包括饮用水水质标准、水质检测、水处理技术及水安全管理等多方面内容。

本书所阐述的研究内容可为我国饮用水水质标准的保障实施提供技术支撑，可供饮用水处理领域科研与设计机构、水质检测部门、高校教学、管理部门等相关从业人员使用。

图书在版编目（CIP）数据

生活饮用水水质标准修订与实施保障/郜玉楠，傅金祥编著. —北京：科学出版社, 2017.6

（博士后文库）

ISBN 978-7-03-052889-6

I. ①生… II. ①郜… ②傅… III. ①饮用水–水质–标准–研究–中国 IV.①R123.1

中国版本图书馆 CIP 数据核字(2017)第 113209 号

责任编辑：万　峰　朱海燕 / 责任校对：张小霞
责任印制：张　伟 / 封面设计：北京图阅盛世文化传媒有限公司

科学出版社 出版
北京东黄城根北街 16 号
邮政编码：100717
http://www.sciencep.com

北京凌奇印刷有限责任公司 印刷

科学出版社发行　各地新华书店经销

*

2017 年 6 月第　一　版　开本：720×1000 1/16
2017 年 6 月第一次印刷　印张：15 1/4
字数：290 000

POD定价：　138.00元
（如有印装质量问题，我社负责调换）

《博士后文库》编委会名单

主要编著人员

主　编：郜玉楠　傅金祥　张平平　唐香玉

参　编：赵玉华　袁雅姝　刘　军　马兴冠

黄殿男　张荣新　于鹏飞　王勇勇

张文超　白　宇　周历涛　王信之

孙美乔　刘新泽　单敬敬　由　昆

徐文迪　李　微　周东旭　何　祥

《博士后文库》序言

1985 年，在李政道先生的倡议和邓小平同志的亲自关怀下，我国建立了博士后制度，同时设立了博士后科学基金。30 多年来，在党和国家的高度重视下，在社会各方面的关心和支持下，博士后制度为我国培养了一大批青年高层次创新人才。在这一过程中，博士后科学基金发挥了不可替代的独特作用。

博士后科学基金是中国特色博士后制度的重要组成部分，专门用于资助博士后研究人员开展创新探索。博士后科学基金的资助，对正处于独立科研生涯起步阶段的博士后研究人员来说，适逢其时，有利于培养他们独立的科研人格、在选题方面的竞争意识以及负责的精神，是他们独立从事科研工作的“第一桶金”。尽管博士后科学基金资助金额不大，但对博士后青年创新人才的培养和激励作用不可估量。四两拨千斤，博士后科学基金有效地推动了博士后研究人员迅速成长为高水平的研究人才，“小基金发挥了大作用”。

在博士后科学基金的资助下，博士后研究人员的优秀学术成果不断涌现。2013 年，为提高博士后科学基金的资助效益，中国博士后科学基金会联合科学出版社开展了博士后优秀学术专著出版资助工作，通过专家评审遴选出优秀的博士后学术著作，收入《博士后文库》，由博士后科学基金资助、科学出版社出版。我们希望，借此打造专属于博士后学术创新的旗舰图书品牌，激励博士后研究人员潜心科研，扎实治学，提升博士后优秀学术成果的社会影响力。

2015 年，国务院办公厅印发了《关于改革完善博士后制度的意见》（国办发〔2015〕87 号），将“实施自然科学、人文社会科学优秀博士后论著出版支持计划”作为“十三五”期间博士后工作的重要内容和提升博士后研究人员培养质量的重要手段，这更加凸显了出版资助工作的意义。我相信，我们提供的这个出版资助平台将对博士后研究人员激发创新智慧、凝聚创新力量发挥独特的作用，促使博士后研究人员的创新成果更好地服务于创新驱动发展战略和创新型国家的建设。

祝愿广大博士后研究人员在博士后科学基金的资助下早日成长为栋梁之才，为实现中华民族伟大复兴的中国梦做出更大的贡献。

中国博士后科学基金会理事长

前　言

我国《生活饮用水卫生标准》（GB5749—2006）以下简称新《标准》是由卫生部、国家标准化管理委员会于 2006 年 12 月 29 日批准发布的强制性国家标准，该标准原计划于 2012 年 7 月 1 日起全面执行，但根据我国各省份非常规指标实施情况通报，要完全达到新《标准》的规定难度较大，卫生部原部长陈竺在 2012 年 6 月 29 日针对国务院关于保障饮用水安全报告的专题询问中表示，2015 年各省（自治区、直辖市）和省会城市 106 项指标要实行全覆盖。

在全国范围内强制执行《生活饮用水卫生标准》必然会引领起供水行业的一场革命，这将是除旧迎新、去糟取精的过程，也将是一场从源头到龙头的考验。饮用水标准不但是衡量老百姓口中的安全，也是评判供水体系中指标甄选、检测水平、净水效能、管理保障的标尺。因此，当《生活饮用水卫生标准》全面执行时，会让更多的人去思考：我国的饮用水标准是否可以更加完善、水质检测体系是否可以更加合理、净水技术是否可以更加高效、法律保障是否可以更加健全。作者正是在此思考下编著这本书，希望围绕新《标准》的执行，将饮用水供水体系中存在的问题和改进进行分析总结，为我国饮用水事业的发展和供水行业的提升做些贡献。

全书分为 9 章，第 1 章“饮用水水质安全概论”主要介绍我国饮用水水源水质概况和饮用水水质安全保障的意义；第 2 章“饮用水水质标准概论”主要介绍国内外饮用水水质标准发展概况，以及我国饮用水水质标准存在的问题；第 3 章“水环境优先控制污染物指标筛选分析”主要介绍国内外优先控制污染物筛选现状；第 4 章“我国饮用水备选污染指标清单构建方法”主要介绍在我国水源水质污染特征条件下，建立饮用水备选污染指标清单的方法，以及提出我国饮用水备选污染指标清单名录；第 5 章“饮用水污染物组群技术”主要提出饮用水污染物组群技术概念、方法，污染物组群名录和综合浓度限值的确定方法；第 6 章“我国饮用水水质检测体系分析”主要针对我国饮用水水质检测存在的问题，提出完善饮用水水质检测体系的建议；第 7 章“饮用水净化可行技术筛选与评估”主要针对《生活饮用水卫生标准》和我国饮用水备选污染指标清单中的污染物，通过汇集国内外相关处理技术，通过技术评估，形成我国饮用水可行性净化技术数据库；第 8 章“饮用水安全保障立法现状与分析”主要介绍国内外饮用水安全法律的发展现状以及我国饮用水安全法律存在的问题；第 9 章“我国饮用水安全法的构想”，主要提出包括水源、净水、配水、检测、监测、应急、监督、节水、公众参与、奖惩等《饮用水安全法》构想；附录汇集了中国、美国、世界卫生组织现行的饮用水标准，以及欧盟确定的水环境政策优先物质。全书围绕饮用水的标准、检测、处理、管理等方面进行了详尽的分析阐述，可为我国饮用水水质安全保障提供技术支撑。

本书主要内容由郜玉楠和傅金祥完成，课题组研究生张平平和唐香玉做了大量翻译和资料整理工作。在编写过程中，本书引用了大量的国内外文献资料，以及相关专家的论文和专著，在此表示深深的敬意和感谢！

本书得到中国博士后科学基金、国家自然科学基金、国家科技重大专项课题、沈阳建筑大学专著基金的资助，在此表示感谢！

本书可供饮用水处理领域科研与设计机构、水质检测部门、高校教学及管理部门等相关从业人员使用。

受学识和水平所限，书中不妥之处在所难免，敬请专家和读者批评指正。

作　者

2017 年 3 月

目　　录

第1章 饮用水水质安全概论

水是人类生存和经济社会发展的基本需求，饮用水卫生安全关系到广大人民群众身体健康。切实做好饮用水的卫生安全保障工作，是落实科学发展观，实现全面建设小康社会目标，构建社会主义和谐社会，维护广大人民群众健康权益的重要任务。随着社会的高速发展，水污染问题日益严重已经引起了社会各界的高度关注。本章分析我国河流、湖泊等饮用水水源水质现状，明确饮用水水质安全的定义和饮用水水源水质保障的重要性。

1.1 我国饮用水水源水质概况

当前，我国饮用水安全状况不容乐观，据 2016 年中华人民共和国环境保护部颁布的《2015 年中国环境状况公报》（以下简称《公报》）显示：全国 967 个地表水国控断面（点位）开展了水质监测[①]，Ⅰ~Ⅲ类、Ⅳ~Ⅴ类和劣Ⅴ类水质断面分别占 64.5%、26.7%和 8.8%。5118 个地下水水质监测点中，水质为优良级的监测点比例为 9.1%，良好级的监测点比例为 25.0%，较好级的监测点比例为 4.6%，较差级的监测点比例为 42.5%，极差级的监测点比例为 18.8%。338 个地级以上城市开展了集中式饮用水水源地水质监测，取水总量为 355.43 亿 t，达标取水量约为 345.06 亿 t，占 97.1%（中华人民共和国环境保护部，2016）。

1.1.1 河流水源水质概况

2015 年，长江、黄河、珠江、松花江、淮河、海河、辽河七大流域和浙闽片河流、西北诸河、西南诸河的 700 个国控断面中，Ⅰ类水质断面占 2.7%，比 2014 年下降 0.1 个百分点；Ⅱ类占 38.1%，比 2014 年上升 1.2 个百分点；Ⅲ类占 31.3%，比 2014 年下降 0.2 个百分点；Ⅳ类占 14.3%，比 2014 年下降 0.7 个百分点；Ⅴ类占 4.7%，比 2014 年下降 0.1 个百分点；劣Ⅴ类占 8.9%，主要集中在海河、淮河、辽河和黄河流域，比 2014 年下降 0.1 个百分点。主要污染指标为化学需氧量、五日生化需氧量和总磷。图 1.1 显示了 2015 年七大流域和浙闽片河流、西北诸河和西南诸河水质状况（中华人民共和国环境保护部，2016）。

---

① 地表水监测Ⅰ~Ⅴ类依据《地表水环境质量标准》（GB3838—2002）；地下水监测等级依据《地下水质量标准》（GB/T 14848—93）

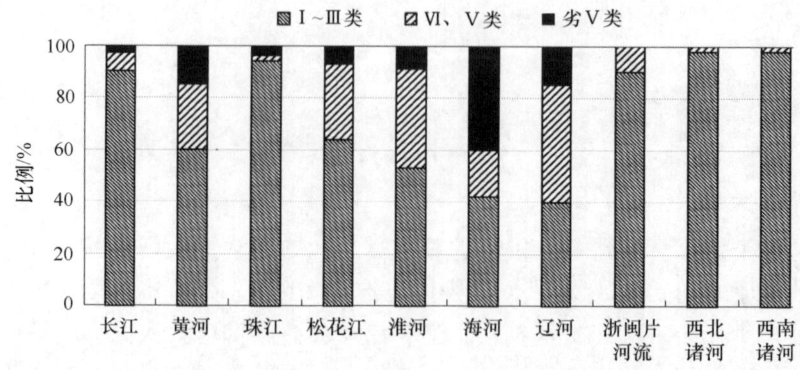

图 1.1　2015 年七大流域和浙闽片河流、西北诸河和西南诸河水质状况

1. 长江流域

长江作为世界第三大河及亚洲第一大河，养育了将近 4 亿中华儿女，实现南水北调后惠及 8 亿人，然而这条中华民族赖以生存的母亲河却受到越来越严重的污染，根据《公报》显示，尽管长江流域总体水质尚可，但干流及一些支流岸边水域污染仍较严重。160 个国控断面中，Ⅰ类水质断面占 3.8%，比 2014 年下降 0.6 个百分点；Ⅱ类占 55.0%，比 2014 年上升 4.1 个百分点；Ⅲ类占 30.6%，比 2014 年下降 2.1 个百分点；Ⅳ类占 6.2%，比 2014 年下降 0.7 个百分点；Ⅴ类占 1.2%，比 2014 年下降 0.7 个百分点；劣Ⅴ类占 3.1%，与 2014 年持平。

长江干流 42 个国控断面中，Ⅰ类水质断面占 7.1%，比 2014 年下降 0.2 个百分点；Ⅱ类占 38.1%，比 2014 年下降 3.4 个百分点；Ⅲ类占 52.4%，比 2014 年上升 1.2 个百分点；Ⅴ类占 2.4%，比 2014 年上升 2.4 个百分点；无Ⅳ类和劣Ⅴ类水质断面，均与 2014 年持平。

长江主要支流 118 个国控断面中，Ⅰ类水质断面占 2.5%，比 2014 年下降 0.9 个百分点；Ⅱ类占 61.0%，比 2014 年上升 6.8 个百分点；Ⅲ类占 22.9%，比 2014 年下降 3.4 个百分点；Ⅳ类占 8.5%，比 2014 年下降 0.8 个百分点；Ⅴ类占 0.8%，比 2014 年下降 1.7 个百分点；劣Ⅴ类占 4.2%，与 2014 年持平。

2. 黄河流域

黄河流域发源于青藏高原巴颜喀拉山北麓海拔 4500m 的约古宗列盆地，流经青海、四川、甘肃、宁夏、内蒙古、陕西、山西、河南、山东九省（自治区），在山东垦利县注入渤海。其流经地区大多是经济不发达地区，投入的环保资金有限。工业长期沿袭低投入、高消耗、重污染的发展模式，用水量和排污量大的企业较多，特别是 20 世纪 80 年代中期到 90 年代初期，小造纸、小制革、小染料、土法炼汞等“十五小”重污染型企业发展很快，污染源增多，排污量增大，大量未经处理或达不到排放标准的废污水直接进入黄河干支流，增加了黄河流域水污染治理工作的难度。一方面，黄河流域水污染严重，人们对“流域可持续发展”的认识不够，缺乏有效的可持续管理、防污、治污的意识，存在治理资金缺乏等问题。另一方面，黄河流域洪涝灾害频繁，水土流失严重。因此，黄河流域的水污染防治工作既迫切又艰难。

2016 年黄河水系总体状况为轻度污染，62 个国控断面中，Ⅰ类水质断面占 1.6%，与 2014 年持平；Ⅱ类占 30.6%，比 2014 年下降 3.3 个百分点；Ⅲ类占 29.0%，比 2014 年上升 4.8 个百分点；Ⅳ类占 21.0%，比 2014 年上升 1.6 个百分点；Ⅴ类占 4.8%，比 2014 年下降 3.3 个百分点；劣Ⅴ类占 12.9%，与 2014 年持平。主要污染指标为总磷、氨氮和五日生化需氧量。

黄河干流 26 个国控断面中，Ⅰ类水质断面占 3.8%，与 2014 年持平；Ⅱ类占 46.2%，比 2014 年下降 7.6 个百分点；Ⅲ类占 38.5%，比 2014 年上升 3.9 个百分点；Ⅳ类占 11.5%，比 2014 年上升 3.8 个百分点；无Ⅴ类和劣Ⅴ类水质断面，均与 2014 年持平。

黄河主要支流 36 个国控断面中，无Ⅰ类水质断面，Ⅱ类占 19.4%，均与 2014 年持平；Ⅲ类占 22.2%，比 2014 年上升 5.5 个百分点；Ⅳ类占 27.8%，与 2014 年持平；Ⅴ类占 8.3%，比 2014 年下降 5.6 个百分点；劣Ⅴ类占 22.2%，与 2014 年持平。主要污染指标为总磷、氨氮和石油类。

3. 珠江流域

珠江，或称珠江河，旧称粤江，是中国境内第三长河流，按年流量为中国第二大河流，全长 2400km。原指广州到入海口的一段河道，后来逐渐成为西江、北江、东江和珠江三角洲诸河的总称。其干流西江发源于云南省东北部沾益县的马雄山，干流流经云南、贵州、广西、广东及香港、澳门。在广东三水与北江汇合，从珠江三角洲地区的 8 个入海口流入南海。北江和东江水系几乎全部在广东境内。珠江流域在中国境内面积 44.21 万 km^2，另有 1.1 万余平方千米在越南境内。珠江上游严重的石漠化生态问题，其危害程度和导致的严重后果甚至超过了以水土流失闻名世界的黄土高原。目前珠江流域石漠化、半石漠化面积达 3.62 万 km^2，而珠江流域流失的土壤几乎是不可再生的。目前珠江地区随经济实力增强和人们观念的转变，发达地区不论民间和官方都越来越重视环保，开始限制或外迁高污染产业，以减轻对环境的压力，而这些企业往往迁移到了珠江的上游，与此同时，欠发达地区近年工业发展迅速，很多地方形成水电、采矿、冶炼一条龙，成为珠江水质污染的主要“杀手”。珠江口已经成为我国近岸污染最严重的海域之一。

2015 年，珠江流域 54 个国控断面中，Ⅰ类水质断面占 3.7%，比 2014 年下降 1.9 个百分点；Ⅱ类占 74.1%，与 2014 年持平；Ⅲ类占 16.7%，比 2014 年上升 1.9 个百分点；Ⅳ类占 1.8%，无Ⅴ类水质断面，劣Ⅴ类占 3.7%，均与 2014 年持平。

珠江干流 18 个国控断面中，Ⅰ类、Ⅱ类、Ⅲ类和Ⅳ类水质断面分别占 5.6%、77.8%、11.1%和 5.6%，无Ⅴ类和劣Ⅴ类水质断面，均与 2014 年持平。珠江主要支流 26 个国控断面中，Ⅰ类水质断面占 3.8%，比 2014 年下降 3.9 个百分点；Ⅱ类占 73.1%，与 2014 年持平；Ⅲ类占 15.4%，比 2014 年上升 3.9 个百分点；无Ⅳ类和Ⅴ类水质断面，劣Ⅴ类占 7.7%，均与 2014 年持平。海南岛内 10 个国控断面中，无Ⅰ类、Ⅳ类、Ⅴ类和劣Ⅴ类水质断面，Ⅱ类占 70.0%，Ⅲ类占 30.0%，均与 2014 年持平。

4. 松花江流域

松花江是黑龙江最大的支流。全长 1900km，流域面积 54.56 万 km^2，超过珠江流域面积，占东北三省总面积的 69.32%。径流总量的 759 亿 m^3，超过了黄河的径流总量。松花江流域范围内山岭重叠，满布原始森林，蓄积在大兴安岭、小兴安岭、长白山等山脉上的木材，总计 10 亿 m^3，是中国面积最大的森林区。矿产蕴藏量极为丰富，除主要的煤外，还有金、铜、铁等。2005 年 11 月 13 日，位于吉林省吉林市的中国石油天然气股份有限公司吉林石化分公司双苯厂（101 厂）的苯胺车间发生剧烈爆炸并引起大火，导致大量含有苯和硝基苯的污水绕过了专用的污水处理通道，通过吉林石化分公司的东 10 号线排污口直接进入了松花江，导致松花江硝基苯和苯严重超标，形成了长达 80 km 的污染带，造成重大环境污染事件，致使松花江下游沿岸的哈尔滨、佳木斯，以及松花江注入黑龙江后俄罗斯的哈巴罗夫斯克市等面临严重的城市生态危机（覃雪波等，2007）。此次污染不仅产生不可逆转的水环境危害，也成为东北地区老工业基地振兴与可持续发展的障碍，而且作为国际界河黑龙江的水质污染还引发了国际纠纷。

2015 年松花江流域 86 个国控断面中，无Ⅰ类水质断面，与 2014 年持平；Ⅱ类占 8.1%，比 2014 年上升 1.2 个百分点；Ⅲ类占 57.0%，比 2014 年上升 1.8 个百分点；Ⅳ类占 26.7%，比 2014 年下降 2.0 个百分点；Ⅴ类占 2.3%，比 2014 年下降 2.3 个百分点；劣Ⅴ类占 5.8%，比 2014 年上升 1.2 个百分点。主要污染指标为高锰酸盐指数、化学需氧量和总磷。

松花江干流 16 个国控断面中，无Ⅰ类和Ⅴ类水质断面，均与 2014 年持平；Ⅱ类占 18.8%，比 2014 年上升 12.6 个百分点；Ⅲ类占 62.5%，比 2014 年下降 18.7 个百分点；Ⅳ类占 12.5%，比 2014 年上升 6.3 个百分点；劣Ⅴ类占 6.2%，与 2014 年持平。松花江主要支流 34 个国控断面中，无Ⅰ类水质断面，与 2014 年持平；

Ⅱ类占 8.8%，比 2014 年下降 3.0 个百分点；Ⅲ类占 64.7%，比 2014 年上升 11.8 个百分点；Ⅳ类占 11.8%，比 2014 年下降 8.8 个百分点；Ⅴ类占 5.9%，劣Ⅴ类占 8.8%，均与 2014 年持平。主要污染指标为高锰酸盐指数、化学需氧量和五日生化需氧量。

5. 淮河流域

淮河是平原河流，发源于河南桐柏山。淮河流域面积 27 万 km^2，人口约 1.65 亿，人口密度居七大流域之首，淮河流域水资源十分短缺，人均水资源总量仅为全国平均水平的 1/5 左右。

2015 年淮河流域 94 个国控断面中，无Ⅰ类水质断面，与 2014 年持平；Ⅱ类占 6.4%，比 2014 年下降 1.0 个百分点；Ⅲ类占 47.9%，比 2014 年下降 1.0 个百分点；Ⅳ类占 22.3%，比 2014 年上升 1.0 个百分点；Ⅴ类占 13.8%，比 2014 年上升 6.4 个百分点；劣Ⅴ类占 9.6%，比 2014 年下降 5.3 个百分点。主要污染指标为化学需氧量、五日生化需氧量和总磷。

淮河干流 10 个国控断面中，无Ⅰ类、Ⅴ类和劣Ⅴ类水质断面，Ⅱ类占 30.0%，Ⅲ类占 50.0%，Ⅳ类占 20.0%，均与 2014 年持平。淮河主要支流 42 个国控断面中，无Ⅰ类水质断面，与 2014 年持平；Ⅱ类占 7.1%，比 2014 年上升 2.3 个百分点；Ⅲ类占 28.6%，与 2014 年持平；Ⅳ类占 26.2%，比 2014 年下降 4.8 个百分点；Ⅴ类占 21.4%，比 2014 年上升 9.5 个百分点；劣Ⅴ类占 16.7%，比 2014 年下降 7.1 个百分点。主要污染指标为化学需氧量、五日生化需氧量和总磷。

6. 海河流域

海河干流起源于天津三岔口，流经天津市区，从塘沽入渤海湾，长 72km，流域面积 2066km^2，上游河流的天然径流历来是天津市的主要水源。然而，自 20 世纪 70 年代以来，由于河系上游截流利用，导致天津严重缺水。海河也是全国七大水系中污染最严重河流之一。非汛期海河水质一般为Ⅳ类或劣Ⅳ类，汛期水质一般为Ⅴ类或劣Ⅴ类，河流污染非常严重（丁辉等，2005）。

2015 年海河流域 64 个国控断面中，Ⅰ类水质断面占 4.7%，与 2014 年持平；Ⅱ类占 15.6%，比 2014 年上升 1.5 个百分点；Ⅲ类占 21.9%，比 2014 年上升 1.6 个百分点；Ⅳ类占 6.2%，比 2014 年下降 7.9 个百分点；Ⅴ类占 12.5%，比 2014 年上升 3.1 个百分点；劣Ⅴ类占 39.1%，比 2014 年上升 1.6 个百分点。主要污染指标为化学需氧量、氨氮和总磷。

海河干流两个国控断面分别为Ⅴ类和劣Ⅴ类水质。主要污染指标为化学需氧量、高锰酸盐指数和总磷。海河主要支流 50 个国控断面中，Ⅰ类水质断面占 6.0%，与2014年持平；Ⅱ类占14.0%，比2014年上升2.0个百分点；Ⅲ类占22.0%，比2014年上升2.0个百分点；Ⅳ类占8.0%，比2014年下降4.0个百分点；Ⅴ类占6.0%，劣Ⅴ类占44.0%，均与2014年持平。主要污染指标为化学需氧量、氨氮和高锰酸盐指数。

7. 辽河流域

辽河是东北地区南部的最大河流，发源于河北平泉县，流经河北、内蒙古、吉林和辽宁4个省（自治区），在辽宁盘山县注入渤海。全长1430km，流域面积22.9万km^2，是中华民族和中华文明的发源地之一。辽河全流域由两个水系组成：一为东、西辽河，于福德店汇流后为辽河干流，经双台子河由盘山入海，干流长516km；另一为浑河、太子河于三岔河汇合后经大辽河由营口入海，大辽河长94km。辽河流域的主要特点是重污染企业集中，水污染生态破坏严重，结构性污染严重，城市污染严重，农业面源污染严重（姜曼等，2011）。

2015年辽河流域55个国控断面中，Ⅰ类水质断面占1.8%，与2014年持平；Ⅱ类占30.9%，比2014年下降3.6个百分点；Ⅲ类占7.3%，比2014年上升1.8个百分点；Ⅳ类占40.0%，与2014年持平；Ⅴ类占5.5%，比2014年下降5.4个百分点；劣Ⅴ类占14.5%，比2014年上升7.2个百分点。主要污染指标为五日生化需氧量、化学需氧量和氨氮。

辽河干流14个国控断面中，无Ⅰ类水质断面，与2014年持平；Ⅱ类占7.1%，比2014年下降7.2个百分点；Ⅲ类占7.1%，与2014年持平；Ⅳ类占64.3%，比2014年上升7.2个百分点；Ⅴ类占14.3%，比2014年下降7.1个百分点；劣Ⅴ类占7.1%，比2014年上升7.1个百分点。主要污染指标为五日生化需氧量、化学需氧量和高锰酸盐指数。辽河主要支流6个国控断面中，无Ⅰ类、Ⅱ类和Ⅲ类水质断面，均与2014年持平；Ⅳ类占66.7%，比2014年上升16.7个百分点；无Ⅴ类水质断面，比2014年下降33.3个百分点；劣Ⅴ类占33.3%，比2014年上升16.6个百分点。主要污染指标为五日生化需氧量、石油类和化学需氧量。

8. 其他河流

2015年浙闽片河流45个国控断面中，Ⅰ类水质断面占4.4%，比2014年下降2.3个百分点；Ⅱ类占31.1%，比2014年上升4.4个百分点；Ⅲ类占53.3%，比2014年上升2.2个百分点；Ⅳ类占8.9%，比2014年下降2.2个百分点；Ⅴ类占2.2%，比2014年下降2.2个百分点；无劣Ⅴ类水质断面，与2014年持平。

2015年西北诸河51个国控断面中，Ⅰ类水质断面占7.8%，比2014年上升3.9个百分点；Ⅱ类占88.2%，比2014年上升3.9个百分点；无Ⅲ类水质断面，比2014

年下降 9.8 个百分点；Ⅳ类占 2.0%，比 2014 年上升 2.0 个百分点；Ⅴ类占 2.0%，比 2014 年上升 2.0 个百分点；无劣Ⅴ类水质断面，比 2014 年下降 2.0 个百分点。

2013 年西南诸河 29 个国控断面中，无Ⅰ类水质断面，与 2014 年持平；Ⅱ类占 72.4%，比 2014 年上升 4.7 个百分点；Ⅲ类占 24.1%，比 2014 年下降 1.7 个百分点；Ⅳ类占 3.4%，比 2014 年上升 3.4 个百分点；无Ⅴ类和劣Ⅴ类水质断面，均比 2014 年下降 3.2 个百分点。

1.1.2　湖泊（水库）水源水质概况

2015 年，全国 62 个重点湖泊（水库）中，5 个湖泊（水库）水质为Ⅰ类，比 2014 年减少 2 个；13 个为Ⅱ类，比 2014 年增加 2 个；25 个为Ⅲ类，比 2014 年增加 5 个；10 个为Ⅳ类，比 2014 年减少 5 个；4 个为Ⅴ类，5 个为劣Ⅴ类，均与 2014 年持平。主要污染指标为总磷、化学需氧量和高锰酸盐指数。

2015 年，开展营养状态监测的 61 个湖泊（水库）中，贫营养的 6 个，比 2014 年减少 4 个；中营养的 41 个，比 2014 年增加 5 个；轻度富营养的 12 个，比 2014 年减少 1 个；中度富营养的 2 个，与 2014 年持平。

2015 年，太湖湖体平均为Ⅳ类水质。20 个国控点位中，Ⅲ类水质点位占 20.0%，Ⅳ类占 75.0%，Ⅴ类占 5.0%。主要污染指标为化学需氧量和总磷。湖体平均为轻度富营养状态，其中西部沿岸区为中度富营养状态，北部沿岸区、湖心区和南部沿岸区均为轻度富营养状态，东部沿岸区为中营养状态。

2015 年，巢湖湖体平均为Ⅴ类水质。8 个国控点位中，Ⅳ类点位占 50.0%，Ⅴ类占 50.0%。主要污染指标为总磷。湖体平均为轻度富营养状态，其中西半湖和东半湖均为轻度富营养状态。

2015 年，滇池湖体平均为劣Ⅴ类水质。10 个国控点位中，Ⅴ类点位占 10.0%，劣Ⅴ类占 90.0%。主要污染指标为化学需氧量、总磷和高锰酸盐指数。湖体平均为中度富营养状态，其中草海和外海均为中度富营养状态。

2015 年重点湖泊（水库）水质状况如表 1.1 所示。

表 1.1　2015 年重点湖泊（水库）水质状况

水质状况	三湖	重要湖泊	重要水库
优	—	洱海、抚仙湖、泸沽湖、班公错	崂山水库、大伙房水库、密云水库、石门水库、隔河岩水库、丹江口水库、松涛水库、黄河滩水库、长潭水库、太平湖、千岛湖、漳河水库、东江水库、新丰江水库
良好	—	高邮湖、阳澄湖、南漪湖、南四湖、瓦埠湖、东平湖、菜子湖、斧头湖、升金湖、骆马湖、武昌湖、洪湖、梁子湖、镜泊湖	松花湖、富水水库、莲花水库、峡山水库、磨盘山水库、董铺水库、小浪底水库、察尔森水库、王瑶水库、大广坝水库、白莲河水库

续表

水质状况	三湖	重要湖泊	重要水库
轻度污染	太湖	洪泽湖、龙感湖、小兴凯湖、兴凯湖、鄱阳湖、阳宗海、博斯腾湖	于桥水库、尼尔基水库
中度污染	巢湖	淀山湖、贝尔湖、洞庭湖	—
重度污染	滇池	达赉湖、白洋淀、乌伦古湖、程海（天然背景值较高所致）	—

注：水质状况：优为 I 类和 II 类水质，良好为 III 类水质，轻度污染为 IV 类水质，中度污染为 V 类水质，重度污染为劣 V 类水质。

三湖：太湖、滇池和巢湖。

1.1.3 地下水水源水质概况

2015 年，以地下水含水系统为单元，以潜水为主的浅层地下水和承压水为主的中深层地下水为监测对象，国土部门对全国 31 个省（自治区、直辖市）202 个地市级行政区的 5118 个监测井（点）（其中国家级监测点 1000 个）开展了地下水水质监测。评价结果显示：水质呈优良、良好、较好、较差和极差级的监测井（点）比例分别为 9.1%、25.0%、4.6%、42.5%和 18.8%。其中，3322 个以潜水为主的浅层地下水水质监测井（点）中，水质呈优良、良好、较好、较差和极差级的监测井（点）比例分别为 5.6%、23.1%、5.1%、43.2%和 23.0%；1796 个以承压水为主（其中包括部分岩溶水和泉水）的中深层地下水水质监测井（点）中，水质呈优良、良好、较好、较差和极差级的监测井（点）比例分别为 15.6%、28.4%、3.7%、41.1%和 11.2%。超标指标主要包括总硬度、溶解性总固体、pH、化学需氧量（COD）、“三氮”（亚硝酸盐氮、硝酸盐氮和氨氮）、氯离子、硫酸盐、氟化物、锰、砷、铁等，个别水质监测点存在铅、六价铬、镉等重（类）金属超标现象。

2015 年，以流域为单元，水利部门对北方平原区 17 个省（自治区、直辖市）的重点地区开展了地下水水质监测，监测井主要分布在地下水开发利用程度较大，污染较严重的地区。监测对象以浅层地下水为主，易受地表或土壤水污染下渗影响，水质评价结果总体较差。2103 个测站数据评价结果显示：水质优良、良好、较差和极差的测站比例分别为 0.6%、19.8%、48.4%和 31.2%，无水质较好的监测站。“三氮”污染较重，部分地区存在一定程度的重金属和有毒有机物污染。

1.1.4 其他饮用水水源水质概况

2015 年，全国 338 个地级以上城市的集中式饮用水水源地取水总量为 355.43 亿 t，服务人口 3.32 亿人。其中，达标取水量为 345.06 亿 t，占取水总量的 97.1%。其中，地表饮用水水源地 557 个，达标水源地占 92.6%，主要超标指标为总磷、溶解氧和五日生化需氧量；地下饮用水水源地 358 个，达标水源地占 86.6%，主要超标指标为锰、铁和氨氮。

重点输水工程是水利工程建设的支柱，在水利事业中起着举足轻重的作用。重点输水工程的建设，在除害兴利方面发挥了重要作用，有力地保证了国民经济的健康发展。特别是改革开放以来，大江大河治理和开发步伐明显加快，三峡、小浪底、治淮、治太等一大批重点工程相继开工建设，掀起了输水工程建设的新高潮。

三峡库区，长江主要支流水体综合营养状态指数范围为25.9~81.2，富营养的断面占监测断面总数的30.5%。回水区水体处于富营养状态的断面比例为35.6%，比非回水区高10.6个百分点。

南水北调（东线）长江取水口夹江三江营断面为Ⅱ类水质。输水干线京杭运河里运河段、宝应运河段、宿迁运河段、鲁南运河段、韩庄运河段和梁济运河段均为Ⅲ类水质。洪泽湖湖体6个点位均为Ⅳ类水质，营养状态为轻度富营养；骆马湖湖体2个点位、南四湖湖体5个点位和东平湖湖体2个点位均为Ⅲ类水质，营养状态均为中营养。

南水北调（中线）取水口陶岔断面为Ⅱ类水质。丹江口水库5个点位均为Ⅱ类水质，营养状态为中营养。入丹江口水库的9条支流18个断面中，汉江有2个断面为Ⅰ类水质，其余5个断面均为Ⅱ类水质；天河、金钱河、浪河、堵河、老灌河、淇河、官山河和丹江的11个断面均为Ⅱ类水质。

1.2 饮用水水质安全保障意义

1.2.1 饮用水水质安全的内涵

目前尚无针对饮用水的统一定义，我国《生活饮用水卫生标准》(GB5749—2006）中生活饮用水的定义为：“生活饮用水是由集中式供水单位直接供给居民作为饮用和生活的水，该水的水质必须确保居民终生饮用安全。”世界卫生组织（WHO）在2011年第四版的《饮用水水质指南》(*Guidelines for Drinking Water Quality*）中这样表述：“安全饮用水的概念包括个人卫生用水等所有家庭用水……本准则不适用于对水生生物的保护，也不适用于某些工业用水。”可见，饮用水不止是个人用水而且还包括家庭生活用水等，除经过处理后满足所规定标准的水可以作为饮用水外，未经过处理的天然泉水、井水、河水、湖水、江水也可以作为饮用水（蔡祖根和丁震，2010)。

安全饮用水是指水质符合《生活饮用水卫生标准》(GB5749—2006)，用于个人饮用、生活洗漱等，并且可终生保障饮用者的身体健康和生活质量。安全饮用水可正常发挥水在人体内的生理功能，彻底预防水中生物、化学、物理因素引起的各种急性、亚急性或慢性危害和疾病，安全饮用水是民众健康的有效保障。安全饮用水是国际上通用的提法，我国有些地方称“干净水”、“放心水”，是“安全饮用水”的通俗提法。

目前我国尚无针对饮用水安全统一的定义，较为规范的表述是2004年水利部和卫生部联合发布的《农村饮用水安全卫生评价指标体系》，该指标体系被分为安全和基本安全两个档次，由水质、水量、方便程度和保证率四项指标组成，四项指标中只要有一项低于安全或基本安全最低值，就不能定为饮用水安全或基本安全。关于饮用水安全，一般来说除了水质、水量以外，管网覆盖率、管网停水率，水压等也是重要评价指标。总而言之，饮用水的功能和水资源自身的属性都决定了水量保证和水质达标是饮用水安全的两项基本要求（陈卫，2005）。

1.2.2　饮用水水质安全保障的重要性

1. 紧迫性

目前危害饮用水水质安全主要体现在水源污染情况严重，水处理技术滞后，输配水过程中水质稳定性较差等方面。随着人类生活水平的提高，对饮用水水质安全的要求也日益提高，我国现行的《生活饮用水卫生标准》（GB5749—2006）从原来的35项发展到106项，为保障饮用水水质安全奠定了基础，同时对监测系统及常规水处理技术提出了更高的要求。但是，由于人类认识客观世界的能力和角度在持续改变，工农业不断发展，新型产品不断问世，随之而来的是新型污染物、废水排放量增加，时刻威胁着饮用水水质安全和人类的健康，饮用水水质安全的问题亟待解决，饮用水水质越早得到保障，人类的健康才能越早得到保证，保障饮用水水质安全迫在眉睫。

2. 必要性

目前围绕饮用水水质存在诸多问题，主要表现在以下四方面。

（1）随着工业废水、城乡生活污水的排放量和农药、化肥的使用量不断增加，饮用水水源污染情况严重，水中污染物的种类、含量日益增多，其中感官和细菌学指标含量超标的问题依然严重，化学和毒理学指标含量也有超标的趋势。

（2）由于水质恶化，直接饮用地表水和浅层地下水的城乡居民的饮水质量和身体健康难以保障，导致疾病流行，如伤寒、副伤寒以及霍乱等，严重的甚至致癌。

（3）多数自来水水厂的处理技术依然沿用传统工艺“混凝-沉淀-过滤-消毒”，对农药、环境内分泌干扰物和藻毒素等新型污染物的处理效果不好。

（4）近年来突发性饮用水卫生安全事件不断在媒体上曝光，相关部门缺乏相应的应急措施，导致大量污染物流入饮用水水源。

综上所述，影响饮用水水质的自然和非自然因素很多，对人体的健康有很大危害，因此保障饮用水水质安全具有必要性。

3. 可行性

饮用水水质安全已经引起了国务院和地方相关部门的重视，2015年4月，国务院印发《水污染防治行动计划》，各部门相继出台了一系列配套政策措施。部分政策的试用已经取得良好的成果，目前关于保障饮用水水质安全的现状和趋势如下：

（1）目前饮用水水源污染情况严重，已经引起了政府、科学界、企业界与社会各阶层的高度重视，供水的各部门应制订相应的保障措施；

（2）饮用水水源地保护已经列入我国有关部门的议事日程，科研机构开展了相关研究并进行了一些示范应用，取得了明显的成果；

（3）常规处理技术的优化、预处理技术、深度处理技术及特殊污染物去除工艺在部分水厂的应用使得出水水质明显好转；

（4）部分城市开展了公众参与制，通过群众对污染水源、破坏供水管网设施的行为进行监督和举报，对饮用水安全管理起到了积极促进的作用，效果良好。

由此可见，我国饮用水水质安全保障的前景大好，饮用水水源水质问题有望得到有效控制，因此保障饮用水水质安全具有可行性。

1.2.3　饮用水水质安全保障措施

通过对我国水系的分析，虽然水源水质污染逐年改善，但是总体情况下，水质污染仍存在较严重问题，新型污染物的不断问世，导致水体中污染物种类、浓度和出现频率不断增加，对人体健康造成了潜在的威胁。饮用水水质安全保障可以通过有效的措施缓解水污染带来的问题，即通过技术可操作性、保障体制和监控体系、部门协调及公众参与等方面。

1. 提高技术可操作性

近年来供水企业普遍面临原水水质恶化和出厂水水质标准提高的双重压力，不同的水厂，尽管采用不同的预处理工艺、常规工艺或深度处理工艺，但却都面临着相同的问题：面对日益复杂的水源污染威胁，需要不断提高饮用水处理工艺对污染物质的去除效率，使得出水水质满足不断提高的水质标准要求。因此，无论是新建水厂还是老水厂改造，都有强烈的技术升级需求和研究应用需求。以常规工艺为例，当水源受到有机物污染时，常规工艺对有机物的去除率较低，难以满足要求，加氯消毒后，饮用水的致突变性升高，降低了饮用水的水质安全性，因此常规工艺急需技术升级。有的水厂采用了预处理或深度处理技术，提高了对有毒有害物质的去除能力，但是仍然存在下列问题：预处理或深度处理技术需要进行工艺及参数的优化；应用上适应水源水质的广泛性不够；各种副产物控制能力不足；特定污染物去除能力较差；没有足够的技术储备应对突发污染；不适合旧厂的技术改造和升级等（朱党生，2008）。因此这些水厂仍然具有强烈的技术升级需求。

可操作性是指所提原则、方法、标准在现实生产中能够具体实现。技术可操作性一是有效性，即通过采用该技术，上述存在的问题可以得到解决或缓解；二是经济性，即引进该技术或该仪器，资金须在承受范围之内，在保障饮用水水质安全和人体健康的基础上，采用经济资金低的技术；三是安全性，即操作人员在操作过程中危险系数小。

总而言之，饮用水处理技术的研究工作需要系统的归类、凝练和升华，通过集成国内外大量的、已有的技术成果，特别是总结分析现在实际应用和正在进行研发的技术成果，提炼出具有可操作性的技术，形成适用于不同特点的水源水质、不同污染物类型、不同污染程度及不同情况需求的饮用水处理可行性技术体系（曲久辉，2011）。

2. 健全保障体制和监控体系

我国在饮用水安全制度建设方面存在制度建设滞后、执法不严等问题。2012年6月29日，十一届全国人大常委会第二十七次会议召开联组会议，就《国务院关于保障饮用水安全工作情况的报告》开展专题询问。强调对饮用水安全制度建设存在的问题正在进行全面梳理，将根据梳理结果，抓紧研究制定饮用水安全保障的专项行政法规，并提出饮水安全保障体制机制、法律法规亟须完善，饮用水保障体制和监控体系的完善工作已经纳入地方政府的考核体系。

地方人民政府是城乡供水安全保障的责任主体，要将饮用水安全保障工作目标和措施纳入本地区国民经济和社会发展规划，列入重要议事日程，并纳入地方政府考核体系，严格实行问责制。有关部门要加强对城乡供水安全工作的指导和监管，建立定期不定期会商制度，针对当前存在的影响饮用水安全的突出问题，需提出解决办法。建立饮用水安全保障工作考核制度，每年对各地饮用水安全情况进行考核并逐步向社会公布。

在城镇供水安全监控方面，要定期对供水企业生产运行、供水水质、服务质量、运营效率和成本等情况进行监督检查。加强城乡集中式供水卫生监督，进一步规范二次供水卫生管理，严格落实二次供水设施清洗消毒要求。在乡镇卫生院等基层医疗卫生机构实施卫生监督协管，设立饮用水卫生安全责任人，加强饮用水卫生安全巡查，扩大监测范围，到 2015 年覆盖所有地级以上城市。

健全保障体制和监控体系正是保障饮水安全的重要力量，目前，饮用水安全的相关配套政策亟待完善，水法和水污染防治法等涉及饮用水的法规建设也有提升的空间，加之推进水价机制改革等系列工作，保障饮水安全，任重而道远。

3. 加强相关部门的协调性

目前在饮用水管理工作中，存在部门职责不清，职能交叉严重的问题，主要表现在以下两方面（陶宁，2008）。

（1）饮用水水源保护问题，主要是水利部门和环保部门负责，从职能分析比较来看，饮用水水源保护对象凸现的是水的资源功能，而不是环境功能，应当由水利部门牵头，但在现行规定和实际工作中，往往是环保部门牵头负责饮用水水源保护工作。双方在入河排污口管理、水功能区划、饮用水水源保护区划定中都有所交叉或冲突。至于供水和水源水质监测工作，以上四部门和供水企业都有各自监测队伍，从总体上看，在监测能力和力量不足的同时又造成了大量重复建设和浪费。

（2）出厂水水质管理问题，主要是卫生部门和建设部门负责。两者管理角度和方式不同，卫生部门从防治传染病，加强卫生监管的角度，负责饮用水卫生监督工作，建设部门作为供水企业的行业主管和资质管理单位，负责供水水质管理工作。但在实际工作中，两者的管理对象是一致的，职责往往难以分清，如《生活饮用水卫生监督管理办法》规定了建设部门负责饮用水卫生管理工作，这与卫生监督工作就很难区分。

为了使饮用水水质安全保障工作能够全面顺利地进行，应尽快扭转多头管理的体制。卫生部、建设部、水利部、国土资源部、环境保护部应各负其责，从水资源的自然属性和优化配置、高效利用的客观需要出发，要进一步加快水务一体化进程。将建设部门指导城市供水、节水职能和对污水处理厂的行业管理职能移交给水利（水务）部门，由其对水源、供水、节水、排水、治污和回用等进行一体化管理。水利（水务）部门应当统筹考虑水资源的配置和管理、水源工程的建设、饮用水水源的保护以及对供水企业的水质管理和行业指导等，并牵头组建统一的饮用水水质监测网络和组织信息发布工作，在饮用水安全问题上起到主导作用。另外，卫生、环保部门应当配合水利（水务）部门做好饮用水安全工作，卫生部门工作职责应当界定在集中式供水单位的管网和出厂水以及相关产品、人员的卫生监管上，而环保部门则主要负责工业污染源的监控，同时会同农业部门做好面源污染防治工作（陈雯雯，2007）。

4. 科教宣传与公众参与

饮用水安全保障是与社会公众密切相关的一项长期工作任务，在整个过程中，要积极推进节水型社会建设，广泛宣传教育，定期发布饮用水水质状况，各级环境宣传中心的计算机并入全国信息网络，形成全国环境宣传教育网络，建设规范化的环境新闻、影视、科普和教学资料等环境宣传教育信息共享机制。进一步加强和改进舆论监督，对浪费水，破坏水质的行为进行曝光。大力宣传和推进科学用水、节约用水的好做法、好经验，在全社会形成节约用水、合理用水、防治水污染、保护水资源的良好生产和生活方式（朱党生，2008）。

饮用水事业的公益性和开放性决定了公众参与的重要性，因此，全面建设推行用水户全过程参与的模式，切实赋予用水户知情权、参与权和监督权，增强用水户的责任感，各级水行政主管部门应组织公众信息会议、听证会、居民审查委员会以及类似的方法使公众了解饮用水保护的重要性，广泛听取社会各界的意见和建议，充分体现公众的意见。建设行业公众督查委员会，聘请社会上有影响的、具有相关专业知识的、热心供水事业的人士，组成供水事业督查委员会，定期召开会议，代表公众供水行业的发展、管理服务等各方面实施监督，并组织群众进行突发性水污染事件训练，减少突发事件时的不知所措和恐慌的情绪，是群众熟悉应急程序，改变群众被动接受宣传教育的局面，使群众把保护饮用水变成自觉的行为，负有责任感，对污染水质、破坏供水管网设施的行为进行监督和举报，对整个饮用水管理起到辅助监督管理的作用。

总之，饮用水水质安全保障的措施范围较广，主要涵盖：饮用水水源水质保障、供水系统水质安全保障、监测与预警体系保障、应急供水和备用水源保障、法规标准和管理机制保障。其中，饮用水水源水质保障包括水源保护区划分、水源区污染控制及水源地生态修复等内容。供水系统水质保障涉及城市供水设施的全过程，供水设施主要包括城市水源地向用户供水的全部工程设施，由净水厂、输水设施、供水管网、二次供水、水质监测等组成。饮用水水源水质监测是指运用物理、化学、生物等科学技术手段，对反映饮用水水源状况的各种信息、现象进行监测、测定的活动，饮用水预警机制是饮用水水质安全保障体系中重要的组成部分，它对于及时发现饮用水水质安全风险、减少因突发污染事件和灾害等造成饮用水供应不足，提高饮用水水质管理和决策能力都极其重要。依法治水、依法管水是我国法治社会建设的一个重要内容，因此需要建立完善详细的饮用水水质法律条例，为饮用水安全监测评价、监督管理作为依据。

参 考 文 献

蔡祖根, 丁震. 2010. 安全饮用水与科学用水. 南京: 南京大学出版社
陈卫. 2005. 饮用水安全一席谈. 河北水文期刊, (9): 3~4
陈雯雯. 2007. 从淮河治理谈我国流域保护法律制度的完善. 合肥: 安徽大学硕士学位论文
丁辉, 李鑫刚, 孙怡超, 等. 2005. 海河干流有机污染问题浅议.海河水利,(2): 18~20
姜曼, 王彤, 夏广锋, 等. 2011. 辽河流域水资源与水环境评价.安徽农业科学, (12): 7378~7380
曲久辉. 2011. 对未来中国饮用水水质主要问题的思考.给水排水, (37): 1~3
覃雪波, 马立新, 孙海彬. 2007. 松花江水污染及其防治对策. 环境整治, (3): 76~79
陶宁. 2008. 浅谈饮用水安全的法律保障.河南水利与南水北调, (4): 47~49
朱党生. 2008. 中国饮用水安全保障方略. 北京: 科学出版社
中华人民共和国环境保护部. 2016. 2015 年中国环境状况公报. http://www.zhb.gov.cn/gkml/hbb/qt/201606/t20160602_353138. htm[2016-06-02]

第 2 章 饮用水水质标准概论

本章对比分析世界卫生组织（WHO）的《饮用水水质准则》、欧盟（EC）的《饮用水水质指令》、美国环境保护署（USEPA）的美国《饮用水水质标准》及我国饮用水水质标准的发展过程，评述我国饮用水卫生标准中的各项指标特征，分析我国饮用水标准存在的问题及国外标准对我国饮用水标准修订的借鉴，为我国饮用水水质标准的进一步完善提供参考。

2.1 国外饮用水水质标准概况

目前，具有国际权威性、代表性的饮用水水质标准有三部：世界卫生组织（WHO）的《饮用水水质准则》、欧盟（EC）的《饮用水水质指令》及美国环境保护署（USEPA）的美国《饮用水水质标准》，其他国家或地区的饮用水标准大都以这三种标准为基础或重要参考，来制定本国国家标准（金银龙等，2007）。世界卫生组织、美国、欧盟饮用水水质标准代表了当今世界饮用水标准方面的最高水平，其中有机物指标的数目为污染物指标总数的 2/3 左右，并且强调消毒副产物指标，这些反映了人类对控制有害有毒污染物认识的加深及相关分析检测技术的进步。随着微量分析和生物检测技术的进步，参考流行病学的统计数据，人们对水中微生物、致癌有机物、无机物的致病风险的认识不断深化，世界卫生组织和世界各国相关机构不断修订完善水质标准，更加科学合理的保障饮用水安全。

2.1.1 美国《饮用水水质标准》发展历程

美国《饮用水水质标准》是在一个完整的法律体系下制定、完善和执行的。

美国环境保护署建立饮用水水质标准的步骤（USEPA，2011a; USEPA，2011b）如下：

第一步，美国环境保护署要确定饮用水中对人体健康不利的各种污染物、它们在饮用水中出现的频率及对公众健康构成威胁的浓度限值。然后，确定需要研究控制的污染物。

第二步，美国环境保护署对于已决定需要控制的各种污染物进一步确定其在饮用水中允许存在的最大浓度限值。如果饮用水中该污染物浓度低于最大浓度限值，则被认为不会对公众健康构成威胁。

第三步，美国环境保护署对由公共供水系统输送到用户水龙头的饮用水要确定需控制的污染物，规定最大浓度限值。同时，按现实可行的条件尽可能地接近在第二步中的最大浓度限值。《饮用水安全法》所定义的可行标准是在利用最好的工艺、水处理技术和美国环保署发现的其他方法（现场确认技术的有效性）所能够实现“饮用水安全法”中的污染物浓度限值，同时要考虑所需的费用是否合理。当经济上和技术上对于所制定的最大污染物浓度限值都不可行时，或者缺乏经济可行的检测水中污染浓度的方法时，美国环保署还制定了一套替代的去除水中污染物的水处理技术的详细说明。其流程如图 2.1 所示。

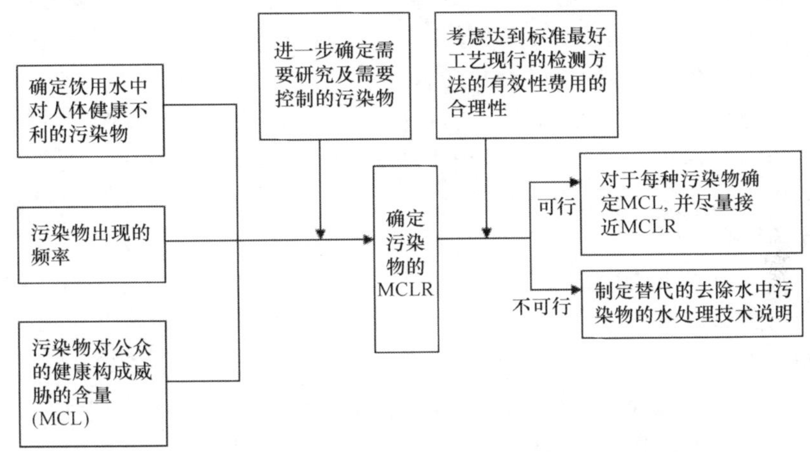

图 2.1　USEPA 三步法制定饮用水水质标准

美国现行《饮用水水质标准》于 2011 年 2 月颁布，分为以下三部分（USEPA，2011c）。

1. 一级指标（强制性标准）

一级指标是强制性标准，通过规定最大污染物浓度或处理技术来执行。无机物 20 项，有机物 53 项，第一阶段消毒剂及消毒副产物包括消毒剂三项、消毒副产物 5 项，第二阶段消毒剂及消毒副产物包括消毒副产物 9 项，微生物指标包括大肠菌群 3 项、地表水处理指标 5 项、暂行强化地表水处理指标 2 项、长期指标一强化地表水处理 2 项、长期指标二强化地表水处理 1 项，滤池反冲洗指标 1 项，地下水指标 1 项，附加规则及消费者信任度的报告规则。

2. 未来饮用水指标

未来饮用水指标包括五个方面，分别是总大肠菌群指标、高氯酸盐指标、铜

铅指标修订、污染物组群、无机化学品。（具体如附录二所示）

3. 二级指标

二级指标（非强制性标准）共 15 项（其中铜、氟化物在一级指标中也有），包括对一些影响饮用水中感官、嗅觉味觉的指标种类和浓度进行规定限制，这些指标由各州根据各地区水质特点，有针对性的选择性的采纳列入地区强制性标准。

美国《饮用水水质标准》分为两级饮用水指标，国家一级指标为强制性标准，国家二级指标为非强制性标准，按照这个分类将标准中的指标分为两类进行控制，每类指标的浓度限值也分为两类，一类是 MCL，即饮用水中能够允许存在此污染物的最高浓度，另一类是 MCLG，即期望饮用水中此污染物存在的浓度目标值。标准内容详细，分类具体，具有极强的可操作性，便于标准的实施管理。

美国在《饮用水水质标准》的实施过程中，建立指标甄选的科学依据，USEPA 构建了备选污染指标清单，制订了一套多阶段的工作程序，定期发布该名单，并根据相关建议及意见修订，对潜在新型污染物进行限制，在标准实施过程中，起到补充作用。

美国在《饮用水水质标准》的实施过程中，注重供水厂对标准执行能力的调查研究，为限定指标提供最可行处理技术，以最高效率、最好效果处理饮用水中的污染物指标，为标准的实施提供技术支持。

美国在《饮用水水质标准》的实施过程中，注重公众权益，鼓励公众参与监督，定期将信息公开化。在考虑饮用水达标与否时主要考虑四个方面：检测与报告、健康标准、顾客信任和公共通告，同时只有健康标准被列为强制性标准（USEPA，2004）。

美国在《饮用水水质标准》的实施过程中，注重相关法律的建立，以强制性措施约束单位、企业和个人的行为，为标准的实施提供法律支持。

2.1.2 欧盟《饮用水水质指令》发展历程

欧盟《饮用水水质指令》（80/778/EC）最早发布于 1980 年，这部标准以完整的指标、高要求为原则进行制定，检测项目包括毒性指标、微生物指标、感官指标、一般理化指标等，大多数指标同时设定了指导值和最大允许浓度值。1998 年 11 月，欧盟颁布了新《饮用水水质指令》（98/83/EC）以下简称新《指令》，指标从原来的 66 项减少到 48 项（瓶装或桶装饮用水为 50 项），其中 26 项化学指标，2 项微生物学指标（瓶装或桶装饮用水为 4 项），18 项感官性状指标，2 项放射性指标。新《指令》更重视指标限定值的科学性。

98-83-EC 相比 80-778-EC 做了较大修订，新增指标 19 项，删减 36 项，其中 17 项指标的标准值发生了变化。新《指令》的主要特点是：原则性的规定了水质超标时要采取的行动；要求欧盟所有国家对水处理过程所使用的材料及化学品建立审批制度；对水质检测指标和检出频率提出指导意见；对水样采样及检验方法的灵敏度提出严格要求；要求定期向社会公布检测数据和检测结果，并说明水质达标现状和安全与否；要求欧盟所有国家发布水质年报；要求供水企业与当地的医疗机构建立紧密的联系，以便及时应对可能出现水质恶化的状况（European Union，1998）。

欧盟《饮用水水质指令》规定指标少，但是指标限值比较严格，在水处理过程、水样采集与检验、水质检测、水质安全保证措施等方面要求较高。建立了一些综合性指标，如农药，收录的农药品种很多，且每年都会有增加，因此其使用了单一农药与农药总量两项指标。

欧盟在《饮用水水质指令》的实施过程中，对采样点的选取位置和数量、采样质量及其保存运输、检测方法和检测仪器等方面要求严格，以保障饮用水水质标准的顺利实施。

欧盟在《饮用水水质指令》的实施过程中，注重信息的公开化，强制性要求检测数据和结果对社会公开，有特定的部门专门负责。

2.1.3　世界卫生组织《饮用水水质准则》发展历程

世界卫生组织（WHO）于 1958 年发布了《饮用水国际准则》，WHO 在 1983~1984 年和 1993~1997 年分三卷出版了《饮用水水质准则》，其中第一版和第二版用来取代 1968 年前出版的 WHO《饮用水国际准则》。WHO 于 1995 年决定采用滚动修订的方式来加快准则的进展速度，以此指导各国提高饮用水质量并制定饮用水标准，WHO 于 1998 年、1999 年和 2002 年出版了《饮用水水质准则》（第二版）附录部分，内容包括化学物和微生物（张岚等，2007）。

WHO 就 2000 年制订《饮用水水质准则》（第三版）的详细编写计划内容达成了一致意见。该部分工作与《饮用水水质准则》的前两个版本一致，第三版编写的工作由 WHO 总部下属的“水卫生和健康规划”中心和 WHO 欧洲区办事处（EURO）下属的欧洲环境与卫生中心共同承担，同时 WHO 的 6 个区域（非洲、美洲、欧洲、东地中海、东南亚、西太平洋）办事处都参与了编写工作。2004 年 WHO 发布了《饮用水水质准则》（第三版），它包括导言、准则安全饮用水框架、基于健康的目标、水安全计划、监督、特殊情况下准则的应用、微生物问题、化学物问题、放射性问题、可接受性、微生物资料概览、化学物资料概览等章节，WHO 于 2006 年又发布了《饮用水水质准则》增补本，针对饮用水的监督、监测和评价制订了操作规范，确立了公共卫生管理部门、监督和质量控制、水源管理、供水机构、社区管理、管道管理以及认证机构在饮用水安全管理的作用和职责（甘日华，2007）。

2011 年 7 月 4 日世界卫生组织在新加坡发布了第四版的《饮用水水质准则》（以下简称《准则》），并呼吁世界各国和地区政府转变思路，以预防为主，加强饮用水质量管理，降低饮用水污染的风险。《准则》根据科研进展进行了不少更新，包括制定了新出现的污染物的限值。《准则》还首次收入一些有价值的建议，涵盖从雨水收集、储存到政府决策的各个层面，甚至还有与全球气候变化相关的内容。这个版本的《准则》通过建立以健康为基础的目标，输配水到用户的饮用水安全计划和独立的监督机制，详细阐述了风险识别和风险管理的实施办法。对比之前的版本，第四版明确地阐述了针对收入较低、收入中等和高收入国家应实施的各种不同措施。目的是在过度城市化、水源缺乏和气候变化等背景下，防止不安全饮用水引发的健康风险（深圳自来水（集团）有限公司，2011）。世界卫生组织各版本《准则》指标数目详见表 2.1。

表 2.1 世界卫生组织各版本《准则》指标数目比较（项）

指标	第一版	第二版	第三版	第四版
水源性疾病病原体指标	2	2	27	37
化学指标	27	131	148	187
放射性指标	2	2	3	3
合计	31	135	178	227
其中包含感官指标	12	31	28	26

《饮用水水质准则》（第四版）的内容总体框架如图 2.2 所示，共 12 章，可分为 4 个部分，第一部分为总体介绍（第 1 章、第 2 章），介绍了《饮用水水质准则》主要考虑的因素，相关部门及机构和消费者对安全饮用水管理所扮演的角色和职责；第二部分为安全饮用水框架（第 3~5 章），涵盖了总体框架布局介绍，基于健康的水质目标确定，保障饮用水水质安全计划及如何进行监督；第三部分为特殊情况下如何保障饮用水安全及应用《准则》（第 6 章），涉及气候变化、雨水收集、脱盐系统、旅行者、飞机船舶、紧急状态等；第四部分为支持性资料，即具体的微生物、化学物、放射性及可接受性等指标的具体介绍（第 7~10 章），占《准则》篇幅的 3/4。《准则》在微生物方面共评估了 19 种致病菌，7 种病毒，11 种致病原虫（寄生虫），也对有毒蓝藻和蓝藻毒素进行了关注，同时对 8 类微生物安全质量的指示生物的应用进行了阐述。《准则》共评估了 187 种化学物，其中 25 种不大可能在饮用水中出现的农药认为不需要建立限值；72 种因现有数据不足或饮用水中不大可能出现对人体健康产生危害的浓度水平而没有建立限值的化学物；以及已经建立了限值的化学物 90 项。李宗来和宋兰合

(2012) 放射性方面就辐射来源及危害、筛查和检测程序，饮用水中常见核素的指导值，普遍含有的天然放射性核素氡的相关问题，具体放射性核素的分析方法和补救措施，特别是新增问题出现后如何与公众就放射性风险进行沟通的内容。可接受性主要指臭味和外观，涵盖了引起问题的生物和化学因素，及臭味问题的处理（WHO，2006；2011）。

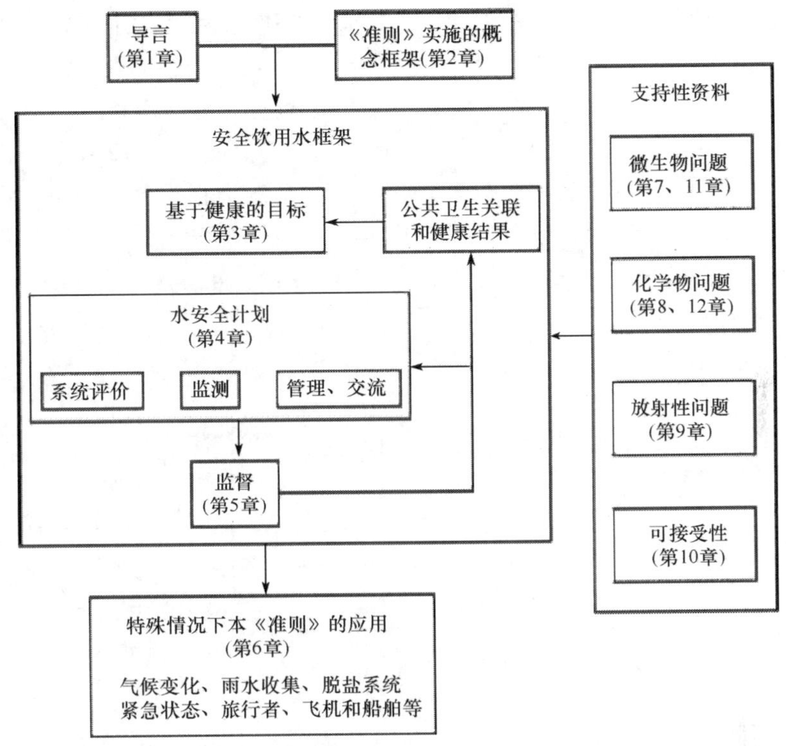

图 2.2　《饮用水水质准则》(第四版) 框架图

WHO《饮用水水质准则》实施过程中的主要特点包括：

(1)《准则》提出微生物是威胁饮水安全的首要问题，在配发文件的同时还对如何确保微生物的安全性提供了指导性意见。

(2)《准则》对供水机构等部门职责、饮用水保护相关预防工作进行规定，在实施过程中具有可操作性。

(3)《准则》提供了在特定环境下的适用原则，并对如何处理这些情况颁发了配套的文件进行详尽的描述。

(4) WHO在《准则》的实施过程中，涵盖面广泛，指标全面，尤其注重微生物指标的限定，具有自己完善的定量危险度的评价方法，而且配套文件齐全。

2.2 我国饮用水卫生标准概况

2.2.1 发展历程

我国制定的饮用水水质标准，是随着社会的发展和科学技术的进步而不断演进的，现行的饮用水水质标准是由卫生部、国家标准化管理委员会于 2006 年 12 月 29 日批准发布了《生活饮用水卫生标准》(GB5749—2006)（以下简称新《标准》）强制性国家标准和 13 项生活饮用水卫生检验方法国家标准（崔玉川等，2006)。新《标准》自 2007 年 7 月1日起实施。原计划于 2012 年 7 月 1 日起全面执行，但根据目前我国各省份非常规指标实施情况通报，要完全达到新标准的规定难度较大，卫生部原部长陈竺在 2012 年 6 月 29 日针对国务院关于保障饮用水安全报告的专题询问中表示，计划到 2015 年各省（自治区、直辖市）和省会城市 106 项指标要实行全覆盖。我国主要标准的严格程度是不断增加的，如图 2.3 所示。

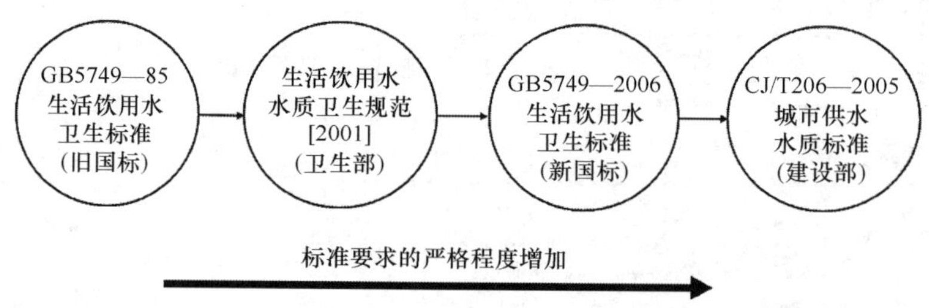

图 2.3 国内主要标准的严格程度

我国不同时期的饮用水水质标准和规定的实施时间、发布部门、标准名称、级别、指标项目总数详细信息如表 2.2 所示。各标准所规定的指标类型及项数如表 2.3 所示。我国新《标准》与现行常用饮用水水质标准之间的关系如图 2.4 所示。

上海是我国最早制定地方性饮用水标准的城市之一，《上海市饮用水清洁标准》于 1928 年 10 月修订公布。1950 年上海市人民政府颁布了《上海市自来水水质标准》，共有 16 项指标。新中国成立后我国最早的一部管理生活饮用水的技术法规是由卫生部于 1954 年拟定的，有 16 项指标，于 1955 年 5 月开始在北京、天津、上海等 12 个大城市试行。1976 年由卫生部组织制定，经国家建设委员会和卫生部联合批准的我国第一个国家饮用水标准，共有 23 项指标，定名为《生活饮用水卫生标准》(编号为 TJ 20—76)（但德忠和陈维果，2008)。1985 年

表 2.2　我国不同时期的“饮用水水质标准”和规定

实施时间	发布部门	标准名称（文号）	级别	指标项目总数/项
1928 年 10 月	上海市	上海市饮用水清洁标准	地方	—
1937 年	北平自来水公司	水质标准表	企业	11
1950 年	上海市	上海市自来水水质标准	地方	16
1955 年 5 月	卫生部	自来水水质暂行标准	部标	15
1956 年 12 月	国家建设委员会、卫生部	饮用水水质标准	国标	15
1959 年 11 月	建筑工程部、卫生部	生活饮用水卫生规程	国标	17
1976 年 12 月	国家建设委员会、卫生部	生活饮用水卫生标准（TJ 20—76）（试行）	国标	23
1986 年 10 月	卫生部	生活饮用水卫生标准（GB 5749—85）	国标	35
1989 年 7 月	国家环保局、卫生部、建设部、水利部、地质矿产部	饮用水水源保护区污染防治管理规定		27 条
1991 年 5 月	全国爱国卫生运动委员会、卫生部	农村实施《生活饮用水卫生标准》准则	国标	21
1992 年 11 月	建设部	2000 年水质目标		89（一类水司），51（二类水司），35(三类、四类水司)
1996 年 7 月	建设部、卫生部	生活饮用水卫生监督管理办法		31 条
1999 年 2 月	国家质量技术监督局、建设部	城市给水工程规划规范（GB 50282—1998）“生活饮用水水质标准”		89（一级）51（二级）
1995 年 5 月	建设部	城市供水水质管理规定		28 条
2000 年 3 月	建设部	饮用净水水质标准（CJ 94—1999）	行标	39
2001 年 9 月	卫生部	生活饮用水水质卫生规范	部标	96
2005 年 6 月	建设部	城市供水水质标准（CJ/T206—2005）	部标	101
2005 年 10 月	建设部	饮用净水水质标准（CJ 94—2005）	行标	39
2007 年 7 月	卫生部、国家标准化委员会	生活饮用水卫生标准（GB5749—2006）	国标	106

表 2.3　我国饮用水水质标准的修订

项目	1950 年	1955 年	1959 年	1976 年	1985 年	2006 年
感官及化学指标	11	9	10	12	15	20
毒理学指标	2	4	4	8	15	78
细菌学指标	3	3	3	3	3	6
放射性指标	—	—	—	—	2	2
指标总数	16	16	17	23	35	106

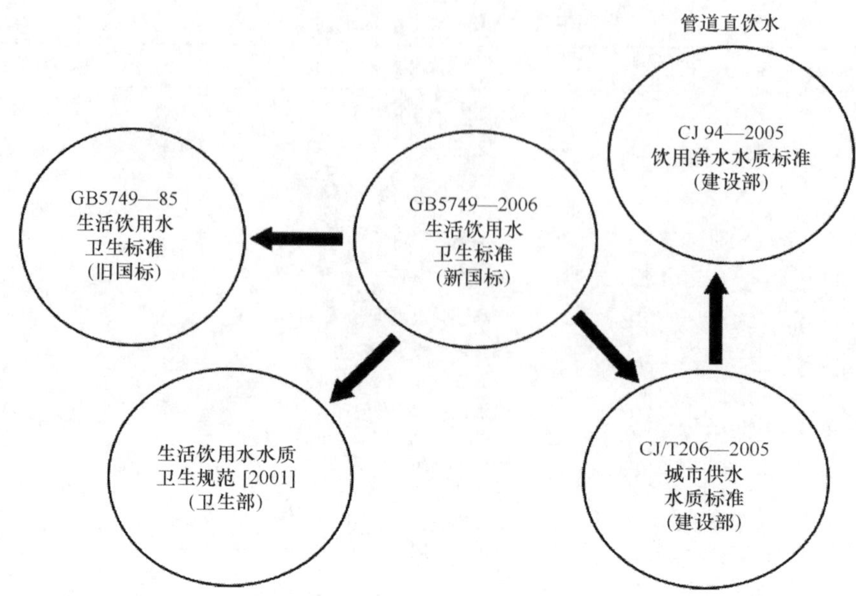

图 2.4 新《标准》与现行常用的饮用水标准之间的相关图

卫生部对《生活饮用水卫生标准》进行了修订，指标增加至 35 项，编号改为 GB 5749－85，于 1986 年 10 月起在全国实施。新《标准》于 2007 年 7 月 1 日起实施，其中新《标准》中“表 3 水质非常规指标及限值”所规定指标的实施项目和日期由各省级人民政府根据实际情况确定。

从表 2.2、表 2.3 来看，尽管我国饮用水水质标准的发展速度比较缓慢，但是总的发展趋势是令人乐观的，一方面，指标的数量随着时间不断增加，表明我国的监测技术是在不断进步的；另一方面，饮用水标准的重点已经从简单污染物的控制转向一些复杂有机污染物、消毒副产物和某些致病微生物的控制。所有这些变化都显示了我国在饮用水标准方面所取得的进步。

2.2.2 主要特点

我国《生活饮用水卫生标准》（GB 5749—2006）结合我国国情而制定，既体现国际先进水平的要求，也具有可操作性。此次标准的修订，在我国城市供水水质现状和多年积累资料的基础上，吸取了国外水质标准的先进性和科学性，比较符合我国目前的发展需要，在整体指标结构和数量方面，已经基本接近世界先进水平（张宁吓，2010）。新《标准》具有以下特点：

（1）更加重视微生物的风险，新《标准》的修订对微生物指标提出更高的要求，以平衡饮水风险。

（2）检测项目更加全面，注重操作性，相比城建标准，检测项目比较齐全。

（3）新《标准》考虑到我国的实际国情，不是一味追求多指标，低限值，相对而言城建标准部分指标的限值要求高于新《标准》，某些微量有机物的指标限值更接近发达国家标准。

（4）指标分类较合理，将消毒剂指标从微生物类指标中分离出来，将各项农药类指标作为非常规指标，便于各地根据本地的实际情况进行选择监测和控制。

（5）尽可能与国际先进国家或组织同类的标准接轨，加强了对消毒剂副产物和农药类有毒有害有机物的研究。

（6）采用循序渐进的实施方法，留给供水企业一定的适应时间，使供水企业能够完成人员素质提高、管网更新、引进先进监测技术等要求。

我国饮用水水质标准在实施过程中，注重水源及出厂水的水质，积极参考国外发达国家的经验，尽可能与国际先进国家或组织同类的标准接轨，逐步完善，指标分类详细化，易化标准实施过程，采用循序渐进的实施方法。新《标准》在实施过程中，在水厂改造更新、管网改造、检测体系的完善、处理技术和检测技术及相应的设备仪器的引进等方面缺乏重视，标准实施出现滞后，尤其缺乏管网末梢水的管理（如采样点的选取以及标准实施，导致饮用水二次污染严重）。关于水领域的法律较多，存在互相矛盾的现象，不具有系统性，而且缺乏针对饮用水保护和标准实施的法律，不利于保障饮用水水质标准实施。

2.3　我国生活饮用水卫生标准指标评述

《生活饮用水卫生标准》（GB 5749—2006）是保障饮用水水质安全的强制性国家标准，新《标准》中规定指标由原标准的 35 项增至 106 项，其中包括 42 项常规指标和 64 项非常规指标。

2.3.1　化学指标

化学物质可以分为无机污染物和有机污染物。无机污染物如水中含有的汞、铬、铅等重金属和砷化物、氰化物、亚硝酸盐等无机物。有机污染物如水中含有的农药、除草剂、合成洗涤剂、有机溶剂等有机物。（朱莹和陈听，2008；陈林等，2008；华佳和张林生，2009；金银龙等，2007）

1. 感官性状和一般化学指标

当水显得混浊，有颜色或者是散发令人不快的气味的时候，消费者自然会心存疑虑，水的感官方面如果不能被消费者接受，就会丧失消费者的信任，导致投诉。

此外，不良的感官性状和一般化学指标在某种程度上反映水的受污染程度。我国《生活饮用水卫生标准》将感官性状和一般化学指标作为强制执行指标对待。

（1）色度。标准中规定的限值是 15 度，饮用水的色度主要来源：土壤中存在的腐殖质成分，常使水呈黄色；二价铁化合物使水呈淡绿蓝色；高铁化合物使水呈黄色。水的色度不能直接与健康影响联系，世界卫生组织及美国饮用水水质标准中没有关于色度基于健康的限值。

（2）浊度。标准中规定的限值是 1NTU，水源与净化技术条件受限制时为 3NTU，饮用水浊度主要来源于土壤冲刷。浊度是衡量水浑浊程度的尺度，它通常用于指示水质和过滤效果的好坏（如是否有致病微生物的存在）。高浊度通常与致病微生物（病毒、寄生虫、一些细菌）相关联，这些微生物会导致呕吐、腹泻、腹部绞痛等症状，所以美国饮用水水质标准把浊度列入微生物学指标。

（3）臭和味。标准规定饮用水不得有异臭和异味。臭和味可能来自天然无机物和有机化学污染物，以及生物来源或过程（如藻类繁殖产生的腥味），也可能来自合成化学物质的污染，或来自腐蚀或水处理的结果（如氯化），臭和味也可能在储存和配送的过程中因微生物活动而产生。饮用水的臭和味不能直接导致人体健康受到影响，但是可以作为指示饮用水水质不安全的信号。

（4）肉眼可见物。标准规定饮用水中无肉眼可见物，肉眼可见物是指人的眼睛直接能观察到的杂物，这些肉眼可见物来源于悬浮在水中的杂质、漂浮物、动物体（如红虫）、油膜、乳光物等，使饮用者产生厌恶感或疑虑。

（5）pH。标准规定饮用水的 pH 范围为不小于 6.5，且不大于 8.5，水在处理净化的过程中投加的混凝剂和石灰等，可使水的 pH 下降或升高。pH 在 6.5~8.5 范围内并不影响人的生活饮用和健康，世界卫生组织没有提出有关 pH 的限值。

（6）铝。标准参照了世界卫生组织《饮用水水质准则》将饮用水中铝的限值修订为 0.2mg/L。饮用水中的铝主要来源于饮用水净化过程中广泛使用铝化合物的混凝剂。毒理学和流行病学的研究无法确定铝是导致阿尔兹海默症的病因，因此不能从健康影响的角度推导铝的限值。

（7）铁。标准规定的限值是 0.3mg/L。铁在天然水中普遍存在，厌氧状态地下水中的铁以二价的形式存在而不带颜色，当接触空气时二价铁将被氧化成三价铁。铁是人体所需的营养素，世界卫生组织没有提出铁的健康限值，美国水质标准将铁划归到二级饮用水安全法规，过高的铁浓度会对衣服、器具染色，形成令人反感的沉淀和异味。

（8）锰。标准规定的限值是 0.1 mg/L。水中的锰来自自然环境和工业废水污染。供水中锰的浓度超过规定限值时会使饮用水有不好的味道，锰的毒性较小，由锰导致的饮用水中毒事件较罕见。

（9）铜。标准规定的限值是 1.0mg/L。饮用水中的铜来自于铜管的腐蚀，水与铜管的接触时间不同会导致水中铜的浓度有较大差别。铜的毒性低，但是过高的铜则可引起恶心、腹痛，长期摄入可引起肝硬化。

（10）锌。标准规定的限值是 1.0mg/L。天然水中的锌的含量极少，主要来自于工矿废水和镀锌金属管道。锌是人体必需的营养元素，锌的毒性很低，但是摄入过多时则可刺激胃肠道、引起恶心。

（11）氯化物。标准中规定的限值是 250 mg/L。饮用水中的氯可与钠、钾、钙结合，饮用水中的氯化物含量过高时可使水产生咸味。

（12）硫酸盐。标准中规定的限值是 250 mg/L。硫酸盐常存在于饮用水中，其主要来源是地层矿物质的硫酸盐，多以硫酸钙、硫酸镁的形态存在；石膏、其他硫酸盐沉积物的溶解，海水入侵，亚硫酸盐和硫代硫酸盐等在充分曝气的地面水中氧化，以及生活污水、化肥、含硫地热水、矿山废水、制革、纸张制造中使用硫酸盐或硫酸的工业废水等都可以使饮用水中硫酸盐含量增高。在大量摄入硫酸盐后出现的最主要生理反应是腹泻、脱水和胃肠道紊乱。

（13）溶解性固体。标准规定的限值是 1000 mg/L。水中溶解性总固体包括无机物，主要成分为钙、镁、钠的重碳酸盐、氯化物和硫酸盐。

（14）总硬度。与多数国家的标准取值一致，标准规定的限值是 450mg/L（以 $CaCO_3$ 计）。当水流过土地和岩石时，它会溶解少量的矿物质成分，钙和镁就是其中最常见的两种成分，也就是它们使水质变硬，水中含钙、镁等矿物质成分越多，水的硬度越大。人体对水的硬度具有一定的适应性，对于高硬度水，可引起人类的胃肠功能的暂时性紊乱，但在短周期内能适应。

（15）耗氧量。标准中规定耗氧量的一个经验数值是 3 mg/L。耗氧量是指在规定的氧化剂和氧化条件下的可氧化物质总量，包括有机物和无机物含量。饮用水的耗氧量与肝癌、胃癌、消化道癌有一定的关系。

（16）挥发酚类。标准规定限值是 0.002 mg/L，水中含酚物质主要来源于苯酚、甲苯酚、苯二酚和工业废水污染等，特别是炼焦和石油工业废水，其中苯酚为主要成分。酚类化合物的毒性低，可导致饮用水有异味。

（17）阴离子合成洗涤剂。标准规定限值是 0.3mg/L，饮用水中的合成洗涤剂浓度不允许达到会产生泡沫或有味道的程度，阴离子合成洗涤剂一般不表现毒性作用。

（18）氨氮。标准规定的限值是 0.5mg/L，饮用水中氨氮来源于未经处理直接进入河流的工业废水（如羊毛加工、制革、印染、食品加工等）和生活污水，面源性的农业污染源（肥料、农业和动物粪便等），以及未经过二级处理或处理水平不高的污水处理厂的出水和各种浸滤液。氨氮是指水中以游离氨（NH_3）和铵离子（NH_4^+）形式存在的氮。饮用水中的氨氮与健康没有直接的关系，但当饮用水中的氨氮可能导致管网末梢水的亚硝酸盐和臭味出现异常，从而使管网中硝酸盐和亚硝酸盐的含量超标。当饮用水中硝态氮（NO_3^--N）含量高于 10mg/L 时就会使红细胞不能带氧而导致婴儿窒息死亡，另外，硝酸盐和亚硝酸盐转化为亚硝胺后会产生致癌、致畸、致突变的三致物质。

（19）硫化物。标准规定的限值是 0.02 mg/L，饮用水中的硫化物来源于大气中硫化氢溶解及化工企业排放废水，使水中带有强烈的“腐蛋”臭。

（20）钠。标准规定的限值是 200 mg/L，饮用水中的钠来源于水软化剂，钠是人体健康必需的营养元素，摄入过量的氯化钠会产生急性中毒，甚至死亡。急性中毒症状包括恶心、呕吐、战栗、肌肉抽搐和僵化以及脑水肿和肺水肿，严重时会引起充血性心衰。

2. 消毒剂

（1）液氯及游离氯制剂。标准规定接触时间不应小于 30min，出厂水限值是 4 mg/L，出厂水的余氯量不小于 0.3 mg/L，管网末梢水中余量不小于 0.05mg/L。

（2）一氯胺。标准规定接触时间不小于 120 分钟，出厂水中限值是 3 mg/L，出厂水中余量是 0.5 mg/L，管网末梢水中余量是 0.05 mg/L。主要来源于控制水中微生物的添加剂。

（3）臭氧。标准规定接触时间不小于 12 分钟，出厂水中的限值是 0.3 mg/L，管网末梢水中余量是 0.02 mg/L，如果是加氯余量应小于 0.05 mg/L。臭氧属于有害气体，具有毒性和腐蚀性，当饮用水中达到一定浓度时对眼、鼻、喉有刺激感觉，也会出现头疼及呼吸器官的局部麻痹等症状。

（4）二氧化氯。标准规定接触时间不小于 30 分钟，出厂水限值是 0.8 mg/L，出厂水的余氯量不小于 0.1 mg/L，管网末梢水中的余氯量不小于 0.02 mg/L。二氧化氯来源于控制微生物的添加剂，达到一定浓度时将导致人体贫血，影响婴儿和幼儿的神经系统。水处理工艺主要采用的消毒剂和对应产生的副产物详见表 2.4。

表 2.4 主要消毒剂和副产物（赵文超，2000）

消毒剂	有机卤素产物	无机化合物	非卤素产物
氯/次氯酸	THM、卤代乙酸类、卤代乙腈类、水合氯醛类、氯化苦、氯化酚类、氯胺类、卤代呋喃酮类、溴醇类	氯酸盐	醛类、氰烷酸、饱和脂肪酸、苯、羧酸类
二氧化氯		亚氯酸盐、氯酸盐	
氯胺	卤代乙腈类、氯化氰、有机氯胺类、氯氨基酸、水合氯醛、卤代酮类	硝酸盐、亚硝酸盐、肼	醛类、酮类
臭氧	溴仿、一氯乙酸、二溴乙酸、二溴丙酮、溴化氰	氯酸盐、碘酸盐、溴酸盐、过氧化氢、次溴酸、环氧化物、臭氧化物	醛类、酮酸类、酮类、羧酸类

2.3.2　微生物指标

标准规定的常规与非常规微生物指标共有以下 6 项。

（1）总大肠菌群。总大肠菌群主要包括 4 个菌属：埃希氏菌属、柠檬酸菌属、克雷伯菌属、肠杆菌属。标准规定饮用水中均不得检出。大肠杆菌自然存在于外界环境中，粪大肠杆菌和埃希氏大肠杆菌来源于人类和动物的粪便。粪大肠杆菌和埃希氏大肠杆菌的存在能指示水体受到人类和动物粪便的污染，从饮用水中摄入这些致病菌（病原体）可引起腹泻、痉挛、呕吐、头痛和其他症状。这些病原体尤其对婴幼儿、儿童和有免疫系统障碍人群的身体健康造成威胁。

（2）耐热大肠菌群（粪大肠菌群）。标准中规定每 100mL 水中不得检出耐热大肠菌群。耐热大肠菌群主要来源于人和动物的粪便，是水质受到粪便污染的重要指示指标。人体从饮用水中摄入这些致病菌（病原体）易导致腹泻、痉挛、呕吐、头痛和其他症状。

（3）大肠埃希氏菌。标准中限值不得检出，是粪便污染最有意义的指示指标。能指示水体受到人类和动物粪便的污染，从饮用水中摄入后这些致病菌（病原体）易导致腹泻、痉挛、呕吐、头痛和其他症状。

（4）细菌总数。标准中规定限值为每毫升水样不超过 100CFU，可作为评价水质清洁程度和考核净化效果的指标，需要结合总大肠菌群数来判断水质污染的来源和安全程度。

（5）贾第鞭毛虫。标准规定的限值是小于 1 个/10L。来源于人类和动物的粪便，人体从水中摄入后可导致肠胃疾病，如痢疾、呕吐及腹部绞痛。

（6）隐孢子虫。标准规定的限值是小于 1 个/10L。隐孢子虫几乎是所有水中寄生原生动物中最有可能经饮用水传播的，饮用水中隐孢子虫主要来源于人类和动物的粪便。人体从水中摄入后通常伴随着腹泻，有时虽然感染但可能没有症状。胃肠道的症状是呕吐、厌食、胃胀，也有可能伴随着流感型疾病。

2.3.3　毒理学指标

1. 无机物

（1）砷。标准中规定限值是 0.01mg/L，砷在地壳中广泛存在，多数以硫化砷和金属砷酸盐或砷化物形式存在，主要来源于天然矿物溶蚀、冶炼或电子制造工业废水。从水中摄入后伤害皮肤、影响血液循环、致癌等。

（2）镉。标准中规定限值是 0.005mg/L，环境中的镉来源于化肥使用过程中造成的污染物扩散、污水及当地空气污染。饮用水镉污染主要分为两类：一是配水系统中的污染；二是饮用水水源的污染。配水系统中的镀锌管道、含有镉焊料的水龙头、水加热器、水冷却器都可能带来饮用水的镉污染。饮用水水源的污染可由下述几个途径造成：含镉废水未经处理违法排放；含镉废弃物不合理处置和堆放造成的镉泄露；镉污染严重的地区，由雨水溶解和冲刷造成的水源污染；由环境改变或其他污染物的排放，河流或湖泊底泥中镉的释放。从饮用水中摄入镉后对人体的肾、呼吸系统、生殖系统、骨骼具有很强的毒害作用。慢性镉中毒主要是长期饮用受到镉污染的水或食用镉造成的。慢性中毒以肺气肿、肾功能损害（蛋白尿）为主要表现，其次还可引起缺铁性贫血、牙齿颈部黄斑、嗅觉丧失和鼻黏膜溃疡或萎缩等。慢性镉中毒还可能出现骨软化病，表现为背和四肢疼痛、行走困难和自发性骨折。肾功能损害的典型表现为近段肾小管功能障碍，也伴有肾小球损伤，造成高蛋白尿。中毒晚期，由于肾结构发生损伤可导致慢性间质性肾炎。

（3）铬（六价）。标准中规定限值是 0.05mg/L。铬主要来源于钢铁厂、金属加工厂、塑料厂、化肥排放厂。因为六价铬的毒性比三价铬的毒性大，所以必须考虑与人接触的主要形式，从水中摄入后导致过敏性皮炎，据研究发现吸食过量的六价铬与肺癌有一定的关系。

（4）铅。标准中规定限值是 0.01mg/L，天然水中的铅含量很少，自来水中的铅主要来源于含铅的家庭管道，即从水管、焊料、配件或用户连接设施，也来源于天然矿物溶蚀。婴幼儿和儿童从水中摄入铅后影响身体和智力的发育，成年人从水中摄入铅后将导致肾脏问题和高血压。

（5）汞。标准中规定限值是 0.001mg/L，饮用水中的汞主要来源于天然矿物溶蚀、炼油厂和工厂排出的污水、垃圾填埋厂或耕地流出的渗滤液。人体从饮用水中摄入后主要危害肾。

（6）硒。标准中规定限值是 0.01mg/L，饮用水中的硒主要来源于炼油厂排放污水、天然矿物溶蚀、矿厂排放的污水。硒是人体必需的营养元素，但摄入过量将导致硒中毒。从饮用水中摄入过量硒将导致食欲不振、四肢无力、头皮瘙痒、皮疹、斑齿、毛发和指甲脱落。

（7）氰化物。标准中规定限值是 0.05mg/L，饮用水中的氰化物主要来源于炼钢厂、金属加工厂、塑料厂及化肥厂排放的污水。氰化物有剧毒，从饮用水中摄入后将导致人体神经系统损伤、甲状腺功能障碍。

（8）氟化物。标准中规定限值是 1.0mg/L，饮用水中的氟化物主要来源于天然矿物溶蚀、化肥厂及铝厂排放的污水。氟在自然界中广泛存在，适量的氟对人体有益，但是摄入过量易导致骨骼疼痛脆弱，导致儿童患齿斑病，当人体摄入大量氟化物后将导致急性中毒，其症状包括恶心、呕吐、痉挛及心率失常。急性氟中毒导致死亡通常是由于心脏或呼吸系统功能衰竭引起的，一次性摄入 2.5~5g 的氟可致人死亡。长期慢性中毒表现为氟骨病、氟斑牙等。

（9）硝酸盐（以 N 计）。标准中规定地下水源中硝酸盐的限值是 20 mg/L，饮用水中的硝酸盐主要来源于化肥溢出、化粪池或污水渗漏、天然矿物溶蚀。硝酸盐和亚硝酸盐在自然界普遍存在，是氮循环的组成部分，硝酸盐主要用于无机肥料，亚硝酸盐主要用于食物防腐剂，特别用于烟熏肉类。缺氧的条件下硝酸盐转化成亚硝酸盐。饮用水中硝酸盐浓度过高，会诱发水体产生亚硝胺类的致癌物质，易导致新生儿患高铁血红蛋白症（又称“蓝婴综合征”）。

（10）锑。标准规定的限值是 0.005 mg/L，饮用水中的锑主要来源于炼油厂、阻燃剂、电子、陶器、焊料工业中排出的污水。从饮用水中摄入过量的锑导致人体血液胆固醇增加，血液中葡萄糖的含量减少。

（11）钡。标准规定的限值是 0.7 mg/L，饮用水中的钡来源于天然矿物溶蚀、钻井及金属冶炼厂排放的污水。从饮用水中摄入过量后导致血压的升高。

（12）铍。标准规定的限值是 0.002 mg/L，饮用水中的铍来源于金属冶炼厂、焦化厂、电子、航空、国防工业的排放污水。摄入过量对肠道有损害。

（13）硼。标准规定的限值是 0.5 mg/L，地下水中普遍存在硼，地表水中的硼常常来源于经处理的排放污水。硼是人体所需的微量元素，但是摄入过量的硼将导致人体慢性中毒，肝、肾受到损害，脑和肺出现水肿。

（14）钼。标准规定的限值是 0.07 mg/L，水中钼来源于特种钢和颜料、润滑剂的添加剂。钼是人体必需的微量元素，但摄入过量将导致生长发育迟缓、体重下降、毛发脱落、动脉硬化、结缔组织变性及皮肤病。

（15）镍。标准规定的限值时 0.02 mg/L，水中的镍来源于含镍的地下水流过的水源，或来自某种盛水容器，易受侵蚀材料的水井，镀镍或铬的水龙头。摄入过量将导致过敏性接触性皮炎。

（16）银。标准规定的限值是 0.05 mg/L，饮用水中的银来源于银消毒处理、载银活性炭。摄入过量银导致人体患银质沉着病，进入组织中的银会使皮肤和毛发脱色。

（17）铊。标准规定的限值是 0.0001 mg/L，水源水中的铊主要来源于矿石、天然沉积物、含铊的合金超导材料、电子设备。铊对人体的短期影响是肠胃刺激和神经系统损伤；长期的健康影响是改变血液的化学组成、损伤肝、胃、肠和睾丸组织和毛发脱落。

（18）氯化氰。标准规定的限值是 0.07 mg/L，水源中的氯化氰主要是氯胺或氯气消毒的副产物之一，吸入刺激呼吸道、导致气管和支气管的血液渗出以及肺水肿。

（19）溴酸盐。标准参考了世界卫生组织 2004 年修订的溴酸盐限值 0.01mg/L，一般情况下饮用水中不得含有溴酸盐，原水中含有的溴化物经过臭氧消毒之后会生成溴酸盐，饮用水用次氯酸盐消毒时也会产生溴酸盐。摄入过量可致癌。

（20）亚氯酸盐。标准中参考了世界卫生组织 2004 年修订的亚氯酸盐限值 0.7mg/L，饮用水中的亚氯酸盐是二氧化氯消毒的副产物，摄入过量会导致儿童患贫血症，对于婴幼儿、儿童、孕妇导致神经系统损伤。

（21）氯酸盐。标准中参考了世界卫生组织 2004 年修订的亚氯酸盐限值 0.7mg/L，氯酸钠是生成二氧化氯的原料，采用氯酸钠作为原料产生二氧化氯时，如果反应不完全或转化率不高时，氯酸钠将会进入饮用水中。

2. 有机物

（1）一溴二氯甲烷。标准规定的限值是 0.1 mg/L，来源于氯消毒过程中产生的副产物，摄入过量会导致肝功能受损，可致癌。

（2）二氯一溴甲烷。标准规定的限值是 0.06 mg/L，来源于农药及氯消毒过程中产生的副产物。摄入过量导致肝功能受损，可致癌。

（3）二氯乙酸。标准规定的限值时是 0.05 mg/L，来源于氯消毒副产物、有机物合成的中间体、农药等，摄入过量可致癌。

（4）1,2-二氯乙烷。标准规定的限值是 30μg/L，来源于乙烯和其他化学物的中间体及溶剂。摄入过量导致中枢神经系统损害，对肝、胃肠道、呼吸系统、肾、心血管系统也有影响，可能致癌。

（5）二氯甲烷。标准规定的限值是 20μg/L，来源于油漆、杀虫剂、脱脂剂、清洁剂等其他产品的化工和制药厂排放的污水。导致肝功能受损，可致癌。

（6）三卤甲烷（三氯甲烷、一氯二溴甲烷、二氯一溴甲烷、三溴甲烷的总和）。标准规定三卤甲烷中各种化合物的实测浓度与其各自限值的比值之和不超过 1。三卤甲烷主要来源于消毒副产物，导致肝、肾、中枢神经系统受损，可致癌。

（7）1,1,1-三氯乙烷。标准规定的限值是 2 mg/L，来源于金属处置场地或其他工厂排放的污水。摄入过量导致肝、神经系统、血液循环系统功能受损。

（8）三氯乙酸。标准规定的限值是 0.1 mg/L，来源于农药和氯消毒过程中的副产物。摄入过量导致中枢神经系统受损。

（9）三氯乙醛。标准中规定的限值是 0.01 mg/L，来源于有机物的前体物质和氯消毒过程中的副产物，摄入过量对皮肤和黏膜有强烈的刺激作用。

（10）2,4,6-三氯酚。标准规定的限值是 0.2 mg/L，来源于杀菌剂、胶水、木材防腐剂、抗霉菌剂工厂流出的污水。摄入过量导致肝、肾功能受损，可致癌。

（11）三溴甲烷。标准规定的限值是 0.1 mg/L，来源于化工和制药厂排放的污水。摄入过量导致肝损害，还引起恶心、呕吐、昏迷、抽搐。

（12）七氯。标准规定的限值是 0.0004 mg/L，来源于防治玉米根部虫类，线虫的杀虫剂。摄入过量导致肝损伤和中枢神经系统损伤。

（13）马拉硫磷。标准规定的限值是 0.25 mg/L，来源于有机磷杀虫剂的残留，该污染物是一种环境激素，摄入过量将危害人体正常激素分泌。

（14）五氯酚。标准规定的限值是 0.009 mg/L，来源于木材防腐工厂排出的污水，摄入过量导致肝、肾功能受损，可致癌。

（15）六六六。标准规定的限值是 5μg/L，来源于禁用有机氯农药的残留，摄入过量可致癌。

（16）六氯苯。标准规定的限值是 1μg/L，来源于冶金厂、农药厂排放的污水，摄入过量导致肝、肾功能受损，可致癌。

（17）乐果。标准规定的限值是 0.08 mg/L，来源于农业有机磷农药、各种昆虫及家蝇杀虫剂的残留，摄入过量导致头痛、头昏、全身不适、恶心呕吐、呼吸障碍、心搏骤停、休克昏迷、痉挛、激动、烦躁不安、疼痛、肺水肿、脑水肿等。

（18）对硫磷。标准规定的限值是 0.003 mg/L，来源于农业广谱杀虫剂、熏蒸剂、杀螨剂的残留，摄入过量抑制胆碱酯酶活性，造成神经生理功能紊乱。

（19）灭草松。标准规定的限值是 0.3 mg/L，来源于农作物的广谱除草剂，摄入过量后导致肠胃功能受损，同时对呼吸道具有刺激作用。

（20）甲基对硫磷。标准规定的限值是 0.02 mg/L，来源于一种杀虫剂和杀螨剂的残留，摄入过量导致神经过度兴奋、肌无力综合征、迟发育周围神经病，胆固醇活性降低。

（21）百菌清。标准规定的限值是 0.01 mg/L，来源于杀菌剂的残留。百菌清对人的皮肤和眼睛有刺激作用，少数人有过敏反应，一般引起轻度接触性皮炎。接触眼睛会立即感到疼痛并发红。过敏反应症状表现为运气支气管刺激、皮疹、眼结膜和眼睑水肿、发炎等症。

（22）呋喃丹。标准规定的限值是 0.007 mg/L，来源于水稻土中的残留迁移到地下水中，摄入过量导致血液及神经系统功能受损。

（23）林丹。标准规定的限值是 0.03 mg/L，来源于水果、蔬菜、苜蓿、家禽杀虫剂，摄入过量导致肝、肾功能受损。

（24）毒死蜱。标准规定的限值是 0.03 mg/L，来源于有机磷杀虫剂的残留，摄入过量抑制胆碱酯酶活性，导致头痛、头晕、恶心、呕吐、瞳孔变小，甚至出现水肿。

（25）草甘膦。标准规定的限值是 0.7 mg/L，来源于抗莠剂的流出，摄入过量导致胃功能受损，再生繁殖障碍。

（26）敌敌畏。标准规定的限值是 0.001 mg/L，来源于防治卫生害虫、农林和园艺害虫、粮食害虫及家畜害虫的农药流出或溶出，摄入过量对健康造成危害，与白血病的患病有关，可能致癌。

（27）莠去津。标准规定的限值是 0.002 mg/L，来源于除莠剂的流出，人体摄入后的中毒症状表现为腹痛、腹泻、呕吐，以及皮肤出现皮疹、眼睛和鼻腔黏膜的不适。

（28）溴氰菊酯。标准规定的限值是 0.02 mg/L，饮用水中该污染物的主要来源是棉花、果树、茶叶、蔬菜等植物残留。人体摄入后，轻者有头痛、头晕、恶心、呕吐、食欲不振、乏力，重者还可以出现肌束颤动和抽搐。

（29）2,4-滴。标准规定的限值是 0.03 mg/L，饮用水中的来源是庄稼除莠剂的流出，摄入后导致肝、肾、肾上腺功能受损。

（30）滴滴涕。标准规定的限值是 1μg/L，饮用水中的来源是农业杀虫剂的残留，摄入后导致头痛、头晕、肢体抽搐等症状，对人体的神经系统有刺激作用。

（31）乙苯。标准规定的限值是 0.3 mg/L，饮用水中该污染物的来源于炼油厂的排放，摄入导致肝、肾功能受损。

（32）二甲苯。标准规定的限值是 0.5 mg/L，饮用水中该污染物的来源是石油、化工企业的排放，摄入后导致人的神经系统受损。

（33）1,1-二氯乙烯。标准规定的限值是 0.03 mg/L，饮用水中该污染物的来源主要是化工厂排放，从饮水中摄入后导致肾、肝损伤。

（34）1,2-二氯乙烯。标准规定的限值是 0.05 mg/L，饮用水中该污染物的来源是化工厂的排放，从饮水中摄入后导致肝功能受损。

（35）1,2-二氯苯。标准规定的限值是 1 mg/L，饮水中该污染物的主要来源是化工厂的排放，如除臭剂、化学燃料、杀虫剂，从饮水中摄入后导致肝、肾或循环系统功能受损。

（36）1,4 二氯苯。标准规定的限值是 0.3 mg/L，饮用水中该污染物的来源是化工厂的排放，如除臭剂、化学燃料、杀虫剂，从饮水中摄入后对健康的危害是引起贫血症，导致肝、肾或脾受损，血液变化。

（37）三氯乙烯。标准规定的限值是 0.07 mg/L，饮用水中该污染物的来源是干洗衣服、去除金属配件的油污及脂肪、蜡、树脂、油、橡胶、油漆，以及涂料溶剂的工厂排出，从饮水中摄入后导致肝、肾功能受损，可致癌。

（38）三氯苯（总量）。标准规定的限值是 0.02mg/L，饮用水中该污染物的来源是溶剂、冷却剂、润滑剂和传热介质企业排出，及染料、白蚁驱除剂和杀虫剂的残留，从饮水中摄入后导致肝、肾损伤。

（39）六氯丁二烯。标准规定的限值是 0.0006 mg/L，饮用水中该污染物的来源是橡胶厂及润滑剂、杀虫剂、葡萄园的熏蒸剂的残留或溶出物，从饮水中摄入后危害中枢神经，对肝、肾也有损伤作用，有致癌可能性。

（40）丙烯酰胺。标准规定的限值是 0.0005 mg/L，饮用水中该污染物来源于污泥或废水处理过程，从饮水中摄入后导致神经系统及血液疾病，可致癌。

（41）四氯乙烯。标准规定的限值是 0.04 mg/L，饮用水中该污染物来源于聚氯乙烯管道溶出、工厂及干洗厂排放的污水，从饮水中摄入后导致肝功能受损，可致癌。

（42）甲苯。标准规定的限值是 0.7 mg/L，饮用水中该污染物来源于炼油厂排放的污水及生产苯、酚和其他有机溶剂的工厂排放的污水，从饮水中摄入后导致神经系统、肝、肾功能受损。

（43）邻苯二甲酸二（2-乙基己基）酯。标准规定的限值是 0.008 mg/L，饮用水中该污染物来源于橡胶厂和化工厂排放的污水，从饮水中摄入后导致再生繁殖障碍、肝功能受损，可致癌。

（44）环氧氯丙烷。标准规定的限值是 0.0004 mg/L，饮用水中该污染物来源于制造甘油、未改性环氧树脂和水处理树脂的化工厂排放的污水，从饮水中摄入后导致局部炎症、中枢神经系统受损。

（45）苯。标准规定的限值是 0.01 mg/L，饮用水中该污染物的来源是工业废水、空气中的苯以及含苯汽油颗粒，从饮水中摄入后对健康的危害是引起贫血症、血小板减少、中枢神经系统功能受损，可致癌。

（46）苯乙烯。标准规定的限值是 0.02 mg/L，饮用水中该污染物来源于生产塑料、树脂、绝缘材料的化工厂排放的污水，从饮水中摄入后导致肝、肾、血液循环系统功能受损。

（47）苯并芘。标准规定的限值是 0.000 01 mg/L，饮用水中该污染物来源于焦化、炼油、沥青、塑料等工业污水的排放，从饮水中摄入后对健康的危害是可致癌，致畸。

（48）氯乙烯。标准规定的限值是 0.005 mg/L，饮用水中该污染物来源于聚氯乙烯管道的溶出、塑料厂排放的污水，从饮水中摄入后对健康的危害是可致癌。

（49）氯苯。标准规定的限值是 0.3 mg/L，饮用水中该污染物来源于化工及农药厂排放的污水，从饮水中摄入后导致肝、肾功能受损。

（50）微囊藻毒素-LR。标准规定的限值是 0.001 mg/L，当浮颤藻和鱼腥藻的蓝细菌细胞破裂时，大量的微囊藻毒素进入水体中，从饮水中摄入后会导致肝、肾功能损伤。

（51）三氯甲烷。标准中规定限值是 0.06mg/L，饮用水中三氯甲烷的形成在很大程度上取决于消毒剂氯和在水源中存在的前体（腐殖质），当水源中含腐殖质浓度低或经处理去除后再消毒就不会产生高浓度的三氯甲烷。人体接触三氯甲烷途径有：喝水，在淋浴时经呼吸吸入，还可能通过皮肤吸收。世界卫生组织《饮用水水质准则》（第三版）介绍，三氯甲烷对人体具有致癌性，对动物有致癌遗传性。

（52）四氯化碳。标准中规定限值是0.002mg/L，饮用水中的四氯化碳主要来源于化工厂和其他企业的排放污水，当人体从饮用水中摄入后导致肝受损，并有致癌风险。

（53）甲醛。标准中规定限值是0.9mg/L，水中的甲醛主要来源于排放的工业废水，饮用水中的甲醛主要是水中天然有机物在用臭氧或氯化消毒过程产生的。

2.3.4 放射性指标

（1）总α放射性。标准将总α放射性修订为0.5Bq/L。饮用水中的总α放射性主要来源于天然矿物的侵蚀，同时人类活动可能使环境中的天然和人工辐射水平有所增加，特别是核能的发展和同位素新技术的应用，可能产生放射性物质对环境污染。对人体健康风险的危害是可致癌。

（2）总β放射性。标准将总β放射性修订为1Bq/L。饮用水中的来源主要是天然和人造矿物的衰变。对人体健康风险的危害是可致癌。

2.4 我国饮用水卫生标准存在的问题

自新中国成立以来，我国饮用水水质标准进行了不断的修订与完善，1956年由国家建设委员会和卫生部发布实施《饮用水水质标准》，共15项指标；1959年由建筑工程部和卫生部发布实施《生活饮用水卫生规程》，共17项指标；1976年国家建设委员会和卫生部组织制定了我国第一个国家《生活饮用水卫生标准》（编号为TJ20－76），共有23项指标；1985年卫生部对《生活饮用水卫生标准》进行了修订，指标增加至35项，编号改为GB5749—85（下称“旧《标准》”）；2006年卫生部发布实施《生活饮用水卫生标准》（GB5749—2006）（下称“新《标准》”），于2007年7月1日起实施，共有106项指标。

新《标准》符合我国国情，制订过程参考了世界卫生组织（WHO）、欧盟（EC）和美国（USA）等国际组织或国家的水质标准，从整体上克服了以前标准存在的一些问题，基本上实现了我国饮用水标准与国际标准的接轨。但是在标准修订和发布实施以来，出现了若干问题，主要表现在以下几方面：

（1）修订周期长。新《标准》在旧《标准》基础上经过长达21年才进行修订，远超过《国家标准管理办法》规定的5年复审周期，不能满足标准修订的及时性、动态性和先进性要求。

（2）筛选污染物针对性较差。标准中规定的指标不能充分反映我国水污染特征，缺乏关于新型污染物的指标，对于饮用水中持久性有机污染物、藻毒素、内分泌干扰物、微生物、新型有毒污染物等对人体健康的危害及其在饮用水标准中限值等方面的研究不够，缺乏对水中不断出现可导致饮水传染性疾病的新型寄生虫类病原微生物的限定。

（3）检测能力不足。指标甄选工作中缺乏关于指标的检测能力研究，根据卫生部门的统计结果显示，全国具有能够检测106项指标能力的疾病预防控制中心只有国家级和个别省级的，大多数省级中心只能检测40~80项指标，地级市中心只能检测30~60项指标，单一检测每种污染物的检测模式，存在检测所需时间和能源消耗高，不能对水体中污染物进行全面有效的监测和控制。

（4）检测指标针对性较差。新《标准》的“一刀切”实施方法，造成了监测成本的浪费，缺乏对于我国地域、经济发展、各地水源特征的差别考虑，导致监测目标不准确，监测成本浪费。

（5）水处理能力较差。新《标准》规定指标虽然相对完备，限值上也做了适当调整，但是执行中有些指标的可操作性仍需商榷，应根据不同水源水质，采取不同的水处理工艺。根据对全国县城现有公共水厂的普查：多数的自来水处理技术依然沿用传统的工艺“混凝—沉淀—过滤—消毒—净化”，只是对饮水中的浊度、悬浮物质有较好的净化消毒作用、地下水厂多数只是简单消毒。

（6）缺乏法律保障。我国目前涉及水领域的管理保障法律包括《中华人民共和国水污染防治法以及实施细则》、《中华人民共和国水法》、《饮用水水源保护区污染防治管理规定》、《城市供水水质管理规定》以及《生活饮用水卫生监督管理办法》等，这些法律法规和规范性文件中涉及部分饮用水的安全保障，但饮用水安全保障条例不全面不具体，原则性立法数量较多，实施性法律法规较少，而且地方级与国家级饮用水安全保障条例存在交叉或矛盾的现象，没有专门针对饮用水卫生标准实施的系统性整体性管理制度，不能有效的指导饮用水安全工作的实施。

2.5　国外饮用水水质标准的借鉴意义

通过分析国外先进的饮用水水质标准，主要是美国《饮用水水质标准》、欧盟《饮用水水质指令》、世界卫生组织《饮用水水质准则》和日本《饮用水水质标准》，吸取国外成功的经验，为我国饮用水水质标准的修订和完善提供宝贵的借鉴。

（1）指标筛选以及限值的确定。水质标准的核心是指标和限值，指标筛选主要基于水质调查来确定水源中污染物种类及其浓度含量，限值的确定主要基于毒理学数据。这些基础性工作耗时长、人力物力投入大，因此我国的水质标准主要是采标，即参考WHO、美国EPA、欧盟等发达国家和地区的相关标准。毒理学的数据可直接采用，但不同的暴露途径和来源在不同国家和地区由于地理因素和生活水平及习惯等存在差异，需要进行再评估。因此认为新《标准》的修订重点在指标的选择上。对一些不大可能超标，或感官能觉察的浓度比基于健康的限值低很多的指标没有必要再列在新《标准》中进行强制检测，可以作为参考指标以便出现紧急情况时管理和应对需要。对一些国际上广泛关注的对饮用水构成潜在风险的指标，应及时进行调查评估，对每个指标在我国水源中及出厂水中的分布情况进行分析，评估纳入新《标准》的可行性。所有水质调查的前提是具备各种目标污染物的分析方法或筛查方法，这也需引起重视（由阳等，2011）。

针对我国地形以及水源的独有特点，综合考虑地区差异以及经济现状，建议提出我国有针对性的优先控制污染物筛选方法，缩短修订周期，定期公布优先控制污染物名单，综合标准中的指标和优先控制污染物指标，进行分级管理，如强制性检测指标、二级标准指标等。建议提出我国有针对性的毒理学试验方法，得到综合考虑我国气候等影响因素的毒理学数据，进而确定污染物浓度限值，并进行分级，如污染物最高（允许）浓度（MCL）、污染物最高（允许）浓度目标（MCLG）和综合浓度限值。

（2）加强水源水质保护。除消毒副产物、水处理的化学药剂和输配过程中与管材接触溶于水里的污染物外，饮用水中的污染物都来自水源，标准中污染物的筛选也是根据水源的监测数据进行分析筛选的，水源中污染物的种类以及浓度对于后续处理是有一定影响的，加强水源水质保护，减少污染物种类，降低污染物浓度，有利于后续水处理工作的进行。

（3）完善检测体系。对检测中心进行区域性划分，由于我国幅员辽阔，污染物种类众多，不宜全国统一标准进行逐一检测，因为那样无论在经济上、效率上还是技术上都是不可行的，因此可根据地区水源污染情况分析，对单一水源和混合水源的供水进行动态实时监测，分析污染物在水源水、出厂水、管网末梢水的变化情况和规律特点，进行评估研究，需具有突出性特点，整理出各地区饮用水污染物种类以及出现频率，引导各水处理单位、供水单位进行针对性有效性科学性的检测及处理，对不常见的污染物降低其检测频率，对我国整体范围内的饮用水水质的提高是有一定帮助的，对我国的经济发展也是有一定促进作用的。对各检测中心进行等级划分，按照等级配备检测仪器和检测人员，进行系统化管理。

（4）优化水处理工艺。不同水处理工艺对不同类型污染物的处理效率存在较大差异。若根据污染物性质进行分析，总结最可行净水技术，对新《标准》中指标给出最佳水处理方法以及去除率等方面的信息，有利于新《标准》实施过程中水厂及设计单位相关人员选择合适的工艺。

（5）信息数据公开化。在饮用水安全保障过程中保证数据公开、信息透明化，要求供水企业在企业网页定期公布源水、出厂水、管网末梢水、龙头水的检测情况，包括污染物种类和浓度，使用户享有了解掌握水质基本情况和达标信息的权利，并建立相应国家或地区标准以及法律条例。

（6）完善配套管理文件。美国环境保护署以近百页的篇幅指导如何使用美国《饮用水水质标准》，而我国的水质标准相对比较简单，没有辅助一些具体的与管理相关的技术指导信息，导致我国水质标准在应用和执行过程中易出现问题。例如，新闻媒体上经常有某地饮用水水质“优于”国家标准的报道，其实水质标准的限值一般都是最大值，因此，严格说来只有“达标”或“不达标”，没有“优于”标准这一说法。“标准”确定了每人每年 10^{-6} 的残疾调整寿命年的可接受疾病负担，健康结果目标以最大未观测到有害作用剂量为基础，此外，水质标准的限值制订还考虑了一些不确定系数。短期饮用某个指标小幅超标但不至于引起急性毒性效应的水，也可能不引起人体健康的损害。若相关人员及公众提高认识，就可以避免水质事故中出现的公众恐慌和官员喝水昭示安全的“作秀”事件。因此“标准”的实施不能仅限于检测指标是否超标，也需要一系列配套的管理措施，需要对从业人员进行培训，对公众进行宣传（申屠杭，2003）。

（7）标准的实施工作应法制化规范化。饮用水水质标准是需要在实施过程中长期持续完善修订的，与公众的健康、国家的发展、经济的增长息息相关，因此标准的拟定、修正完善、公布、实行和监督等工作顺利进行的前提是法制化、规范化、制度化。首先应落实到部门、单位、机构和人员，并明确任务，提出要求，有序进行。建立饮用水专项的研究机构，对饮用水水质标准进行持续系统的、实时的、科学的全面研究，为及时修订饮用水水质标准提供基础性依据。今后应保证定期对饮水标准进行修订，保证最新的研究成果和经验总结可以应用到水质标准中。

参 考 文 献

陈林, 许龙, 樊华青. 2008. 新版《生活饮用水卫生标准》与《城市供水水质标准》的比较. 江西化工, 43(3): 175~179

崔玉川, 刘振江, 刘婷. 2006.对我国饮用水水质标准及其建设的几点建议.给水排水, 32(11): 112~114

但德忠, 陈维果. 2008. 我国饮用水卫生标准的变革及特点.中国给水排水, 8(16): 99~104

甘日华. 2007. WHO 和世界主要国家生活饮用水卫生标准介绍. 中国卫生监督杂志, 14(5): 353~356

华佳, 张林生. 2009. 我国生活饮用水水质标准的现状及探讨. 给水排水, 24(2): 10~11

金银龙, 鄂学理, 张岚. 2007. 生活饮用水卫生标准 (GB5749—2006) 释义. 北京: 中国标准出版社

李宗来, 宋兰合. 2012. WHO《饮用水水质准则》第四版解读. 给水排水, 38(7): 9~13

申屠杭. 2003. 我国饮用水安全法制度的构想. 环境与健康杂志, 20(4): 248~249

深圳市自来水 (集团) 有限公司. 2001. 国际饮用水水质标准汇编. 北京: 中国建筑工业出版社
由阳, 石炼, 孙增峰, 等. 2011. 关于我国生活饮用水卫生标准实施方案的建议. 中国给水排水, 27(10): 17~20
张岚, 王丽, 鄂学礼. 2007. 国际饮用水水质标准现状及发展趋势. 环境与健康杂志, 24(6): 451~453
张宁吓. 2010. 我国饮用水水质标准发展与国际标准的对比. 山西建筑, 12(36): 175~176
赵文超. 2000. 国外对剩余消毒剂及消毒副产物的规定. 给水排水, 26(11): 24~26
朱莹, 陈听. 2008. 新旧《生活饮用水卫生标准》常规指标标准限值及检验方法的对比. 环境与职业医学, 25(5): 510~513
European Union. 1998.Council Directive 98/83/EC on the quality of water intended for human consumption. http://www.rowater. ro/Documente Repository/Directiva Apa Potabila/Implementation Plan. PDF
USEPA. 2004. Understanding the safe Drinking Water Act. EPA 816-F-04-030
USEPA. 2011a. 2011 Edition of the Drinking Water standards and Health advisories. EPA 820-R-11-002
USEPA. 2011b. National Primany Drinking Water Regulations. EPA 816-F-09-004
USEPA. 2009. Providing safe drinking water in America: national public water system annual compliance report and update on implementation of the 1996 Safe Drinking Water Act Amendments. USA: University of Michigan Library.
WHO. 2006. Guidelines for Drinking-water Quality First Addendum to Third Edition. Geneva: World Health Organization
WHO. 2011. Guidelines for Drinking-water Quality, Fourth Edition. Geneva: World Health Organization

第 3 章　水环境优先控制污染物指标筛选分析

优先控制污染物是水环境中含量大、出现频率高、影响范围广、毒性强、易在环境中残留且具有生物累积性等特点的污染物，筛选优先控制污染物对保障饮用水水质安全和提高水质监测效率具有重要意义。筛选优先控制污染物指标的方法研究目前已经成为有毒化学品污染与防治研究领域中的一个重要的分支，本章对比分析美国、欧盟、日本优先控制污染物的筛选方法，并阐述我国部分省份优先控制污染物的名单和筛选方法现状，为建立我国饮用水备选优先控制污染物指标清单（drinking water contamination candidate list，DW 污染指标清单）奠定基础，为我国《生活饮用水卫生标准》（GB5749—2006）的完善修订提供技术支持。

3.1　水环境污染物调查

目前，存在于环境中的化学物质种类非常庞大，仅美国化学文摘（CA）登记的化学物质已近 3300 万种，其中有机物超过 1860 万种，这个数字还在以每天数以千计的速度不断增长，水源中能够检测到的污染物种类也不断增加，这些污染物中有的是新《标准》中规定的，有的是新《标准》中未规定的、但对人体健康和生态平衡有潜在威胁。这些污染物来源于各种新兴工业排放的废水、城乡排放的生活污水等。根据环境保护部发布的数据显示，2015 年，化学需氧量排放总量为 2223.5 万 t，比 2014 年下降 3.1%，比 2010 年下降 12.9%；氨氮排放总量为 229.9 万 t，比 2014 年下降 3.6%，比 2010 年下降 13.0%（中华人民共和国环境保护部，2016）。同时我国作为一个农业大国，农药使用量大，年使用量超过 5 万 t，根据 2010 年全国污染源普查的基本情况和普查报告结果显示农业源污染物排放对水环境的影响较大，其化学需氧量排放量为 1324.09 万 t，占化学需氧量排放总量的 43.7%。农业源也是总氮、总磷排放的主要来源，其排放量分别为 270.46 万 t 和 28.47 万 t，分别占排放总量的 57.2%和 67.4%（中华人民共和国环境保护部，2010）。要从根本上解决我国的水污染问题，必须把农业源污染防治纳入环境保护的重要议程。2005 年，国家环境保护总局（2008 年升格为环境保护部）对全国 56 个城市 206 个集中式饮用水水源地的有机污染物监测显示：水源地受到 132 种有机物污染，其中 103 种属于我国或国外优先控制的污染物，污染物含量有时甚至严重超标导致水厂丧失正常的供水能力，不能满足人们对饮用水的基本要求，威胁生命安全，危害人体健康，造成严重的经济损失，造成社会不安定，对生态环境也有严重影响（环境保护部科技标准司，2010）。

3.2 水环境优先控制污染物筛选的意义

优先控制污染物是将对人体健康和生态平衡具有潜在威胁的污染物作为控制对象，通过筛选列入饮用水备选污染物指标清单，清单中的污染物应具备含量大、出现频率较高、影响范围广、毒性强、易在环境中残留、具有生物累积性等特点。通过筛选水环境优先控制污染物能够为我国饮用水水质指标的甄选修订提供依据，并促进我国饮用水事业的发展与进步。筛选优先控制污染物的重要意义主要表现在以下三个方面。

3.2.1 水环境优先控制污染物筛选的现实性

我国 20 世纪 90 年代首次提出国家级环境优先控制污染物黑名单，随着经济、科技、社会的发展，市面上不断出现新型化学品，包括持久性有机物、内分泌干扰物、生态环境破坏物等，水环境化学污染物种类不断发生变化，但是我国的国家级优先控制污染物名单未曾更新，已经不能准确反映当前的污染物现状，容易误导环境管理措施的制订方向，使环境治理缺乏明确目标，造成环境管理严重滞后，无法有效保障饮用水水质的安全。

环境保护部化学品登记中心从 1995 年开始编制《中国现有化学物质名录》，收录已在中国境内生产、加工、销售、使用或从国外进口的化学物质。其收录的化学物质是指任何有特定分子标识的有机物质或无机物质，从第一版开始到 2013 年版，收录的物质大幅度增加，总数已达到 45 612 种，2016 年又补增 31 种化学物质（中华人民共和国环境保护部，2013）。在环境保护的迫切需求下，也需及时更新水环境污染物名单，但是由于经济以及检测水平等因素的限制，不可能对每一种污染物都制定标准，限制排放，进行控制，只能有针对性的从众多有毒有害的化学污染物中筛选出一些含量大、出现频率高、影响范围广、毒性强、易在环境中残留、具有生物累积性、对人体健康和生态平衡有潜在威胁的污染物进行控制，即环境优先控制污染物（EPP），通过对 EPP 进行研究控制，达到有效保障饮用水水质安全的目的。

3.2.2 水环境优先控制污染物筛选的必要性

在我国饮用水水质标准的制定与实施过程中，存在一些不合理的问题，主要表现在以下几方面：

（1）制定颁布的周期过长。从《生活饮用水卫生标准》（GB5749—85）到新《标准》颁布周期长达 21 年，远超过《国家标准管理办法》中规定的 5 年复审周期，缺乏动态性与周期性要求。

（2）标准规定的污染物指标不能充分反映我国水污染现状。新《标准》中规定的污染物指标大多数是采用世界卫生组织的数据，不能完全反映我国水污染的实际情况及存在的问题，未能对生产量大、人体毒性强、生态毒性较高、环境中难降解的农药类污染物进行全面限定，缺乏对水中不断出现可导致饮水传染性疾病的新型寄生虫类病原微生物的限定。

（3）标准规定的指标缺乏针对性，地区性差异兼顾不全。基于我国地区经济发展不平衡、水源条件特点差异大等实际情况，标准中对于区域性污染物考虑不周，导致部分供水企业监测目标不准确，造成监测成本的浪费。我国制定标准的原则是尽可能与国际组织和经济发达国家同类标准接轨，特别是与世界卫生组织（WHO）《饮用水水质准则》靠拢，虽然新《标准》水质指标数量较多（106 项），但这并不能说明我国饮用水标准比其他国家和地区的要求更加严格（宋乾武和代晋国，2009）。因此，面对我国水环境污染状况及污染物控制的难题，为了科学合理有效地保障饮用水安全，构建 DW 污染指标清单为我国饮用水水质标准修订中指标的甄选提供重要的参考价值，是一种科学、客观、方便、实用、具有重要研究意义与价值的饮用水水污染防治方法。

3.2.3　水环境优先控制污染物筛选的可行性

《国家环境与健康行动计划（2007—2015）》中明确了今后的主要任务是“预防优先，强化监测”，其阶段目标中提出了 2007~2010 年“全面建立环境与健康工作协调机制，制定促进环境与健康工作协调开展的相关制度和环境污染健康危害风险评估制度；完成对现有环境与健康相关法律法规及标准的综合评估，提出法律法规及标准体系建设的要求；完成国家环境与健康现状调查及对环境与健康监测网络实施方案的研究论证；启动环境与健康领域重要研究项目”。2011~2015 年要“开展环境与健康相关法律法规的研究、制定和修订工作，完善环境与健康标准体系；充实环境与健康管理队伍和实验室技术能力，基本建成国家环境与健康监测网络和信息共享；完善环境与健康风险评估和风险预测、预警工作，实现环境污染突发公共事件的多部门协同应急处置；基本实现社会全方面参与环境与健康工作的良好局面。”这些都为环境优先污染物的筛选提供了极其重要的政策、技术和行动保证。

综上所述，现阶段开展 DW 污染指标清单的构建工作不仅政策局面时机良好，而且随着监测网络的完善、监测能力的加强、部门协调关系的通畅、质量标准的扩充、社会参与度的提升，筛选环境优先污染物的工作将比以往的任何时候都更加现实可行。

3.3 国外优先控制污染物筛选现状

3.3.1 美国优先控制污染物筛选现状

美国在饮用水安全保障这一领域起步较早，有很多成果值得我国借鉴，如修订饮用水标准时所采用的原则与方法。美国饮用水标准修订的一个重要特征就是由美国环境保护署（以下简称“USEPA”）定期制定并公布污染指标清单（contaminant candidate list，CCL），USEPA 以该清单中甄选指标为根据修订饮用水水质标准。本节对美国现行污染指标清单的构建程序进行了分析，重点关注其指标甄选原则与技术实现形式，以期为我国饮用水水质标准修订工作提供参考。

1. 污染指标清单的发展历程

美国饮用水安全法（Safe Drinking Water Act，SDWA）1996 年修正案中规定，EPA 必须定期制定并公布污染指标清单，作为相关标准修订的依据。根据美国饮用水安全法的要求，USEPA 分别于 1998 年、2005 年和 2008 年发布了污染指标清单一、污染指标清单二和污染指标清单三。在构建污染指标清单三的工作中，USEPA 制定了一套多阶段工作程序，该程序包括以下 4 个步骤（胡伟等，2009）。

步骤一：构建污染指标备选总体清单，该总体清单为饮用水中可能存在的污染指标的宽泛性集合。

步骤二：依据相对简单的筛选标准，从污染指标备选总体清单中甄选指标，构建预选污染指标清单（preliminary contaminant candidate list，PCCL）。

步骤三：采用结构化分类方法（structured classification approach），并结合专家评判，由预选污染指标清单中进一步甄选指标，初步完成污染指标清单的构建。

步骤四：公示初步完成的污染指标清单，根据相关建议及意见进行修订，最终完成污染指标清单。在实际操作中 USEPA 将污染指标清单分为化学类污染指标清单与微生物类污染指标清单，分别开展构建工作。

2. 化学类污染指标清单的构建

美国国家科学院下属的国家研究委员会（National Research Council，NRC）于 2001 年向 EPA 提交了一份名为“*Classifying Drinking Water Contaminants for Regulatory Consideration*”的研究报告。在报告中（NRC，2001），国家研究委员

会建议 USEPA 在构建化学类污染指标备选总体清单时，应充分利用各种含有污染物清单、污染物健康效应、污染物存在状态及化学特性等信息的数据源。在 NRC 报告的基础上，国家饮用水咨询委员会（National Drinking Water Advisory Council，NDWAC）进一步研究了化学类污染指标备选总体清单构建过程中应注意的问题。NDWAC（2004）在研究报告中指出，化学类污染指标备选总体清单应尽可能全面地将饮用水中已确认存在（或可能存在），以及已确认具有（或潜在）负面健康效应的污染物囊括其中。但由于相关数据源的数量庞大、信息繁杂，因此必须根据相应的程序对数据源中信息及数据源质量进行评估，从中选取适用于化学类污染指标清单构建程序的数据源。

1）化学类污染指标备选总体清单的构建

在国家饮用水咨询委员会与美国自来水工程协会（American Water Works Association，AWWA）的协助下，USEPA 初步选取了 284 个数据源，并根据相应程序对 284 个数据源进行了评估，从中选取了 39 个数据源用于化学类污染指标清单的构建。在评估程序中，USEPA 使用了以下 4 个评价因子（AWWA，2003；USEPA，2008a）。

（1）相关性（relevance）。USEPA 根据 NDWAC 与 NRC 的研究报告中提出的污染指标清单构建原则，选取了相关性评价因子。该因子用于评估目标数据源中是否包括污染物存在及其健康效应的信息，是否与污染指标清单构建相关。

（2）完整性（completeness）。NDWAC 的研究报告指出，应用于污染指标清单构建程序的数据源应符合下列条件：①提供数据源负责人的姓名（或联系方式）；②对数据属性有详细介绍；③提供数据来源相关信息。只有满足上述要求的数据源方可进入下一阶段的评估程序。但应注意，在此阶段无需对数据源中具体数据的质量进行详细评估，以免浪费有限的资源，对具体数据的评估工作将在后续阶段开展。

（3）冗余性（redundancy）。该因子用于判别某数据源中信息是否与其他综合性更高的数据源中信息重复。例如，某些区域性数据源中的数据完全来自于全国性数据源，此类区域性数据源即被认为是冗余数据源。在进行评估时，应注意对比原始数据获取者、时间、地点、方法、结果、数据处理与修订等，只有当上述属性完全相同时，方可将信息量较小的数据源确认为冗余数据源。在进行冗余性评估时，还需考虑数据源的可检索性，尽管某些数据源的信息量较小，但由于具有可检索性，故将与其相对的、信息量较大但不具可检索性的数据源确认为冗余数据源。

（4）可检索性（retrievability）。该因子用于评估数据源中信息是否以规范化格式记录，是否可进行自动检索。例如，数据源中数据以表格形式记录，则可使用相应技术对其进行信息检索与提取。相反，如果数据以复杂文本形式存在，则难以实现自动检索与信息处理。

通过使用上述 4 个评价因子，并考虑到某些数据源中信息的不可替代性，EPA 最终从 284 个初始数据源中选取了 39 个数据源用于化学类污染指标清单备选指标总体的构建，并将另外 65 个数据源作为补充性数据源备用。数据源选取完成后，即进入化学类污染指标备选总体清单甄选阶段，该阶段工作主要分为以下两个步骤。

步骤一：根据甄选准则从数据源中选取适当的指标。

步骤二：对上一步选取出的指标进行甄别，将不适合归入化学类污染指标清单的指标剔除。通过上述程序，完成化学类污染指标备选总体清单的构建，该总体清单包括 6033 项污染指标，均具有较完备的存在状态数据与健康效应数据，可在下一阶段工作中使用。

2）化学类污染指标预选清单的构建

构建化学污染物指标预选清单 PCCL 的核心思想是根据各指标的健康效应数据元（health effects data）与存在状态数据元（occurrence data elements），对指标进行分类排序，在化学污染指标备选总体清单中筛选出毒性大且存在概率高的污染指标，以便进行下一阶段更细致的甄选工作（USEPA，2008b；USEPA，2008c）。

（1）健康效应数据元。

各数据源中对化学物质毒性信息与健康效应数据的表示方式不尽相同，其数据元可分为以下两大类：包含有剂量-反应关系信息的数据元；包含有风险分类信息的数据元。为了适应不同形式的数据元，USEPA 设定了“毒性类别 1”至“毒性类别 5”共 5 个类别，其中“毒性类别 1”中物质毒性最强，随后各类别中物质毒性依次降低，直至“毒性类别 5”表示物质毒性最弱。

对于剂量-反应关系数据元，USEPA 将具有相同毒性参数的指标进行排序分级，如某指标具有多项毒性参数，则保守性选取毒性级别最高的排序。在排序分级中使用的毒性参数及其分类标准见表 3.1。

表 3.1　基于毒性参数及其分类标准　　单位：mg/（kg·d）或 mg/kg

项目	RfD	NOAEL	LOAEL	MRDD	LD_{50}
毒性类别 1	＜0.0001	＜0.01	＜0.01	＜0.01	＜1
毒性类别 2	0.0001~0.001	0.01~1	0.01~1	0.01~1	1~50
毒性类别 3	0.001~0.05	1~10	1~10	1~10	50~500
毒性类别 4	0.05~0.1	10~1000	10~1000	10~1000	500~5000
毒性类别 5	＞0.1	＞1000	＞1000	＞1000	＞5000

注：RfD 代表参考剂量；NOAEL 代表未观察到有害作用剂量；LOAEL 代表最低观察到有害作用剂量；MRDD 代表最小反应剂量；LD_{50} 代表大鼠经口半数致死量。“~”指数值范围，如 1~50（不含 50）。

对于分类数据元，由于其主要用于致癌物质的评估，因此 USEPA 选取国际癌症研究机构（International Agency for Research on Cancer，IARC）、美国国家毒理学计划（National Toxicology Program，NTP）、美国国家癌症研究所（National Cancer Institute，NCI）及 EPA 自建分布式结构检索毒性（Distributed Structure-Searchable Toxicity，DSS-Tox）数据库等数据源作为参考数据源。根据上述数据源提供的信息，USEPA 将具有分类数据元的指标保守性归入“毒性类别 1”至“毒性类别 3”中，与剂量-反应关系数据元相似，如果某指标依据不同证据权重产生多个分类结果，则保守性选取毒性级别最高的分类结果，分类标准见表 3.2。

表 3.2　基于 TD_{50} 及证据权重的分类标志

项目	TD_{50}/（mg/kg）	EPA	IARC	NTP	NCI	DSS-Tox
毒性类别 1	＜0.1	A 组人类致癌物	1 组	有明确证据的致癌物（双种双性/双种/双性）	确定致癌物（双种双性/双种/双性）	高概率致癌物
毒性类别 2	0.1~100	B1 及 B2 组可能致癌物	2A 组	有明确证据/有证据/有不明确证据/无证据致癌物	确定/不确定/非致癌物	高-中概率致癌物
毒性类别 3	＞100	C 组有理论致癌物	2B 组	有证据/有不明确证据/无证据致癌物	不确定/非致癌物	中/中-低概率致癌物

注：TD_{50} 代表半数中毒剂量；USEPA 代表美国环境保护署；IARC 代表国际癌症研究机构；NTP 代表美国国家毒理学计划；NCI 代表美国国家癌症研究所；DSS-Tox 代表分布式结构检索毒性。

（2）存在状态数据元。

为了尽可能全面地评估饮用水中污染指标的存在概率与状态，USEPA 主要参考了下列信息元：①指标在终端出水（finished water）中的检出频率与浓度水平；②指标在环境水体（ambient water）中的检出频率与浓度水平；③环境总释放量（total releases in the environment）；④农药施用量（pesticide application rates）；⑤生产量（production volume）。

通过对各信息元中数据进行综合考量，USEPA 认为上述各信息元的优先级存在差异，其排列顺序为：终端出水=环境水体＞环境总释放量（农药施用量）＞生产量。在指标评估过程中，应优先考虑高优先级信息元提供的数据，但如果某指标数据同时出现于多个信息元中，则保守性选择最高浓度水平作为指标评估依据。此外，所有属于消毒副产物（disinfection byproducts，DBPs）和饮用水处理化学品（drinking water treatment chemicals，DWTC）的指标不考虑其浓度水平，一律被选入预选污染指标清单。

依据上述筛选标准，USEPA 由化学类污染指标清单中甄选出 532 项指标用于构建化学类污染指标预选清单。

3）化学类污染指标初步清单的构建

由预选污染指标清单中污染物构建污染指标初步清单是污染指标清单构建程序中最后一个也是最重要的一个环节。USEPA 根据以往污染指标清单构建工作中的经验与教训，在 NDWAC 等机构的协助下，制定了原型分类模型（Prototype Classification Model）与专家评判相结合的决策程序。该程序以数据为支持，目标指向明确（由预选污染指标清单中甄选符合目标要求的指标），同时具有足够的透明度，其结果有较好重复性。

（1）设定评估属性（attibutes）及评分标准。预选污染指标清单中的指标均具有充分的健康效应数据与存在状态数据支持，但数据表示方式存在较大差异，因此必须设定统一的标准，以便评估各指标在饮用水中出现的可能性及其导致的负面健康效应。根据 NDWAC 的建议，USEPA 设定了下列 4 项评估属性：

a. 效价（potency）。该属性用于表征污染指标导致负面健康效应的可能性，其分值范围为 1~10，共 10 个整数分值，分值越高表明指标导致负面健康效应的概率越大。评分依据为参考剂量（RfD）、致癌效力（cancer potency）、未观察到有害作用剂量（NOAEL）、最低观察到有害作用剂量（LOAEL）、大鼠经口半数致死量（LD_{50}）等。

b. 严重度（severity）。该属性用于表征污染指标所导致的负面生理学变化的严重程度，为描述性分类属性。其分值范围为 1~9，共 9 个整数分值，分值越高表明指标对健康的危害越大。由于分值 9 代表生物体死亡，不符合污染指标清单构建的目标要求，因此在评分过程中仅使用 1~8 共 8 个整数分值。该属性与效价属性具有内在关联，两者共同用于评估指标的健康效应。

c. 量级（magnitude）。该属性用于表征污染指标在饮用水中可能达到的浓度水平，为定量评估属性，其分值范围为 1~10，共 10 个整数分值，分值越高表明指标在饮用水中的浓度水平越高。污染指标分值为终端出水及环境水体中浓度水平的平均值。

d. 流行性（prevalence）。该属性用于表征污染指标在美国全国的分布状况，其分值范围为 1~10，共 10 个整数分值，分值越高表明污染指标的分布范围越广。其评分依据为各州污染监测数据、农药使用量等。在某指标缺失该属性数据时，可使用指标的持久性-迁移率（persistence-mobility）数据进行补充。该属性与量级属性共同用于评估指标的存在状态，二者具有内在关联。

（2）训练样本（training data set）。训练样本是用于分类模型训练与校准的指标集合。为了使分类模型的结果尽可能的符合目标要求，训练样本中指标的选取应参照下列标准：①所选样本能够代表化学类污染指标清单构建中涉及的各类型指标；②样本指标的分值范围应涵盖所有指标的属性分值与综合分值；③对于饮用水中存在的样本指标，在管控措施实行后，其负面健康效应得到有效降低；④样本指标应有可能被选入预选污染指标清单。

根据上述原则，USEPA 选取 202 项污染指标建立训练样本，包括已被列入监测规范中的污染指标、已确认对人体健康无负面影响的化学物质，以及由污染指标清单中随机选取的指标。

（3）训练样本评分与分类标准。USEPA 组织专家首先依照上述 4 项评估属性，对训练样本中各指标进行独立“盲审”评分，随后综合所有专家的评分结果，经过全体专家会商，对评分体系及程序进行修订，经过多次迭代修订，最终全体专家达成一致，完成训练样本指标的评分。此外，专家集体设定了相应的指标分类标准，即将指标分为 4 类：列入污染指标清单、可能列入污染指标清单、可能不列入污染指标清单、不列入污染指标清单，训练样本中各指标根据评分分别列入 4 个分类中。

（4）原型分类模型的训练与验证。在 NRC 的建议下，USEPA 将原型分类模型应用于污染指标清单的构建程序中。此类模型也被称为模式识别模型，其有助于改善决策过程的透明度与可重复性。USEPA 首先选取了人工神经网络（artificial neural networks，ANNs）、分类回归树（classification and regression tree，CART）、快速无偏高效统计树（quick unbiased efficient statistical tree，QUEST）、线性模型（linear model）、多元自适应样条回归（multivariate adaptive regression spline，MARS）5 个模型进行评估。

模型选取完成后，将训练样本中数据代入各模型，模型输出结果与专家评判的结果进行比较，分析差异产生的缘由，并采取相应的修订策略，随后重新进行模型运算。经过数次迭代修订后，模型的输出结果逐步稳定，此时可进行模型的验证。鉴于 CART 与 MARS 的模型输出结果与专家评判结果间存在较严重的分类偏差，且无法修正，USEPA 决定放弃这两个模型，ANNs、QUEST 和 Linear Model 则通过验证，被选为化学类污染指标清单构建分类模型。

（5）模型应用及模型后续评估。分类模型通过验证后，即可将预选污染指标清单中各指标根据上述程序分别代入 ANNs、QUEST 和 Linear Model 3 个模型进行分类。分类完成后，USEPA 再次组织专家对模型输出结果进行评估，评估内容集中在以下几个方面：①各指标不同评估属性数据选取是否适当；②指标属性评分所用数据是否可靠；③专家评估模型输出结果及修正建议。

综合考量专家的意见后，USEPA 采取了一系列模型后续完善措施，包括：①将补充性数据源中的数据应用于污染指标各属性评分程序中；②将相关数据计算指标的健康-浓度比率（health-concentration ratio）作为指标分类参考；③将数据的可信度分为高、中、低 3 个等级，作为指标分类的参考条件；④尽可能避免在评分及分类程序中使用 LD_{50}。

通过模型后续完善措施的施行，USEPA 最终由化学类污染指标初选清单中甄选出 93 项指标，初步构建完成化学类污染指标清单，该污染指标清单将对公众发布征求意见进行修订，直至形成最终的化学类污染指标清单。

4）微生物类污染指标清单的构建

微生物类污染指标清单构建程序与化学类污染指标清单相同，但在技术操作层面更倾向与公共卫生部门合作。根据 NDWAC 的建议，USEPA 选取 Taylor 等（2001）编制的人类重要病原体清单作为主要数据源，该清单中列出了 1415 种人类重要病原体，包括细菌、病毒、原生动物、寄生虫及真菌。此外，通过文献检索与新型污染物调查，USEPA 又选取了 2 种细菌、2 种病毒及 6 种真菌，将其归入备选指标总体，构建包含 1425 种微生物的污染指标清单（USEPA，2008d；USEPA，2008e；USEPA，2008f）。

根据微生物的流行病学资料、地域分布情况、在寄主与环境中的生物学特性，NDWAC 制定了微生物类预选污染指标清单的筛选标准，USEPA 经过审核与修订后，在预选污染指标清单构建中正式采用了 12 项标准（criterion）：

标准 1，厌氧微生物［Anaerobes（microorganisms that cannot survive in oxygenated environments）］；

标准 2，需要复杂营养的或专性的细胞内病原体［Fastidious or obligate intracellular pathogens（environmental survival in water implausible）］；

标准 3，必须通过直接或间接血液或体液接触传播的病原体［Pathogens exclusively transmitted by direct or indirect contact with blood or body fluids（including sexually transmitted diseases）］；

标准 4，借助传染媒介传播的病原体（Pathogens transmitted by vectors）；

标准 5，胃肠道、皮肤及黏膜中的微生物（Microflora indigenous to the gastrointestinal tract，skin and mucous membranes）；

标准 6，仅通过呼吸道分泌物传播的病原体（Pathogens transmitted solely by respireatory secretions）；

标准 7，生命周期与饮用水传染途径不相容的病原体（Pathogens whose life cycle is incompatible with drinking water transmission）；

标准 8，不通过饮用水相关途径传播的病原体（Pathogens where drinking water-related transmission is not implicated）；

标准 9，自然环境中无饮用水相关疾病流行病学证据的微生物（Natural habitat is in the environment without epidemiological evidence of drinking water-related disease）；

标准 10，北美洲不存在的病原体（Pathogens not endemic to North America）；

标准 11，可由某属、种或血清型病原体所代表的微生物群体（A genus and species or serotype may be chosen to represent a group of closely related organisms）；

标准 12，现行分类学不支持的病原体（Current taxonomy does not support the classification listed by Taylor et al.，(2001)。

其中，标准 1 至标准 10 为排除性标准，即备选指标总体中的指标只要满足标准中的任何一项，即被剔除。标准 11 与标准 12 为合并性标准，其作用在于甄选具有代表性或综合性的指标。但应注意，如果有证据表明某病原体通过饮用水传播导致疾病，则该病原体无论是否符合上述标准，都将被列入预选污染指标清单中。

依据筛选标准，USEPA 最终由备选指标总体清单中选出 29 项指标完成微生物类预选污染指标清单的构建。为了从预选污染指标清单中选出饮用水中最可能出现、对人体健康影响最大的微生物，USEPA 在疾病控制与预防中心（Centers for Disease Control and Prevention，CDC）、各州及地方流行病学家委员会（Council of State and Territorial Epidemiologists，CSTE）等部门的协助下，制定了 3 项评估属性及评分标准。

水传播疾病爆发情况（waterborne disease outbreaks，WBDO）：该属性是评估水传播疾病爆发的指标。

存在状态（occurrence）：该属性用于评估指标在饮用水、水源水等环境中是否存在以及分布范围。

健康效应（health effects）：此项属性是评估导致临床症状及其严重程度的指标，在对该属性进行评分时，USEPA 选择了保守性的评分原则，将人群分为一般人群、婴幼儿、老年人、孕妇、慢性病患者共 5 个集合，其中后 4 个为敏感性群体，将 4 个敏感性群体中最高的分值与一般人群的分值相加，得到最后的属性分值。

根据上述评估属性及评分标准，USEPA 组织专家对预选污染指标清单中指标进行评分，随后将各项属性分值进行归一化合并，形成最终的指标综合得分，各指标依照其综合得分由高至低进行排列。

评分完成后，USEPA 再次组织专家对评分结果进行审议，在综合考虑科学研究、政策法规等多方面的因素，并广泛参考有关领域专家意见的基础上，USEPA 最终选取了 11 项指标，初步构建成为微生物类污染指标清单。该微生物类污染指标清单将对公众发布以征求意见进行修订，直至形成最终的微生物类污染指标清单。

污染指标清单的构建是一项十分繁复的系统性工程，其最突出的特点是，坚持以数据为基础，通过制定科学化的程序，保证整个工作流程的透明性与可重复性，在应用技术方法处理问题的同时，坚持了专家评判的不可替代性，其中很多先进的理念对我国类似工作的开展具有很好的借鉴意义。

3.3.2　欧盟优先控制污染物筛选现状

欧洲共同体（今欧盟）在1975年根据物质的毒性、持久性和生物累积性在《关于水质项目的排放标准》的技术报告中，列出了“黑名单”和“灰名单”。“黑名单”中污染物包括那些生物学上有害的物质和容易转化为生物学上有害物的物质。欧盟水污染控制的法律依据是1976年欧洲理事会发布的指令（Council Directive 76/464/EC），要求对点源和面源污染物的排放进行控制。2000年欧洲议会和理事会进一步修订和完善了76/464/EC，发布了Directive2000/60/EC，同时构建了欧盟水污染控制行动框架，要求欧盟必须采取措施，控制具有水环境风险评价或通过水环境产生风险的单个或组群污染物。在具体行动方面规定：列入预选优先控制污染物名单的物质，如果欧盟理事会的建议不一致，则成员必须在指令生效后6年内对所有受到这些污染物污染的地表水建立环境质量标准（环境保护部科技标准司，2010；Peter et al.，2011）。

为了在法定时间内完成对优先污染物的控制，必要时也可以采取基于风险的污染物简易评估程序（simplified risk-based assessment procedure），主要考虑：①污染物的固有危害性（intrinsic hazard）证据，尤其是其水生态毒性和通过水环境对人体的毒性证据；②大范围环境污染的监测证据；③证明其可造成大范围环境污染的证据，如生产量、使用量、使用方法方面的信息。

为此，欧盟采用了CHIAT（The Chemical Hazard Identification and Assessment Tool）方案筛选WFD优先污染物（图3.1）。该方案还被欧盟成员国政府、化工行业、科研部门、环保组织和环境认证机构等广泛用于环境风险评估。

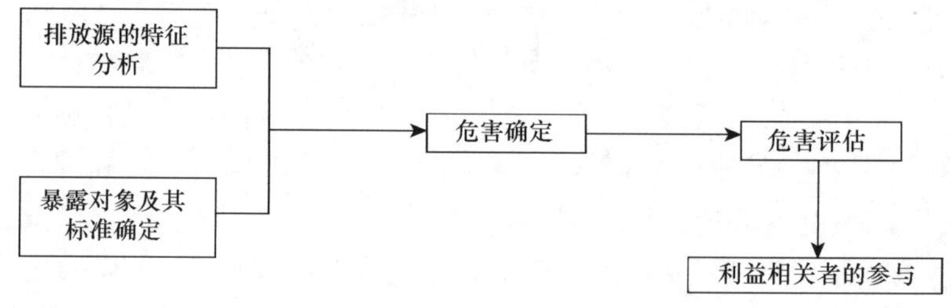

图3.1　CHIAT方案流程

CHIAT的整个污染物筛选流程分为五个步骤：

步骤一，污染源的性质表征（source characterasation）；

步骤二，暴露分析及评价标准的确定（recipient，exposure targets and criteria identification）；

步骤三，危害确定（hazard and problem identification）；

步骤四，危害评价（hazard assessment）；

步骤五，利益相关者的参与（state holder involvement）。

2001 年欧盟筛选出了 33 种优先控制污染物，WFD 详尽列出了它们的主要来源、物理化学性质、毒性、持久性、在水中的溶解度、分子式、检测方法、进一步监测建议等。2006 年欧盟制定了 33 种优先控制物质和其他 8 种危险物质的环境质量标准（属于 Directive 86/280/EC 和 Directive76/464/EC），包括 DDT、狄氏剂、艾氏剂、异艾氏剂、异狄氏剂、四氯化碳、四氯乙烯、三氯乙烯（Kappes and Rasmussen，2003）。

2012 年欧盟委员会提议，将增列 15 种化学物质入欧盟《水框架指令》的优先控制污染物清单，其中 7 种（三氯杀螨醇、苯氧喹啉、全氟辛烷磺酸、七氯、六溴环十二烷、二噁英和多氯联苯）化学物质被列为优先控制危险物质，必须在 20 年内逐步禁止使用。两种（邻苯二甲酸二乙基己基酯和氟乐灵）已经在清单上的物质也被列为危险物质，要求逐步禁止使用。此外，对多溴联苯醚、荧蒽、镍、多环芳香族碳氢化合物和多环芳香烃这五种优先控制污染物实施更加严格的管理标准。

欧盟是国际水保护条约的缔约方，《赫尔辛基条约》、《巴塞罗那条约》和《巴黎条约》中提及：到 2020 年，消除水体中所有的有害物质，因此优先控制污染物的研究迫在眉睫，为补充完善《水框架指令》中优先控制污染物清单。近年来，科学家对欧盟出现过的污染物进行研究分析，归类出 73 种化合物作为潜在优先控制污染物，其中 2/3 为杀虫剂，用来保护农作物免受疾病、害虫、野草妨害的产品。这些潜在优先控制污染物需要欧盟环境研究中心（UFZ）确定哪些污染物列入优先控制污染物清单，哪些污染物被禁止使用。

3.3.3　国外优先控制污染物筛选方案对比分析

根据污染物毒性、对环境和人体健康的危害程度、出现频率、进入人体途径及浓度含量等因素，构建风险评估和优先排序方法，开展优先污染物筛选和排序。对比分析美国和欧盟优先控制污染物的筛选方法，总结优点，为我国饮用水优先污染物名单的确定提供参考依据。

1. 美国

美国在优先控制污染物筛选方面建立了相对完善的方法体系，包括污染物的测定方法、环境行为和危害研究方法、资料收集方法、风险评估方法等，并汇集了相当完备的数据库。随着污染物种类的增多，污染物筛选方法也在不断更新，同时美国也参考其他国家的相关研究成果和数据库，为自己的环境化学污染物管理服务。

主要筛选方法如下：

（1）基于风险性的优先控制污染物筛选方法（risk-based prioritization，RBP）。本方法是一种能够全面整合化学品毒性、使用情况、环境转化、暴露情况的方法。美国环境保护署和经济合作与发展组织（OECD）一起对高生产量（high production volume，HPV）化学品进行优先筛选，由于这些物质的生产、进口和使用等都有严格的数据报备要求，并且毒性研究及监测比较完善，因此基础数据全面，RBP流程如图3.2所示。

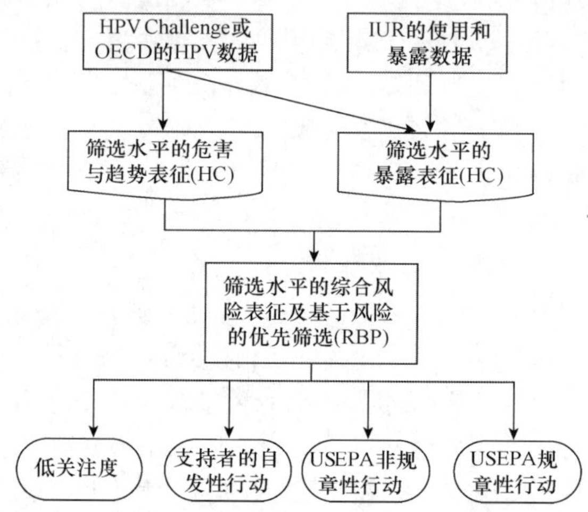

图3.2　美国环境保护署基于风险性筛选高生产量化学物质的流程

（2）基于危害性的优先控制污染物筛选方法（hazard-based prioritization，HBP）。该方法没有考虑化学品的暴露情况，因此只能表征危害性。针对数据相对优先的情况，对多种危害（MPV）化学品采取的HBP筛选方案流程如图3.3所示。

（3）基于经济的优先控制污染物筛选方法。有毒物质疾病登记署（The Agency for Toxic Substances and Disease Registry，ATSDR）和美国环境保护署联合制定的基于经济的优先污染物排序方法并不是美国环境保护署对所有污染物通用或唯一的方案。其主要优点在于：①从污染物的实际危害和对人群的实际损伤出发，以污染最严重的地点为监测数据的基础，得到的优先污染物应该能够反映对健康危害最大的污染物；②全面考虑了大气、土壤和水体三种环境介质和通过这三种

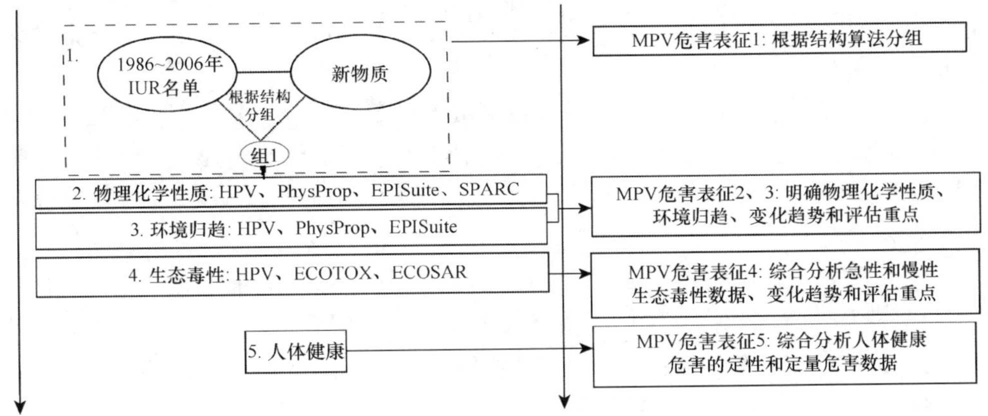

图 3.3　美国环境保护署基于危险性筛选高危害化学物质的流程

介质的暴露量，比只考虑单一介质或两种介质的方案更接近真实；③以监测得到的各环境介质的实际浓度为计算基础，避免了用模型估算带来的误差；④以发生污染事件和损伤报告为计算危害性的依据，使得计算结果能够反映污染物的真实危害，避免了仅根据毒性、或根据毒性和暴露途径推算危害性带来的误差；⑤完全以监测数据为依据，没有初始筛选名单和初筛的过程，从程序上更简捷；及时定期的动态更新，保证了优先排序的时效性和指导价值；⑥需要的参数较多，为了获取这些参数，需要大量的基础研究和监测实践，客观上刺激了学科的发展和管理水平的提高。

2. 欧盟

欧盟作为一个区域国家联盟，在组织形式和管理权限上不同于单一国家，欧盟的综合检测与模型计算优先设置方案（COMMPS）在水环境优先物质筛选方面，具有以下特征：

（1）筛选结果反映欧盟整体的状况，有效的权衡欧盟各成员国的水环境污染实际情况，具有代表性。在筛选过程中主要采用成员国间协商的方式提出总体的指导原则和具体的实施方案；同时专家组也包含了各国专家，对污染物的管理必须得到各国专家的批准后才能执行；欧盟作为区域性组织，它管理的是成员国共同关心的污染物，因此对于仅在部分成员国水环境优先污染物中处于优先位置而在欧盟整体尺度上排名靠后的污染物，不能成为欧盟优先污染物。

（2）初始名单中污染物的筛选性强。虽然在筛选过程中有大量实际监测数据作为依据，但是监测数据只报告初始名单中的污染物，并不是对所有污染物进行普查式测定。由于设定了包括有限污染物的初始名单，筛选只针对名单中的污染物，因此筛选的过程能满足欧盟的整体环境保护目的，并能顺利履行相关国际条约规定的义务。

（3）采用了同时计算基于模型和监测数据的暴露得分，暴露得分与效应得分组合计算总得分。筛选过程监测的结果优于模型模拟，模型主要是对污染物的监测数据的补充，从而避免了初始名单中的污染物由于缺乏监测数据而被大量剔除现象，这也是欧盟优先污染物筛选的一个突出特点（Voigt et al.，2006）。

（4）考虑金属指标的特殊性。在计算污染物的优先排序时把金属与其他物质分别排序，同时还考虑到溶解态与吸附态的生物有效性完全不同，分别依据溶解态和总量来计算综合得分，减少了因污染物性质与环境条件差异带来的问题。客观评价与主观评价相结合的方法，保证了结果的可靠性和可接受性。筛选的整个过程是通过计算机软件自动完成的，但是最终名单还是通过专家评判的方式确定。

3.4　我国优先控制污染物筛选现状

3.4.1　省级地区优先控制污染物筛选现状

1. 浙江省

浙江省第一批环境优先控制污染物黑名单是由浙江省环保局牵头，在借鉴国外经验以及权威数据的基础上，重点调查和分析了全省水环境污染物和近十年来有毒污染环境事故，经石化、商检、农业、环保和大专院校的专家教授进行论证后确定。浙江省优先控制污染物黑名单中共列入43种有毒污染物（方路乡和胡望钧，1991）。

1）浙江省环境优先控制污染物黑名单筛选程序

浙江省第一批环境优先控制污染物的确定程序如图3.4所示。

2）筛选原则

（1）初选名单包括IRPTC（UNEP潜在有毒化学品国际登记中心）及美国、日本、欧洲共同体等列为优先污染物的有毒化学品。主要参考了各类控制名单：IRPTC的《有毒化学品毒性和标准简明手册》（192种）和《国际常见化学品资料简明手册》（60种）；EPA的《清洁水法》（129种）和《清洁空气法》（43种）；荷兰公布的环境优先控制污染物名单（43种）；日本环境调查中检出的重点管理的化学品名单（189种）；联邦德国公布的水中有害物质名单（120种）（胡望钧，1993）。

（2）全省生产量、使用量、进口量、排放量大的有毒化学品。

（3）毒性大，有“三致”性（或“三致”可疑）的有毒化学品。由于毒性数据来源较广，有时差别悬殊，根据“权威性”和“保守性”来取名。

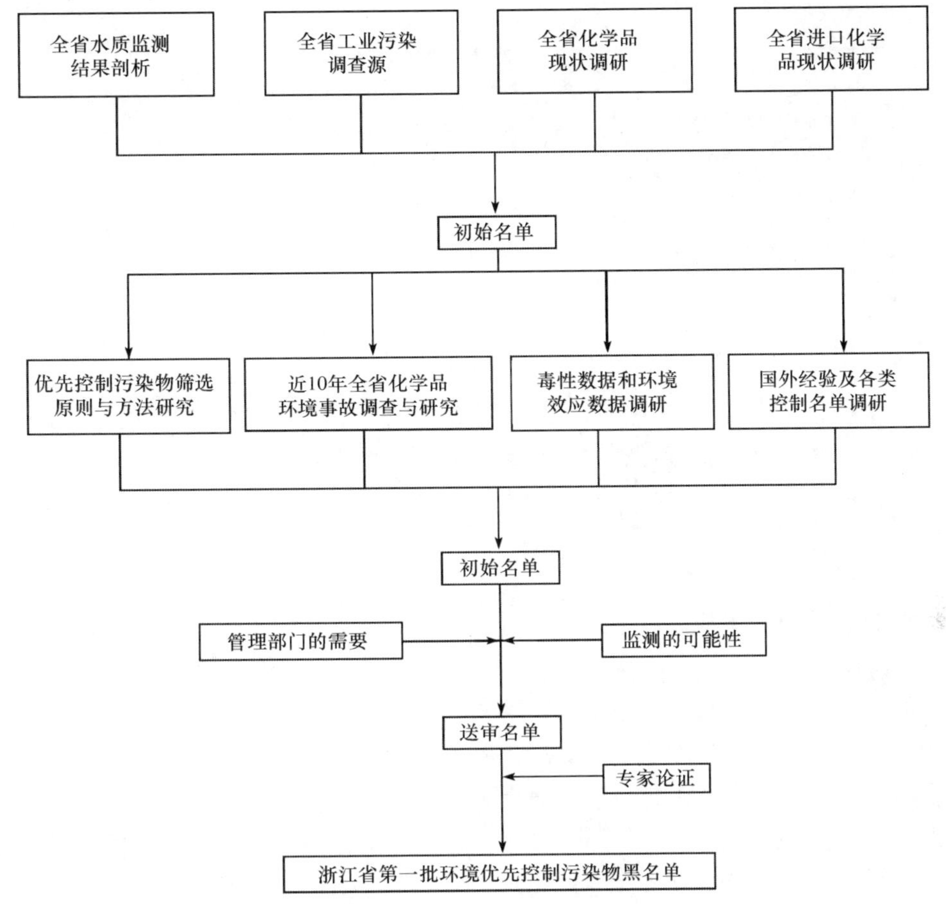

图 3.4　浙江省第一批环境优先控制污染物的筛选程序

（4）在环境中降解缓慢，有生物累积作用的有毒化学品。

（5）环境事故频发，造成损失严重的有毒化学品。

3）优先控制污染物名单

按照筛选程序与方法，经过调查研究与审定后提出了包含 48 种污染物的送审名单，在经过专家论证确定符合浙江省实际情况的第一批环境优先控制污染物黑名单，共计 43 种（多氯联苯和霉菌各按一种计算），如表 3.3 所示。

表 3.3　浙江省优先控制污染物名单

类别	污染物	类别	污染物
无机化合物	磷、氰化物、重铬酸盐、氯化锌、铅（包括四乙基铅）	有机化合物	甲醛、二硫化碳
苯系物	苯、甲苯、二甲苯、乙苯、苯乙烯	卤化烃	三氯甲烷、三溴甲烷、一氯二溴甲烷、二氯–溴甲烷、1,2-二氯乙烷、四氯化碳、氯乙烯

续表

类别	污染物	类别	污染物
多氯联苯	Aroclor1221、Aroclor1232、Aroclor1242、Aroclor1248、Aroclor1250、Aroclor1260	有机农药	甲胺磷、甲基对硫磷、乙基对硫磷、马拉硫磷、倍硫磷、敌敌畏、乐果、敌百虫、杀螟松、除草醚、六六六、DDT、毒杀芬、五氯酚钠、杀虫脒
多环芳烃	苯并[*a*]芘、荧蒽、苯并[*b*]荧蒽、苯并[*k*]荧蒽、苯并[*ghi*]苝、茚并[1，2，3-*cd*]芘	真菌霉菌	黄曲霉毒素B1、黄曲霉毒素B2、黄曲霉毒素G1、黄曲霉毒素G2、黄曲霉毒素M1、黄曲霉毒素M2

上述优先控制污染物中有机物质占90%，属IRPTC已登记在案的国际常见的有毒化学品有27种，占67.5%，已列入我国水中优先污染物黑名单的有26种，占65%，属“三致性”或潜在“三致性”的污染物近30种，高毒污染物有7种，二者合计占85%。

2. 甘肃省

在20世纪90年代，在缺乏基础数据的情况下，甘肃省采取普查的形式对全省的14个地（州、市）、矿区、各大厅局所属企业进行全面调查，制定出优先控制污染物初始名单。在此基础上对省辖市和石油化工、有色冶金行业进行调查，由此获取的资料作为基础数据；然后借鉴资料源，对全省化学品经粗选、精选，确定出优选控制污染物初选名单；然后根据确定的数学评分系统，采用定量-数据化评分法，对初选名单进一步筛选排序，在经专家评审，最后确定甘肃省优先控制有毒污染物名单（任双梅等，1996）。

1）甘肃省有毒污染物优先控制名单的筛选程序

甘肃省有毒污染物优先控制名单筛选程序如图3.5所示。

2）筛选原则与选取参数

以年产量或使用量大于1t的化学品，国内外优先控制名单上出现频次高于13.3%的化学品、具有生物富集性、环境稳定性或者存在向环境释放可能性的化学品为筛选目标，选用了人群环境接触、毒性两类共14个参数作为评分指标。其中人群环境接触包括产量、释放到环境中的量、生物降解、水解、生物富集、蒸汽压、水中溶解度、使用方式8个参数；毒性包括一般毒性（急性毒性、慢性毒性）、特殊毒性（致突变性、致畸性、致癌性）、水生生物毒性6个参数。确定优先控制污染物名单，共有37种物质最终进入了甘肃省优先控制名单，如表3.4所示。

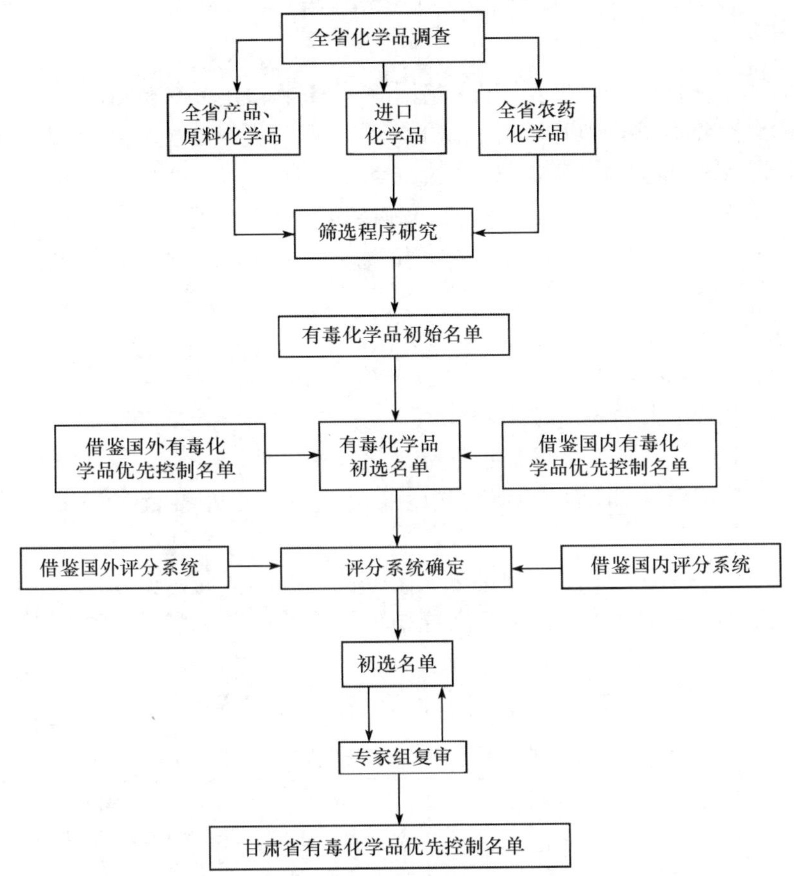

图 3.5　甘肃省优先控制污染物名单的筛选程序

表 3.4　甘肃省优先控制污染物名单

序号	污染物	序号	污染物	序号	污染物	序号	污染物
1	甲醛	11	苯酚	21	亚硝酸钠	31	氰化钾
2	四氯化碳	12	氰化钠	22	甲拌磷	32	苯胺
3	乐果	13	铬及其化合物	23	甲苯	33	苯乙烯
4	三氯乙烯	14	石棉	24	乙苯	34	丙酮
5	甲醇	15	铅	25	硫酸二甲酯	35	对硝基苯酚
6	环氧乙烷	16	氨	26	氢氟酸	36	乙腈
7	丙烯腈	17	镍及其化合物	27	二甲苯	37	锑及其化合物
8	敌敌畏	18	杀虫脒	28	蒽		
9	敌百虫	19	萘	29	环氧丙烷		
10	苯	20	砷化物	30	磷化锌		

3. 福建省

福建省农药类污染物众多，每亩[①]施用农药量比日本高 7.63 倍，比西欧多 18.27 倍，比美国多 4.76 倍。当时较为突出的农业环境问题是农药使用过量、森林过度砍伐及工业污染。全省沿着水系建立的重点行业有 13 个，即化学工业、化学纤维、塑料及其制品、农药及其制剂、染料、颜料和涂料、医药、造纸及纸制品、石油加工、炼焦、有色金属采选与有色金属冶炼、皮革及毛皮制造、橡胶工业（陈晓秋，2006；印楠，1997）。

1）筛选原则

（1）考虑全省的工业结构（使用的化学品）。

（2）考虑福建省的监测技术和能力。

（3）能购买到可靠的环境标准样品。

（4）参考国家公布的水环境优先污染物名单，以及临近省提出的优先污染物名单。

（5）优先选择国际组织和先进工业国家已公布的优先污染物。

（6）优先选择环境事故频发、造成损失严重的有毒化学品。

2）环境优先控制污染物入选名单

最终入选优先控制名单的有 48 种污染物，如表 3.5 所示。

表 3.5　福建省优先控制污染物名单

类别	污染物	类别	污染物
多环芳烃化合物	苯并[a]芘、蒽	无机化合物	磷、氰化物、重铬酸盐、铅（包括四乙基铅）
硝基苯类	硝基苯、邻硝基甲苯、间硝基甲苯、对硝基甲苯、2,4-二硝基苯、4-硝基乙苯	苯及氯苯类	氯苯、邻二氯苯、间二氯苯、对二氯苯、1,2,3,4-四氯苯、苯、甲苯、乙苯、二甲苯、邻二甲苯、间二甲苯、对二甲苯
农药及其代谢物类	六六六、滴滴涕（DDT）、敌敌畏、乐果、对硫磷、甲基对硫磷、除草醚、敌百虫、甲胺磷（甲胺-1605）	酚类	苯酚、间甲酚、邻硝基苯酚、间硝基苯酚、对硝基苯酚、邻氯苯酚、间氯苯酚、对氯苯酚
重金属及其化合物	砷及其化合物、铍及其化合物、镉及其化合物、铅及其化合物、铜及其化合物、汞及其化合物、镍及其化合物		

4. 四川省

在参考国内外优先控制污染物定义和筛选方法的基础上，四川省提出了优先控制污染物的定义是：“某时期某地区的环境优先控制污染物由该地区政府颁布实

① 1 亩≈0.067hm^2

施，在这一时期内这一地区广泛分布于环境中，对人类健康和生态环境有较大危害性，应该并且可以优先监测和控制的环境污染物”，并认为环境优先控制污染物不是一成不变的，应该随着情况的变化随时加以调整（刘仲秋等，1992）。

1）筛选原则

（1）有较大的生产量（或排放量）。

（2）较广泛存在于环境中。

（3）较大的毒性。

（4）有稳定性、积累性和水生生物毒性。

（5）有分析监测的可行性（包括技术经济的可行性）。

2）入选名单的环境优先控制污染物

在经过咨询相关专家后，确定了三个参数的加权系数，列出了污染物的优先顺序；在结合当时四川省的监测和控制能力与经济承受能力，提出了包含 35 种优先控制污染物的推荐名单，如表 3.6 所示。

表 3.6　四川省优先控制污染物名单

序号	污染物	序号	污染物
1	二苯并[*ah*]蒽	19	二甲基硫醚
2	苯并[*a*]芘	20	铅
3	苯酚	21	四氯化碳
4	敌敌畏	22	杀虫丹
5	甲醛	23	三氯甲烷
6	镍	24	石棉
7	二甲酚	25	甲胺磷
8	氨氮及其化合物	26	2,4,6-三硝基苯酚
9	稻瘟净	27	丙烯腈
10	甲酚	28	水胺硫磷
11	苯并[*a*]蒽	29	苊
12	呋喃丹	30	汞
13	甲基对硫磷	31	茚（1,2,3-*d*）并芘
14	氰化物	32	邻苯二甲酸二辛酯
15	乐果	33	丙烯醛
16	铬	34	苯并荧蒽
17	对硝基酚	35	砷
18	苯		

5. 北京市

北京市环境监测中心采用系统评分的方法，所用参数包括环境接触、产品接触-使用方式、对哺乳动物的一般毒性、特殊毒性、水生生物毒性五项，分别赋值，计算综合得分，将排序靠前的 80 种化学物质提交专家审议，并最终确定包括 33 种物质的优先控制名单（傅德黔等，1990；周文敏等，1991），如表 3.7 所示。

表 3.7 北京市优先控制的有毒化学品名单

优先顺序	名称	优先顺序	名称	优先顺序	名称
1	敌百虫	12	镉及其化合物	23	甲苯
2	丙烯腈	13	铬及其化合物	24	镍及其化合物
3	氯乙烯	14	肼	25	石棉
4	敌敌畏	15	亚硝酸钠	26	三氯乙烯
5	西维因	16	五氯酚	27	丙烯酰胺
6	三氯甲烷	17	铅及其化合物	28	代森锌
7	苯	18	对硫磷	29	苯酚
8	甲醛	19	二氯甲烷	30	酞酸二丁酯
9	砷及其化合物	20	杀虫脒	31	萘
10	除草醚	21	四氯化碳	32	马拉硫磷
11	四氯乙烯	22	汞及其化合物	33	乙醛

6. 天津市

天津市在 20 世纪 80 年代每年排放工业废水约 3 亿 t，生活污水约 1 亿 t，其中 90%以上通过南北两条排污口进入渤海湾。对南、北排污河和纪庄子污水处理厂若干个代表性水样进行普查发现，天津水体中存在多达 160 种有机污染物，对上述所有污染物进行逐一评估和监测是不现实的，为了实现上述污染物中确定有代表意义的污染物，南开大学环境科学系进行了优先污染物的筛选（宋仁高等，1992）。

1）筛选的程序

参阅 USEPA 等国家或组织的优先化学品名单，根据污染物环境危害性、毒性和暴露性，并结合与上述两方面密切相关的检出概率和潜在毒性等因素，对检出的 160 余种污染物进行了筛选，并做了进一步的计算和排序（陶澍，2007），具体程序如图 3.6 所示。

2）选取的参数与优先排序方法

选用暴露性和毒性来表征污染物的环境健康效应，其中暴露性又包括检出概率、生物降解性和生物富集性三个参数。毒性包括致癌/致突变、慢性毒性、生殖毒性、急性毒性和皮肤效应五个参数。

将暴露性的三个参数和毒性的五个参数得分分别相加，得到暴露性和毒性的

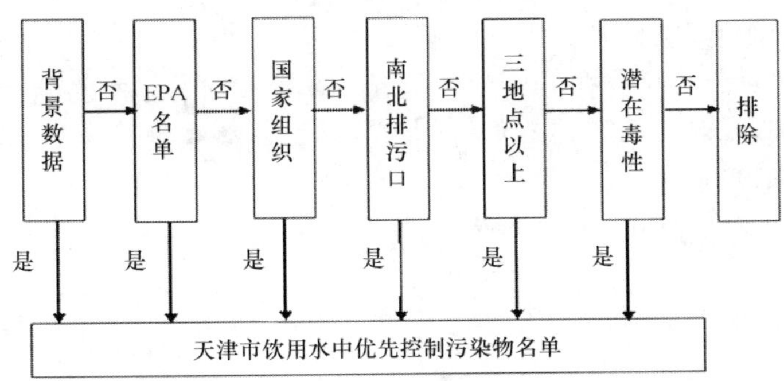

图 3.6 天津市饮用水中优先控制污染物名单确定程序

总得分，由于两者的最高得分分别是 7 分和 16 分，可以分别求算各污染物暴露性和毒性的相对得分，将其绘制到以相对毒性为横坐标和相对暴露性为纵坐标的图中，曲线中越靠近右上角的污染物越优先列入优先污染物控制名单。

3）入选的优先控制污染物

经过上述优先排序选出的污染物，再综合考虑污染源的具体情况，提出如下的优先控制污染物（括号中的数字为优先排序的序号，数字小者优先度高，数字相同者列同一序位），如表 3.8 所示。

表 3.8 天津市优先控制污染物名单

类别	污染物	类别	污染物
农药	DDT（1）、六六六（3）	烷基苯	甲苯（4）、乙苯（4）、对二甲苯（16）
直链烷烃	正十二烷（9）	氯代酚	五氯酚（6）、2,3,4,6-四氯酚（8）、2,4,6-三氯酚（10）
多环芳烃	萘（2）、菲（5）	其他酚	1-萘酚（8）、2-联苯酚（6）、苯酚（13）
氯代苯类	氯苯（11）、邻二氯苯（9）、对二氯苯（12）	卤代烃	1,2,3-三氯丙烷（18）、1,2,3,4-四氯丁烷（19）
含氮化合物	*N*-苯基-α-苯胺（7）、苯胺（14）、2-苯胺（17）、硝基苯（18）	脂	邻苯二甲酸丁基二乙基己基酯（15）

3.4.2 市级地区优先控制污染物筛选现状

1. 扬中市

随着经济的快速发展和产业结构的调整，扬中市的轻工业成为其支柱产业，创造财富的同时也给环境带来了一定的污染。扬中市当地居民消化系统癌症发病率名列全国前茅，据研究报道（马道明，2002），扬中市癌症的发病率与当地居民的饮用水水质污染有着密切关系。为此通过对扬中的主要水厂源水和出厂水当中的有机污染物种类、浓度进行了全面的调查研究，筛选和确定出该市水源水、饮用水中优先控制有机污染物名单，以便提出饮用水污染防治对策，达到保护饮用水环境和人体健康的目的。

在该研究中，共检出有机污染物 94 种，其中卤代脂肪烃 25 种，长链烷烃 18 种，苯系物类 15 种，单环芳烃类 11 种，多环芳烃类 6 种，脂类化合物 9 种，其他类化合物 10 种。

扬中市优先控制污染物筛选的程序如图 3.7 所示。

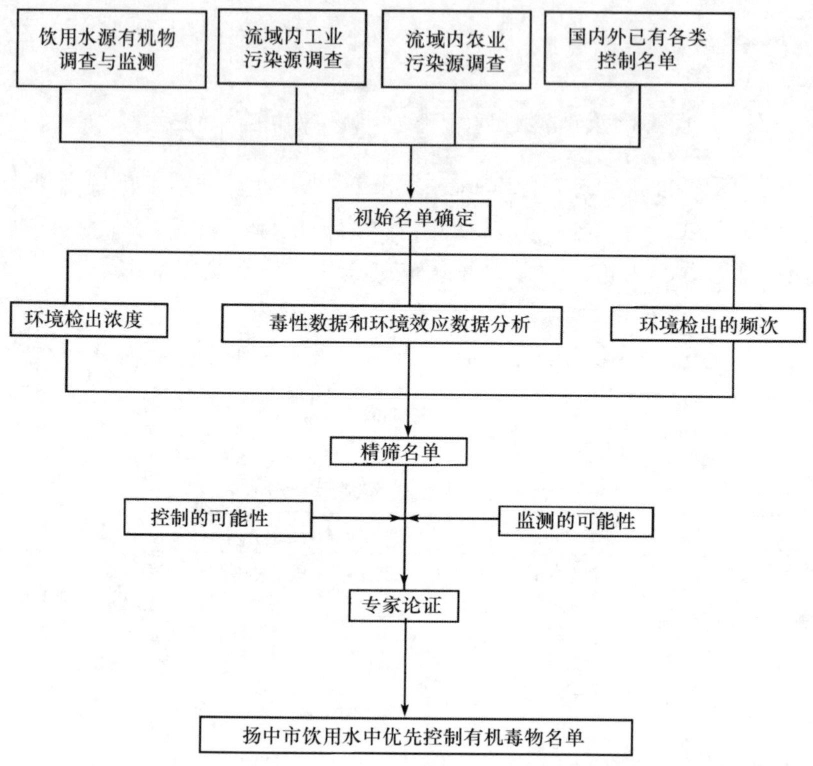

图 3.7 扬中市饮用水优先控制污染物名单的确定程序

1）筛选的原则

（1）有较大的生产量、进口量和排放量，并广泛存在于环境中。

（2）有较大的毒性。

（3）在环境中缓慢降解，在生物体内易于积累和水生生物毒性高。

（4）优先选择国际组织、先进工业国和我国已经公布的化合物。

（5）优先选择实际可监测的污染物。

2）优先污染物的确定

对检出的 94 种化合物进行排序，检出频次均有分数赋值，其中能计算出潜在危害指数、有“潜在危害指数分数赋值”的 43 个化合物，有定量浓度和平均浓度赋值的化合物 27 个。一些化合物因缺少潜在的危害指数分数赋值或平均浓度赋值而使其总分偏低，排序靠后，因此排序在后的物质则可能也是“优先控制污染物”。经资料对比，国内外优先控制污染物总数多为总分 7 分以上的化合物，所以把总分高于 7 分化合物及 5 个总分低于 7 分、但已经是我国优先控制污染物的化合物列为扬中市饮用水优先控制污染物，由此初步筛选出扬中市饮用水优先控制污染物 41 个，如表 3.9 所示。

表 3.9　扬中市饮用水优先控制有机污染物名单

序号	名称	序号	名称	序号	名称
1	苯	15	1,3,5-三甲苯	29	1,2,4-三氯苯
2	氯仿	16	1,1-二氯乙烯	30	1-甲基萘
3	苯乙烯	17	二溴甲烷	31	2-甲基萘
4	乙苯	18	异丙苯	32	一氯一溴甲烷
5	二氯甲烷	19	氯苯	33	二溴一氯甲烷
6	1,4-二氯苯	20	2-硝基氯苯	34	1-氯-3-硝基苯
7	1,3-二氯苯	21	邻苯二甲酸二-（2-乙基）己酯	35	二硫化碳
8	1,1,2-三氯乙烷	22	二氯乙腈	36	1,1,1-三氯化碳
9	溴仿	23	1*H*-菲	37	间二甲苯
10	1,2-二氯乙烷	24	四氯化碳	38	对二甲苯
11	甲苯	25	邻二甲苯	39	1,2-二氯苯
12	萘	26	1,2,4-三甲苯	40	反-1,2-二氯乙烯
13	邻苯二甲酸二丁酯	27	四氯乙烯	41	1,1-二氯乙烷
14	三氯乙烯	28	一溴二氯甲烷		

2. 徐州市

徐州市在“七五”期间，根据排放量大、检出频率高、降解慢、有水生生物毒性、有“三致”效应或毒性大、并具备监测条件等原则，利用综合评判的方法，对徐州市荆马河重点有机污染物进行筛查，从含有 94 种污染物的初始名单中提出了 46 种进入初选名单，综合研究后提出 16 种为优先控制污染物（胡冠九等，2005），如表 3.10 所示。

表 3.10　徐州市优先控制污染物名单

类别	污染物	类别	污染物
苯系物	苯、甲苯、二甲苯（三种异构体）	硫杂多环化合物	苯酚噻吩
酚类	苯酚、邻甲酚、对（间）甲酚、2,5-二甲酚、3,5-二甲酚	有机腈	苯甲腈
多环芳烃	萘、蒽、芘、联苯	酞酸酯类	邻苯二甲酸二乙酯、邻苯二甲酸二丁酯

3. 大连市

1）优先排序的方法研究

大连市有机污染物的优先排序研究尝试采用多目标决策的密切值法。有机污染物优先排序与风险分类通常是不相容的多个参数的综合评价问题，因此，将多参数转化为一个能综合反映有机污染物优先排序的单一参数，能反映与最优样本和最劣样本的距离，即最优（劣）密切值，根据该值的大小进行排序，按密切值大小的突变进行风险分类，这样排序和分类具有明确的物理和数学意义（林之份等，2006；刘达璋，1992）。

2）优先排序选择的参数

（1）环境暴露参数：污染物的平均检出浓度（C）和检出率（L）。实测数据为 1992 至 1993 年间在大连市检出的 55 种污染物。

（2）毒性参数：大鼠经口半数致死剂量 LD_{50}、人体慢性毒性、“三致”效应。

（3）水环境参数：辛醇-水分配系数、生物转化速率常数。

3）优先污染物的确定

1,2-二氯苯和 1-十六烯的最优密切值（Ei-G）较高，可以作为优先控制的污染物类别。而对硝基苯乙醚、甲苯、间硝基苯乙醚、四氯乙烯、对硝基甲醚、邻硝基苯甲醚、乙酸乙酯的 Ei-G 较低，作为优先控制度最低的污染物类别。

3.4.3 我国优先控制污染物筛选方案对比评价

我国部分省、市已有的水环境优先控制污染物名单根据地区差异筛选方法各有不同，但又存在一定的共同特点，主要表现在以下三方面。

（1）针对特定的地域、介质，目标明确，便于操作。

（2）借鉴了国外成熟的原理和方法以及相关的数据库，提高了筛选工作的效率，体现了筛选结果的可接受性，并具有先进性。

（3）所有的筛选方案都以检测数据作为风险评估的重要参数，因此筛选结果具有较强的实际指导意义。

参 考 文 献

陈晓秋. 2006. 水环境优先控制有机物的筛选方法探讨. 福建分析测试, 15(1): 15~17

方路乡，胡望钧，1991. 浙江省第一批环境优先污染物黑名单研究. 环境污染与防治，13(3): 8~11

傅德黔，孙宗光，周文敏. 1990. 中国水中优先控制污染物黑名单的筛选程序. 中国环境监测，6(5): 48~50

胡冠九，周春宏，厉以强，等. 2005. 江苏省饮用水环境安全问题及对策研究. 中国环境监测，

21(5): 1~53
胡望钧. 1993. 常见有毒化学品环境事故应急处置技术与监测方法. 北京: 中国环境科学出版社
胡伟, 刘光逊, 朱兴旺, 等. 2009. 美国饮用水备选污染指标清单构建程序解析. 给水排水, 35(S2): 42-47
环境保护部科技标准司. 2010. 国内外化学污染物环境与健康风险排序比较研究. 北京: 科学出版社
林之份, 王连生, 钟萍, 等. 2006. 海洋中有毒有机污染物的检测方法研究进展. 海洋环境科学, 25(1): 88~92
刘达璋. 1992. 环境优先污染物的研究及其在海洋环境监测中的应用. 海洋环境科学, 11(4): 84~90
刘仲秋, 史箴, 郭华, 等. 1992. 四川省优先污染物的研究（上）. 环境保护, 15(1): 38-39
马道明. 2002. 扬中市饮用水优先控制有机毒物筛选及防治对策. 南京: 南京理工大学硕士学位论文
任双梅, 杨良年, 甄继琪, 等. 1996. 甘肃省优先控制有毒化学品名单筛选研究. 甘肃环境科技与监测, 9(1): 9~11
宋乾武, 代晋国. 2009. 水环境优先控制污染物及应急工程技术. 北京: 中国建筑工业出版社
宋仁高, 王菊先, 饶欣, 等. 1992. 天津市水体中优先有机污染物的筛选. 中国环境科学, 12(4): 276~280
陶澍. 2007. 根据我国环境污染特点制定优先排污清单. 科技导报, 25(21): 83
印楠. 1997. 福建省水环境优先污染物初探. 福建环境, 14(4): 6~15
中华人民共和国环境保护部. 2010. 第一次全国污染源普查公报. http://jcs. mep. gov. cn [2010-2-6]
中华人民共和国环境保护部. 2013. 中国现有化学物质名录. http://www. zhb. gov. cn [2013-1-14]
中华人民共和国环境保护部. 2016. 2015 年中国环境状况公报. http://jcs. mep. gov. cn [2016-5-20]
周文敏, 傅德黔, 孙宗光. 1991. 中国水中优先控制污染物黑名单的确定. 环境科学研究, 4(6): 9~12
AWWA. 2003. CCL Workshop Report-Review of the Information Re-sources. American Water Works Association
Kappes D, Rasmussen K. 2003. Prioritisation of existing biological active substances in the European Union. Environmental Science &Policy, 6: 521~532
NDWAC. 2004. National Drinking Water Advisory Council Report on the CCL Classification Process to the U. S. Environmental Protection Agency. National Drinking Water Advisory Council
NRC. 2001. Classifying Drinking Water Contaminants for Regulatory Consideration. Washington D C: National Academies Press
Peter C O, Valeria D, Jaroslav S. 2011. A new risk assessment approach for the prioritization of 500 classical and emerging organic microcontaminants as potential river basin specific pollutants under the European Water Framework Directive. Science of The Total Environment, 409(11): 2064
Taylor L H, Latham S M, Woolhouse M E. 2001. Risk factors for human disease emergence. Philosophical Transactions of theRoyal Society of London B
USEPA. 2008a. Contaminant Candidate List 3 Chemicals: Identifyingthe Universe (EPA 815-R-08-002). U S Environmental Protection Agency

USEPA. 2008b. Contaminant Candidate List 3 Chemicals: Screening toa PCCL (EPA 815-R-08-003). U S Environmental Protection Agency

USEPA. 2008c. (EPA 815-R-08-004). United States Environmental Protection Agency. Contaminant Candidate List 3 Chemicals: Classification of the PCCL to the CCL. U S Environmental Protection Agency

USEPA. 2008d. Contaminant Candidate List 3 Microbes: Identifying the Universe (EPA 815-R-08-005). U S Environmental Protection Agency

USEPA. 2008e. Contaminant Candidate List 3 Microbes: Screening tothe PCCL (EPA 815-R-08-006). U S Environmental Protection Agency

USEPA. 2008f. Contaminant Candidate List 3 Microbes: PCCL to CCLProcess (EPA 815-R-08-007). U S Environmental Protection Agency

Voigt K, Brüggemann R, Pudenz S. 2006. A multi-criteria evaluation of environmental database using the Hasse Diagram Technique (ProRank) software. Environmental Modelling & Software, 21(11): 1587~1597

第 4 章　我国饮用水备选污染指标清单构建方法

针对我国饮用水水质标准制定与实施过程中出现的复审周期长和指标甄选不合理等问题，本章提出我国饮用水备选污染指标清单（drinking water contamination candidate list，DW 污染指标清单）的构建建议。该建议首先根据水环境监测数据以及国内外相关研究成果，形成水环境污染物初始名单；然后，采用指标分级-加权评分法将初始名单中污染物分级、评分选择综合评分等级较高的污染物，形成备选污染指标优选清单；最后，通过监控的可行性分析和专家评判结果，确定饮用水备选污染指标清单。DW 污染指标清单构建方法快捷易操作并具有一定科学性，清单构建的成果可为我国饮用水水质标准指标的制定提供参考依据（宋乾武和代晋国，2009）。DW 污染指标清单构建技术路线如图 4.1 所示。

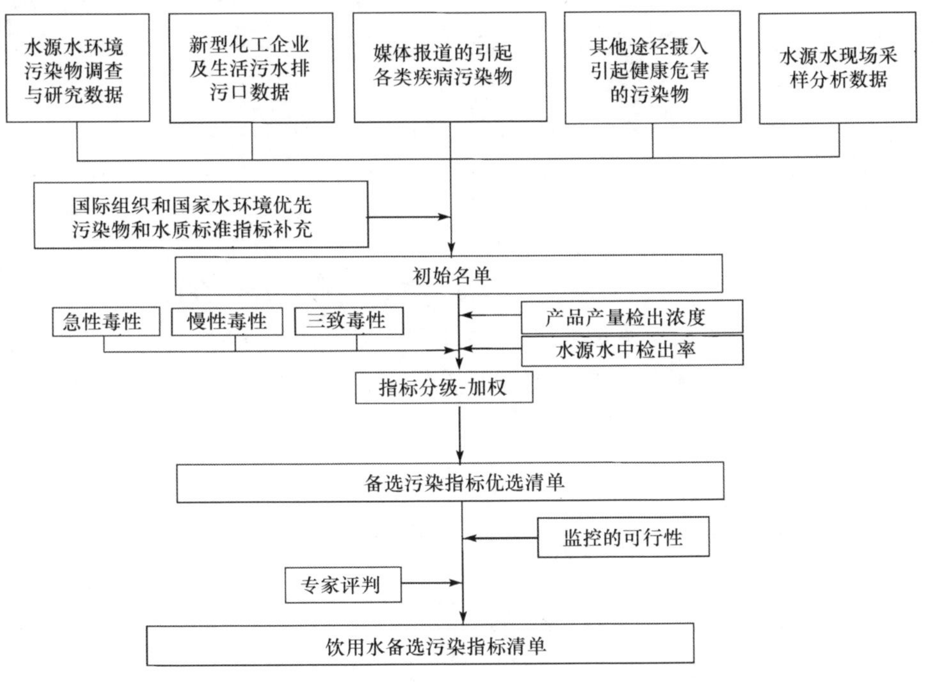

图 4.1　构建饮用水备选污染指标清单技术路线图

结合《国内外化学污染物环境与健康风险排序比较研究》中水环境优先控制污染物筛分原则与方法，对饮用水备选污染指标清单构建过程中初始名单污染物数据收集、备选污染指标的优选原则与方法、备选污染指标的终审等方面问题提出建议并进行解释（环境保护部科技标准司，2010）。

4.1 初始名单污染物数据收集

初始名单污染物数据收集的主要来源为水环境污染物调研数据、排污口数据、现场采样分析数据、国际组织和国家水环境优先控制污染物和水质标准指标补充数据等，在数据收集过程中应重视以下三个方面问题。

第一，污染物数据收集调查应具有全面性。不仅要考虑水体污染物，还应考虑通过其他介质接触并且毒性较大的污染物，如通过空气接触进入水体的有毒有害污染物，可参考《环境空气质量标准》（GB3095—2012），以及近期备受关注的空气污染状况，如京津冀、长江三角洲、珠江三角洲等区域 $PM_{2.5}$ 污染（particulate matter，大气中直径≤2.5μm 的颗粒物，又称肺颗粒物），由于 $PM_{2.5}$ 中含有大量重金属、难降解有机物等有毒有害物质，可由降水等方式进入水体，并以饮水途径对人体健康造成危害，因此有必要将组成这类肺颗粒物的污染物加入初始名单。

第二，污染物数据收集应具有有效性。当污染物监测数据缺乏时，应考虑采用模型模拟的方法对污染物监测数据进行补充和验证，即通过模型模拟获取污染物筛分评选所需的基础性数据，避免因缺乏数据而使污染物被剔除初始名单的现象发生，使得污染物数据收集具有有效性。

第三，污染物数据收集应具有先进性。污染物数据收集时要重视整理新型非常规指标数据来源，可充分考虑国内外水体突发污染事件、由水体污染引发的各类疾病事件，以及造成潜在污染的风险源，还应重视整理国内外现有水污染风险评估项目和环保部及其他机构数据库等相关数据，以使初始污染物数据收集具有先进性。

4.2 备选污染指标的优选原则与方法

饮用水备选污染指标优选清单主要是在初选名单中污染物数据整理的基础上，利用指标分级-加权的方法，进行深入筛分，以确定更加可靠、符合实际的备选污染指标优选清单。优选清单的筛分过程是一项综合性较强的系统工程，不仅要遵循一定的优选原则，而且要结合我国实际水污染特征采用合理有效的筛分方法，以保证优选清单筛分结果的科学合理性（Linders，2002）。

1. 备选污染指标优选的基本原则

（1）具有较大的生产量（或排放量）并广泛地存在于水环境中的污染物。

（2）对人体毒性危害大，特别是具有或可能具有致癌、致畸、致突变（“三致”毒性）的化学物质。

（3）具有较高的生态毒性，可能对环境中水生和陆生生物造成严重危害的化学物质。

（4）环境中难降解，易于生物积累和具有环境持久性的污染物。

2. 筛分备选污染物指标优选清单的方法

污染物的环境与健康危害性（hazard）评估和风险性（risk）评估是污染物优先筛分的核心，而我国目前缺乏对大多数水体污染物的系统监测性数据，因此立即开展污染物的危害性评估和风险性评估比较困难。借鉴国际上较为丰富完善的污染物毒性数据，可以对我国现有的饮用水水源化学污染物做出初步的优先筛分（鄂学礼等，2007）。具体的优先筛分方法可结合英国化学物质战略[UK Chemical Strateg的PBT（persistence持久性、bioaccumulation生物富集性、toxicity毒性）]方法，对水体污染物的健康危害性和风险性进行定量与定性分析，鉴定和评价出可能导致人体和环境伤害的化学物，并提出我国的水体污染物指标分级-加权的优先筛分法（Department of the Environment and Heritage，2004）。

采用指标分级-加权法对初始名单中的污染物进行优先排序，指标因子选择污染物的潜在危害指数（N）、检出平均浓度（C）、检出频次（F），利用式（4.1）和式（4.2）进行指标因子的分级评分和各污染物指标因子所得分数的组合加权，从而得到污染物的潜在危害指数N和评价总分R。

$$N = 2aa'A + 4bB \tag{4.1}$$

$$R = 3\times N + C + F \tag{4.2}$$

式中，A为化学物质的周围多介质环境目标值；B为潜在“三致”化学物质的周围多介质环境目标值；a、a'、b为常数项。

通过计算得到各污染物评价总分R，利用R值对污染物进行排序，筛选总分在设定的限值以上的污染物，形成备选污染指标优选清单。

4.3　饮用水备选污染指标清单终审

饮用水备选污染指标的终审过程是对备选污染指标优选清单的深入筛分，以监测和控制的可行性为筛分原则，将符合条件的污染物交由专家评判，专家评判的方法采用德尔菲法，该方法是以专家的先验知识和经验为基础，以问卷调查的形式向专家征求各污染物的评判意见，当专家意见达成共识后方可把污染物列入最终清单，从而完成DW污染指标清单的构建。

4.4 饮用水备选污染指标清单的构建原则

开展饮用水备选污染指标的筛分和排序是一项持续性、系统性的工程，需要统筹和协调好利益相关方的工作，切实贯彻落实备选污染指标清单构建工作的基本路线方针和原则，以保证筛分结果的权威性和可实施性。

（1）实施备选污染指标清单的动态更新，保障标准的动态性与周期性。

根据《中华人民共和国标准化法》有关规定，标准实施后制定标准部门必须做的保障性工作包括：根据科技的发展和经济建设的需要适时对标准进行复审，以确认现行标准持续有效或者予以修订、废止。饮用水水质标准指标清单构建后应定期根据我国水污染的特征做出动态更新，及时对标准提出修改补充，保障我国饮用水水质标准制定的动态性和周期性。

标准规定指标重修决策实施技术路线如图4.2所示。

步骤一：对现行饮用水水质标准从健康影响、检测方法、处理技术可行性，其他管理方面进行初步技术评审。

步骤二：是否可进行健康风险评价判定。当现有的健康影响信息可满足进行详尽健康评审的条件，并且判定污染物存在潜在性健康风险时，则列入目前不需要修订的污染物清单，对于污染物健康影响资料不足的需要进行下一步决策。

步骤三：对于步骤二中的因为健康风险影响资料不足的污染物进行专家评审，列入目前不需要修订的污染物清单。

步骤四：步骤三中专家评审结果建议需要对指标的限值做出修订的污染物，进行深度技术评价，评价的主要因素有健康影响、检测方法可行性、处理技术有效性、在饮用水中出现的频率及暴露水平、经济因素。

步骤五：在步骤四的基础上进行健康影响度和成本预测，对于重修订后不能够有效地减少健康风险和成本的污染物列入目前不需要修订的污染物指标清单，对于能减少健康风险和成本的污染物进行做下一步判定。

步骤六：判定步骤五需修订的污染物的数据是否充分，资料充分的列入待修订污染物指标清单，并公布评审决议和需修订的污染物指标清单，资料不充分的污染物列入目前不需要修订的污染物指标清单。

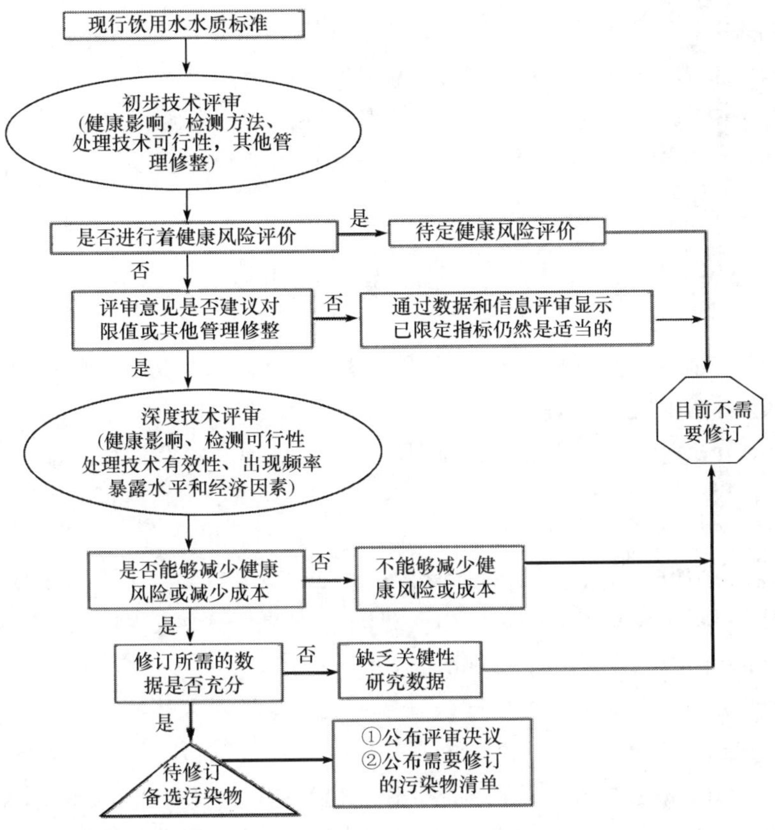

图 4.2　标准规定指标重修决策实施技术路线建议流程图

（2）建立公众参与制度，加强经验交流，保障标准规定指标的有效性与先进性。

饮用水事业的公益性与开放性决定了建立公众参与制度与信息资源共享制度的重要性，因此，环境、生态、健康、农业、水利、企业等各级水务行政主管部门应组织公众信息会议、听证会等方法使公众了解饮用水保护的重要性，广泛听取社会各界的意见和建议，充分利用现有互联网、政府网络以及国家环境与健康监测数据库等资源，并参照世界卫生组织、联合国环境规划署有关基准，建立国家环境与健康信息共享与服务平台，加强经验交流，使饮用水备选污染指标清单的筛分结果能够全面反映水体污染特征，保障饮用水水质标准规定指标的有效性与先进性。

（3）开展污染物地区性差异研究，保障标准规定指标的针对性和公众可接受性。

基于我国地区经济发展不平衡、水源条件特点差异大等实际情况，建议开展水环境污染物的地区差异性研究，可根据我国不同地区水系特征，构建各地区水系的饮用水备选污染指标清单，使得各地区的水质监测指标具有针对性，从而减少了对标准规定指标全面监测带来的资源浪费，满足公众可接受性要求（Loos et al.，2008）。

4.5　我国饮用水备选污染指标清单名录

根据饮用水备选污染指标清单的技术路线，水环境初始名单的资料来源主要有三部分（周文敏等，1991）：

第一部分：WHO《饮用水水质准则》、EC《饮用水水质指令》和USEPA《饮用水水质标准》三大国际饮用水水质标准中规定但在我国新《标准》中未规定的污染物。

第二部分：WHO、EC、USEPA发布的水环境优先控制污染物或我国发布的水环境优先控制污染物名单上规定但在我国新《标准》中未规定的污染物。

第三部分：我国水环境中出现的新型污染物。

根据初始名单中的污染物指标，综合考虑污染物对人体的健康影响、污染物的感染源和感染途径、在饮用水中的存在情况、可行的检测方法、可行的净化技术等方面，提出了我国饮用水水质标准备选指标清单，见表4.1共102项，其中包括微生物类指标12项（表4.2），农药类指标34项（表4.3），消毒副产物类指标9项（表4.4），石油燃料类指标2项（表4.5），药物类指标2项（表4.6），化工产品类指标40项（表4.7），放射性核素指标3项（表4.8）。

表 4.1　我国饮用水备选污染指标清单

指标分类（102 项）	指标名称		
微生物（12 项）	细菌类病原微生物（8 项）：	病毒性病原体（2 项）：	原虫病原体（2 项）：
	弯曲杆菌、幽门螺杆菌、细螺旋体、志贺氏杆菌、肠球菌、铜绿假单胞菌、鱼腥藻毒素、束丝藻毒素	杯状病毒、甲型肝炎病毒	溶组织内阿米巴、自由线虫
农药类（34 项）	杀虫剂类（15 项）：	除草剂类（19 项）：	
	艾氏剂和狄氏剂、氯丹、敌百虫、二嗪农、甲拌磷、异丙威、仲丁威、残杀威、抗蚜威、速灭威、西维因、1,3-二氯丙烯、1,2-二溴-3-氯丙烷、氯氰菊酯	草净津、甲草胺、异丙甲草胺、乙草胺、丙草胺、丁草胺、敌稗、杀草丹、西玛津、去草津、扑灭津、扑灭通、阿特拉津、1,2-二溴乙烷、2,4,5-T、2,4,5-滴丙酸、地乐酚、敌草快、敌草清	
消毒副产物类（9 项）	3-氯-4-二氯甲基-5-羟基-2（5H）-呋喃酮（MX）、*N*-亚硝基二乙胺、*N*-亚硝基二丙胺、一溴乙酸、溴氯乙酸、一溴二氯乙酸、二溴乙酸、二溴一氯乙酸、三溴乙酸		
石油燃料类（2 项）	二溴化乙烯、甲基叔丁基醚（MTBE）		
药物类（2 项）	抗生素、雌激素 17α-乙炔基雌二醇（EE2）		
化工产品类（40 项）	亚硝酸盐类、1,4-二氧杂环己烷、多氯联苯、硝基苯、*N*-亚硝基二甲胺、五氯苯酚、石棉、2,3,7,8-二噁英、己二酸、五氯苯酚、多环芳烃、3,3'-二氯联苯胺、联苯胺、二氯甲醚、间硝基苯、对硝基氯苯、乙酸酐、甲基萘、羟基化多溴联苯醚、全氟辛烷磺酰基化合物、多溴二苯醚、1,2-二氯丙烷、1,3-丁二烯、氯化苄、1,1-二氯乙烷、硝基苯、甲基环氧乙烷、1,2,3-三氯丙烷、尿烷、全氟辛基磺酸盐、全氟辛酸及其盐、*N*-乙基全氟辛基磺基乙醇胺、聚全氟辛基乙醇、邻苯二甲酸二正辛酯、邻苯二甲酸二丁酯、己二酸双酯、邻苯二甲酸二乙酯、邻苯二甲酸双酯、邻苯二甲酸二甲酯、二正丁基邻苯二甲酸酯		
放射性核素（3 项）	铀、镭 226 和镭 228		

表 4.2　我国饮用水备选污染指标清单（微生物类）

污染物名称	微生物介绍	健康影响	感染源	感染途径	对饮用水的意义
弯曲杆菌	微嗜氧、嗜二氧化碳、革兰氏阴性杆菌、带有单个无鞘极生鞭毛	损害肠道功能，导致腹泻，对儿童、老年人及抵抗力差的人群具有致命伤	存在于禽类接触的地表水、未经氯化处理或氯化处理不当的地表水供应系统，以及被野鸟粪便污染的水库水中	饮用	弯曲杆菌属是粪源性病原菌，对消毒缺乏抵抗力，当饮用水供水系统受到污染时，弯曲杆菌大幅增长
幽门螺杆菌	革兰氏阴性杆菌、微需氧、螺旋形有动力的无芽孢杆菌。螺杆菌至少包括 14 个种类，但只有幽门螺杆菌被确认为人类致病菌	易导致慢性胃炎、十二指肠溃疡和胃癌	儿童腹泻、儿童及成人呕吐物造成环境污染，使多数地表水及浅表地下水水样中存在幽门螺杆菌	饮用、飞沫传染	人类是幽门螺杆菌的主要宿主，该菌对氧化消毒剂敏感。可保护饮用水免受幽门螺杆菌污染的控制措施包括防止人类粪便污染，以及充分消毒。大肠杆菌（或耐热大肠菌）不能作为指示该菌是否存在的可靠指标
细螺旋体	细螺旋体是有氧螺旋体，直径一般为 0.1μm，长为 5~25 μm。致病性细螺旋体可在水中存活数个星期，已经确定了 200 多种致病性血清变形菌，根据血清关联性分成 25 种血清组	引发症状：发烧、头痛、肌肉疼痛、身体寒冷、眼血丝、患黄疸病、腹部疼痛、皮肤和肺黏膜出血、呕吐、腹泻、皮疹。压抑、头痛、疲惫、关节痛是确定性的后遗症。其中死亡率为 5%~30%	受尿液和感染动物组织污染的水是致病性螺旋体的主要来源	接触、饮用	细螺旋菌是由尿液排出的，在适宜的条件下存活时间长，大肠杆菌（或耐热大肠菌）不能作为指示该菌是否存在的适宜指标
志贺氏杆菌	革兰氏阴性杆菌、不形成芽孢、无动力的杆菌，属于肠杆菌科。在有氧或无氧存在的条件下都可生长。该属细菌包括四个种：痢疾志贺氏菌、福氏志贺氏菌、鲍氏志贺氏菌、宋内氏志贺氏菌	志贺氏菌属可引起严重的肠道疾病，包括菌痢	卫生条件差、居住条件拥挤的社区中容易发生志贺氏菌痢的流行。很多志贺氏菌痢发生在日托中心、监狱、精神病院及野战部队，到卫生条件差地区的旅行者也易患病	粪口途径、接触、饮用传播	志贺氏杆菌所致疾病的水源性暴发已有大量记载。考虑到志贺氏杆菌引起的疾病的严重性，控制该菌对饮用水污染防治具有特殊的重要性

续表

污染物名称	微生物介绍	健康影响	感染源	感染途径	对饮用水的意义
肠球菌	肠球菌为革兰阳性（G^+）球菌，广泛分布于自然环境及人和动物消化道内	尿路感染、皮肤软组织感染，还可引起危及生命的腹腔感染、败血症、心内膜炎和脑膜炎等	主要是通过人或动物的粪便排出，进而污染水体	饮用	体现水质受粪便污染的情况，威胁人类健康
铜绿假单胞菌	非发酵革兰阴性杆菌。菌体细长且长短不一，铜绿假单胞菌有时呈球杆状或线状，成对或短链状排列。菌体的一端有单鞭毛，在暗视野显微镜下运动活跃	肺部感染、败血症	潮湿环境易滋生这种细菌，感染通常发生于医院内，洗涤槽、防腐溶液和储尿容器中常可发现这种细菌	饮用、接触	在水体中广泛存在，严重威胁人类健康
鱼腥藻毒素、束丝藻毒素	属于细胞内毒素，可通过高效液相色谱法进行检测，通过活性炭吸附方法去除	对神经、呼吸系统、肝脏系统造成损伤，出现视力下降、呼吸急促、呕吐、腹泻等现象	当藻类细胞破裂或藻类腐烂分解后，蓝藻毒素被释放到水体中	皮肤接触或饮用	威胁人类健康，导致大量水生生物死亡，改变生物的原有群落组成
杯状病毒	是单链 RNA 病毒，分 4 个属，无包膜，衣壳 35~40nm，表面呈特征性的杯状结构。人类杯状病毒包括诺罗病毒属和札幌病毒属。有些诺罗病毒用基于杆状病毒表达的衣壳蛋白和 ELISA 方法可以被检出。通过 RT-PCR 的方法也可检出人类杯状病毒	引起急性病毒性肠胃炎，症状包括恶心、呕吐和腹部痉挛。通常有 40% 的患者有腹泻，有些伴随发热、寒战、头痛和肌痛等症状	人类杯状病毒存在于患者的粪便中，因此人类杯状病毒也存在于废水和粪便污染的食物和水（包括饮用水）中	饮用、飞沫	很多人类杯状病毒引起的疾病暴发与污染的饮用水有关。由于杯状病毒对消毒有强抵抗力，大肠杆菌（或耐热的大肠杆菌）不能作为判断饮用水中是否存在人类杯状病毒的合适指标
甲型肝炎病毒	小 RNA 病毒科肝病毒属的唯一成员。具有同样的结构和形态特征。用 PCR 技术可以检测出环境样品中的甲型肝炎病毒。具有极高传染性，感染剂量低	易引起甲型肝炎，进入胃肠道感染上皮细胞，然后进入血液和肝脏，导致严重的肝细胞损伤。症状表现为发热、倦怠、恶心、厌食、腹部不适，最后导致黄疸	粪便污染的食物和水是甲型肝炎病毒的常见传染源	饮用、接触	甲型肝炎病毒可通过饮用水传播，水中存在的甲型肝炎病毒对人类健康有极大的危害由于甲型肝炎病毒对消毒有强抵抗力，大肠杆菌（或耐热的大肠杆菌）不能作为判断饮用水中是否存在甲型肝炎病毒的合适指标

续表

污染物名称	微生物介绍	健康影响	感染源	感染途径	对饮用水的意义
溶组织内阿米巴	溶组织内阿米巴是全球范围最流行的肠道原虫病原体，属于肉足纲的根足亚纲。该虫直径为10~60μm是可吞食与增殖的滋养体，在不利条件下会变成10~20μm的休眠包囊。误吞包囊可引起感染。致病性与非致病性溶组织内阿米巴间有遗传差异	穿透胃肠道上皮细胞而发病。约10%感染者表现为痢疾或结肠炎。症状包括绞痛性肠泻、下腹痛、低热与血便、黏液便	人类是主要宿主，慢性患者和无症状带虫者是最重要的感染源，适宜的水环境中包囊在低温下可存活数月之久。水源传播的可能性在热带地区高于温带，且带虫者热带地区为50%，而非流行区仅为10%	接触、饮用、性传播	已确证污染的饮用水可传播溶组织内阿米巴。包囊能抵抗消毒和饮用水生产中常用的氯化处理。由于对消毒有抵抗力，大肠杆菌（或其他替代性耐热微生物）不能作为确定饮用水供应中是否污染溶组织内阿米巴的可靠指标
自由线虫	线虫是地球上数目最多的后生动物（许多是单细胞）。许多线虫是昆虫、植物、动物包括人类的寄生虫。自由线虫大量存在于水环境中，淡水和盐水中均有。结构比较简单，在饮用水系统中的线虫的尺寸在0.1~9.6mm	自由线虫在饮用水中并不能直接引起健康问题，只是与水变色有关。在饮用水中高浓度的线虫会使饮用水产生异味	自由线虫广泛存在，以卵、幼虫、成虫的形式从储存、处理、配水、住户形式进入饮用水供给系统里，自由线虫在原水中的浓度通常与水的浊度相关。浊度越高，水中的自由线虫的浓度越高		在一些环境条件下，当水中含有高营养或有机物质，并且周围的温度适宜时，自由线虫就有可能生长在生物膜上和底泥中，从而在水处理系统中成倍的增长

资料来源：Bharti et al.，2003；Cuthbert，2001；Frost，2001；Hegarty et al.，1999；Lupi et al.，1995；Mauer and sturchler，2000；Mazari et al.，2001；Monroe et al.，2000；Mott and Mulamoottil，1981；Pegram et al.，1998；WHO，2002，2012.

表 4.3　我国饮用水备选污染指标清单（农药类）

污染物名称	水中污染物来源	在饮用水中存在情况	检测方法	毒理学	可行处理技术
艾氏剂和狄氏剂	一种含氯农药，用于杀死土壤中害虫，对木材起到保护作用	已在地表水中检出	GC/ECD	动物试验以及人中毒事件显示艾氏剂和狄氏剂均为高毒化合物，中毒的靶器官是中枢神经系统和肝，但是对人类癌症的发病率没有影响	EC、GAC 和 OT 处理后可使污染物的浓度降低到 0.02μg/L
氯丹	一种广谱杀虫剂，主要的用途是将杀虫剂注入地表下的土壤来消灭白蚁	在饮用水和地下水中检出，通常检出的水平低于 0.1μg/L	GC/ECD	实验动物长期摄入暴露引起肝损伤，氯丹诱导小鼠肝肿瘤，表明氯丹具有动物致癌的足够证据	使用 GAC 处理后可使污染物的浓度降低到 0.1mg/L
敌百虫	一种有机磷杀虫剂	我国推荐的水环境优先控制污染物名单	SPE-GC	抑制胆碱酯酶，造成神经生理功能紊乱	RO/GAC
二嗪农、甲拌磷	有机磷酸酯类杀虫剂	在饮用水中检出	GC/MS	对人的生育、发育行为，特别对小孩肾、胎儿的肌肉、骨骼系统及中枢神经系统危害极大，干扰人体内分泌功能的化学物质	RO/GAC
氨基甲酸酯类杀虫剂	包括异丙威、仲丁威、残杀威、抗蚜威、速灭威、西维因	在饮用水中检出	GC/MS	影响婴儿的发育，对人体具有致癌、致畸作用，造成人体的生殖系统、神经系统损伤	CL、OT、GAC
1,3-二氯丙烯	用作谷物和土壤的杀虫熏蒸剂	在地表水和地下水中的浓度是几个微克	PGC/EC	致突变物，大鼠和小鼠长期经口管饲暴露实验显示可产生前胃肿瘤、雌性小鼠膀胱和肺部肿瘤、雄性大鼠的肝肿瘤	研究较少
1,2-二溴-3-氯丙烷	一种土壤的熏蒸剂	在饮用水中检出	GC/ECD	致癌，具有遗传毒性	AOX/GAC
氯氰菊酯	农业杀虫剂，主要防治农作物上发生的鳞翅目害虫，具有强毒性	在饮用水中检出	GC	人类致癌剂	
草净津	三嗪类除草剂	地下水中检测出	GC/MS：0.01μg/L	致癌致畸	GAC

续表

污染物名称	水中污染物来源	在饮用水中存在情况	检测方法	毒理学	可行处理技术
甲草胺、异丙甲草胺、乙草胺、丙草胺、丁草胺、敌稗、杀草丹	酰胺类除草剂，具有适用性广、效果突出、价格低廉的特点，近年来在国内得到普遍的应用	饮用水中检测出	SCLPM-GC	致癌物，对肝造成损伤	GAC
西玛津	西玛津是一种芽前除草剂	在地表水和地下水中检出	GC/MS：0.01μg/L，GC火焰热离子检测器：0.1~0.2μg/L	致癌	GAC
去草津、扑灭津、扑灭通、阿特拉津	属于三嗪类除草剂，在世界范围内广泛使用	饮用水中检测出	HPLC（波长为224nm）	人体垂体功能紊乱，可致癌、致畸	GAC
1,2-二溴乙烷	一种净化剂，用于四烷基铅汽油及抗爆剂的制备，以及作为熏蒸剂用于土壤、粮食和水果。目前主要作为溶剂和化学工业中间产品	地下水中检出	GC/MS，PGC/EC	致癌，具有遗传毒性	GAC
2,4,5-T	氯代苯氧型除草剂的降解半衰期，包括2,4,5-T，也被称为2,4,5-三氯苯氧基乙酸，在环境中持续数天	在饮用水中检测出	GC-ECD 检测 0.02μg/L	致癌	GAC
2,4,5-滴丙酸	主要用作农用除草剂、熏蒸剂	在饮用水中检出	GC	损伤肝	GAC
地乐酚	除草剂，可用于谷物地中除杂草	在饮用水中检出	PLC	损害生殖系统	
敌草快	传导性触杀灭生性除草剂，可迅速被绿色植物组织吸收，与土壤接触后很快失去活性。用于大田、果园、非耕地、收割前等除草	在地表水中检出	SPE-PLC/UV 检测 0.05μg/L	对人的眼睛造成损伤	GAC
敌草清	用作植物的芽前除草剂，在工程塑料、电子材料及染料等方面也有所应用	地表水中检出	GC-MS	人类致癌剂	GAC

资料来源：FAO/WHO，1993，1995；WHO，2012；WHO/SDE/WSH/03.04/34，2003；WHO/SDE/WSH/03.04/36，2003；WHO/SDE/WSH/03.04/84，2003.

表 4.4　我国饮用水备选污染指标清单（消毒副产物类）

污染物名称	水中污染物来源	在饮用水中存在情况	检测方法	毒理学	可行处理技术
3-氯-4-二氯甲基-5-羟基-2（5H）-呋喃酮（MX）	是饮用水中结构复杂的有机物与氯反应而生成的，已从氯化腐殖酸溶液中检出	在芬兰、美国、英国的37个水源中发现，在日本的5个饮用水水样中也检出	GC	MX 在细菌和细胞体外试验中呈现强致突变性，在大鼠终生试验中观察到有某些致肿瘤反应。这些数据指出 MX 会诱导甲状腺肿瘤和胆管肿瘤	OT-GAC
N-亚硝基二乙胺 *N*-亚硝基二丙胺	氯胺消毒副产物	饮用水中检测出	GC/MS GC、GC/MS	刺激作用，对肝肾造成损害	PA/UF
一溴乙酸 溴氯乙酸 一溴二氯乙酸 二溴乙酸 二溴一氯乙酸 三溴乙酸	氯消毒过程中的消毒副产物	饮用水中检测出	GC	对神经系统和肝有影响	OT-GAC

资料来源：WHO，2012；WHO/SDE/WSH/03.04/108，2003.

表 4.5　我国饮用水备选污染指标清单（石油燃料类）

污染物名称	水中污染物来源	在饮用水中存在情况	检测方法	毒理学	可行处理技术
二溴化乙烯	用作乙基化试剂、溶剂，用作汽油抗震液中铅的清除剂、金属表面处理剂和灭火剂	饮用水中检出	GC	致癌，肝、肾、胃、生殖系统受损	GAC
甲基叔丁基醚（MTBE）	作为一种新型的无铅汽油添加剂目前正在各国推广使用，其他一些有害物质如臭氧、苯、丁二烯的排放，还可代替四乙基铅作抗爆剂，因而需求量不断增长	地表水和地下水、岩床处的深井中检出	GC	MTBE 很难降解，在地下水中有较长的半衰期，MTBE 对人体也有一定的毒性作用，现已被列为可疑致癌物	GAC

资料来源：Chen et al.，2006；WHO/SDE/WSH/05.08/123，2005.

表 4.6　我国饮用水备选污染指标清单（药物类）

污染物名称	水中污染物来源	在饮用水中存在情况	检测方法	毒理学
雌激素 17α-乙炔基雌二醇（EE2）	EE2 是一种广泛用于口服避孕药的持久性生物相似物	地表水中 EE2、雌二醇及其他具有雌激素效应的物质越来越多地被检出（国内关于此类药物制剂长期暴露的研究较少）	GC	可导致生殖发育异常、引起癌变
抗生素	抗生素主要被用于人类医疗和动物畜牧养殖业。由于抗生素能杀死细菌，自其被发现以来在医疗领域得到了广泛的应用，在疾病的救治中也发挥了不可替代的作用。与此同时，兽药抗生素由于能促进动物生长和增产，在养殖业中以亚治疗剂量长期添加于动物饲料。可以认为，目前在全球范围内几乎所有地区都采用抗生素来实现追求产量、提高经济效益的目的	粪便施肥是抗生素进入土壤环境的主要途径，随雨水进入地表径流污染地表水	GC	世界卫生组织（WHO）报道，将抗生素抗性基因作为 21 世纪威胁人类健康最重大的挑战，并宣布在全球范围开展抗性基因的污染调查战略部署。长期使用抗生素的患者其粪便排泄到环境中，其体内编码了抗性基因的抗性菌株一般随肠道细菌被排出体外，这是抗生素抗性基因在环境中的一种污染来源。环境中经常存在某些具有极强致病性的环境细菌（如炭疽杆菌），一旦抗性基因传播到这些细菌中则会引发难以救治的疾病。由于基因污染比较特殊，与其他污染物不同之处是它可以通过物种间遗传物质的交换无限制地传播开来，而且具遗传性，很难控制和消除，一旦形成将对人类健康和生态系统安全造成长期、不可逆的危害

资料来源：罗义和周启星，2008；杨红莲等，2009；张长等，2011；Peak et al.，2007；Pruden et al.，2006.

表 4.7　我国饮用水备选污染指标清单（化工产品类）

污染物名称	水中污染物来源	在饮用水中存在情况	检测方法	毒理学	可行处理技术
亚硝酸盐类	在工业、建筑业中广为使用，可用于腌制肉制品、泡菜等，也是水体中氨氮处理过程中的中间产物	我国很多以水库水为水源水的地区，每年 3~5 月水体中氨氮浓度很高，处理后的水往往亚硝酸盐值偏高，若不予以高度重视将对健康造成影响	GC	亚硝酸盐使血液中正常携氧的低铁血红蛋白氧化成高铁血红蛋白，因而失去携氧能力而引起组织缺氧，亚硝酸盐同时还是一种致癌物质，据研究，食道癌与患者摄入亚硝酸盐量呈正相关	BT/IX/OT/GAC
1,4-二氧杂环己烷	作为氯化溶剂的稳定剂、树脂、油类、石蜡的溶剂，用于农业和生化中间体，以及黏合剂，密封剂，化妆品，药品、橡胶助剂和表面覆盖剂	在地表水中检出浓度可高达 40μg/L，在地下水中浓度可高达 80μg/L	GC	1,4-二氧杂环己烷能引起啮齿类动物肝脏和鼻腔肿瘤，在给高剂量的大鼠长期试验中也观察到腹膜、皮肤和乳腺肿瘤，已经有资料显示 1,4-二氧杂环己烷可能具有潜在遗传毒性，IARC 将其列为 2B 类	GAC
多氯联苯	一种有机氯农药，是一种持久性有机污染物，在自然界中不易分解，具有持久性、半挥发性、生物蓄积性、高毒性特点	在地表水中检出	GC	致癌、生殖系统、神经系统、胸腺、免疫力损伤	GAC
硝基苯	主要用于苯胺的产品中，也可作为溶剂，金属抛光的原料，肥皂，其他有机物的合成体如药用退热净	在地下水和地表水中均能够检出，在地下水中出现的频率高于在地表水中出现的频率	GC-MS	硝基苯对人类的健康影响来自于通过吸入、皮肤接触、口腔的途径，人体暴露于硝基苯主要对人体的健康表征是高铁血红蛋白白血症，虽然近期的研究报道了在致突变性测试中的阳性表征，并不能排除硝基苯是非致癌性物质。有足够的资料证明硝基苯具有动物致癌性	GAC 污染物的浓度降到 0.017mg/L
N-亚硝基二甲胺	由二甲胺与亚硝酸在酸性条件下反应，是火箭燃料的组成部分，同时也可来源于皮革厂和轮胎厂，另外也是杀虫剂类污染物。近期的研究结果表明该污染物是氯胺消毒的副产物（一氯胺与二甲胺反应的产物，是受废水污染的水中常见的污染物），也可是氯消毒的副产物	以氯胺作为消毒剂时，配水系统的水样中的 *N*-亚硝基二甲胺的浓度高于水厂出水中的浓度，在配水系统中检测出的浓度高于 0.16μg/L，但是水厂出水中污染物的浓度仅有 0.01μg/L	GC-MS 检测的水平是 0.7~1.6ng/L	是一种潜在的致癌污染物，并且可以从数个途径暴露，包括饮用水摄入，IARC 将 *N*-亚硝基二甲胺归类为人类可能的致癌物，也有充分的证据表明 *N*-亚硝基二甲胺具有体内和体外的高毒性效应，同时也有研究证明 *N*-亚硝基二甲胺可能引起胃癌、结肠癌、直肠癌	UV 污染物的浓度可低于 0.005μg/L

续表

污染物名称	水中污染物来源	在饮用水中存在情况	检测方法	毒理学	可行处理技术
五氯苯酚	主要用作水稻田除草剂，纺织品、皮革、纸张和木材的防腐剂和防霉剂	水样中污染物的浓度一般低于10μg/L，地下水中五氯酚的浓度会更高一些	ECD-GC 0.005~0.01μg/L	IARC 把五氯酚归类为癌症的2B组（可能的致癌物）	利用 GAC 处理可使浓度降低到0.4μg/L 以下
石棉	水中石棉来自于含石棉的材料和矿石在水中的分解、工业排放物、大气污染，以及供水系统中的石棉-水泥管道	在水中检出	X 射线衍射光学显微镜、电子显微镜	石棉是经过吸入途径的人致癌物。从水中摄入后可导致人体的良性肠息肉	目前缺乏有效去除方法
2,3,7,8-二噁英	常以微小的颗粒存在于大气、土壤和水中，主要的污染源是化工冶金工业、垃圾焚烧、造纸、以及生产杀虫剂等产业。燃烧日常生活所用的塑料，PVC（聚氯乙烯）软胶等物会释放出二噁英，悬浮于空气中	在三峡库区水体中检出二噁英，虽然浓度较低，但是根据近年来的检测结果显示污染物的浓度有上升的趋势	GC	二噁英是一类剧毒物质，其毒性特征具有急性致死性、致畸性和致癌性，对人体细胞分裂、组织再生、生长发育、代谢和免疫功能产生影响，造成人体内分泌紊乱、免疫力低下、神经系统紊乱	氧化铝、AC
己二酸	己二酸用作合成高聚物的原料，也用于制造增塑剂及润滑剂	饮用水中检测出	GC/MS	从饮水中摄入后对肝脏和生殖系统造成损伤	AC
五氯苯酚	用于有机合成、稻田防除稗草及木材防腐。也是广泛使用的防霉剂，灭菌效力高，适用于聚氯乙烯等塑料、涂料、皮革、黏合剂、橡胶、纤维、纸张等	饮用水中检测出	HPLS（GB13198—91，水质）-MS	致癌，肝脏、肾脏受损	GAC
多环芳烃	多环芳烃包括的化合物有：苯并[*b*]呋喃、苯并[*k*]呋喃、苯并[*g*、*h*、*i*]苝、茚并[1,2-*cd*]芘。柴油和汽油机的排气，以及炼油厂、炼焦油加工厂和沥青加工厂等排出的废气和废水中都含有多环芳烃	地面水中的多环芳烃除了工业排污外，主要来自洗刷大气的雨水	HPLS（GB13198—91，水质）	PAH 化合物中有不少是致癌物质，但并非直接致癌物，部分农药对胎儿致畸，人体细胞培养 DNA 多种变化	GAC

续表

污染物名称	水中污染物来源	在饮用水中存在情况	检测方法	毒理学	可行处理技术
3,3′-二氯联苯胺	3,3′-二氯联苯胺广泛应用于油墨、油漆、橡胶、塑料等着色和涂料印花浆及涂料染色浆的生产	饮用水源中污染物的来源主要是工业废水排放	HPLS（GB13198—91，水质）	对动物有强致癌作用，对人为可疑致癌物，IARC 将其列为对实验动物有足够证据的致癌物	GAC
联苯胺	分子式为$(C_6H_4NH_2)_2$，联苯的衍生物之一，是染料合成的中间体，在染色的棉纺织品中容易超标；该物质还曾用于氰化物的测定	饮用水源中污染物的来源主要是工业废水排放	HPLS（GB13198—91，水质）	为 IARC 第一类致癌物，有强烈的致癌作用，长期接触可引起出血性膀胱炎，膀胱复发性乳头状瘤和膀胱癌	GAC
二氯甲醚	工业上用作甲基化剂	饮用水源中污染物的来源主要是工业废水排放	GC（EPA611 法）或 GC-MS（EPA625 法）	IARC 已确定为人类致癌物	GAC
间硝基苯	用于有机合成及用作染料中间体，制造炸药	松花江优先控制污染物名单	GC	可引起神经衰弱综合征；慢性溶血时，可出现贫血、黄疸；导致中毒性肝炎	GAC
对硝基氯苯	重要的基础石油化工有机原料，广泛应用于染料、颜料、医药、农药、橡胶助剂、工程塑料等领域	松花江优先控制污染物名单	GC	可引起过敏发应，对肝脏造成损伤	GAC
乙酸酐	是重要的乙酰化试剂，在医药工业中用于制造合霉素、痢特灵、地巴唑、咖啡因和阿司匹林、磺胺药物等；在染料工业中主要用于生产分散深蓝 HCL、分散大红 S-SWEL、分散黄棕 S-2REL 等；在香料工业中用于生产香豆素、乙酸龙脑酯、葵子麝香、乙酸柏木酯、乙酸松香酯、乙酸苯乙酯、乙酸香叶酯等；由乙酐制造的过氧化乙酰，是聚合反应的引发剂和漂白剂	我国推荐的水环境优先控制污染物名单	GC	可对肠胃造成损伤	GAC

续表

污染物名称	水中污染物来源	在饮用水中存在情况	检测方法	毒理学	可行处理技术
甲基萘	甲基萘是生产分散染料助剂（分散剂）的主要原料，还可作热载体和溶剂、表面活性剂、硫磺提取剂，也可用作生产增塑剂、纤维助染剂，还可用于测定烷值和十六烷值的标准燃料	扬中市饮用水中优先控制有机物名单	GC	高浓度致溶血性贫血及肝脏、肾脏损害	GAC
羟基化多溴联苯醚（OH-PBDEs）	作为溴系阻燃剂的一大类阻燃物质在产品制造过程中添加到复合材料中，以提高产品的防火性能。来源于：海洋中藻类等自然源的释放，生物体内PBDEs 经生物转化形成的代谢物	新型环境污染物，在诸多环境介质中陆续被检出	GC-MS	被证明能在生物体内蓄积、产生致毒效应，具有持久性、生物蓄积性和毒性，对生殖系统有损伤	GAC
全氟辛烷磺酰基化合物（PFOS）	作为表面活性剂被广泛应用于纺织品、皮革、农药、地毯、家具等领域	饮用水中检测出	HPLS	全氟辛烷磺酸的持久性极强，是最难分解的有机污染物，试验研究证明 PFOS 具有肝脏毒性，PFOS 破坏中枢神经系统内兴奋性和抑制性，氨基酸水平的平衡影响脂肪代谢，PFOA 被列入加利福尼亚州 65 提案致癌物质	GAC
多溴二苯醚（PBDEs）	PBDEs 是一种添加型阻燃物质，广泛应用于电器线路板、建筑材料、泡沫、室内装潢、家具、汽车内层、装饰织物纤维等各种产品中	饮用水中检出	GC/MS/MS	PBDEs 毒作用靶器官主要是脂肪组织、神经系统、甲状腺和生殖发育系统等，还具有致畸、致癌和致突变作用	GAC
1,2-二氯丙烷、1,3-丁二烯、氯化苄、1,1-二氯乙烷、硝基苯、甲基环氧乙烷、1,2,3-三氯丙烷、尿烷	普遍来源于工业污水	饮用水中检出	GC	致癌、肝脏损伤问题、贫血或其他血液问题	GAC/AOX/PTC
全氟辛基磺酸盐、全氟辛酸及其盐、*N*-乙基全氟辛基磺基乙醇胺、聚全氟辛基乙醇	作为表面活性剂被广泛应用于纺织品、皮革、农药、地毯、家具等领域	饮用水中检测出	HPLC/ECD	在血液、肝脏和肾脏等器官积累，从而对其造成影响	合成分子主链中含氧原子的氟表面活性剂

续表

污染物名称	水中污染物来源	在饮用水中存在情况	检测方法	毒理学	可行处理技术
邻苯二甲酸二正辛酯	作为聚氯乙烯及其共聚物的主要增塑剂之一，可增塑硝基纤维、聚苯乙烯、丁苯橡胶及树脂，是加拿大第一期优先控制污染物	饮用水源中污染物的来源主要是工业废水排放	HPLS	可干扰内分泌，造成生殖系统损伤	GAC 吸附
邻苯二甲酸二丁酯	是聚氯乙烯最常用的增塑剂、邻苯二甲酸二丁酯也可用作聚乙酸乙烯、醇酸树脂、硝基纤维素、乙基纤维素及氯丁橡胶、丁腈橡胶的增塑剂	饮用水源中污染物的来源主要是工业废水排放	GC-MS	可导致中枢神经系统和周围神经系统的功能性损伤	GAC 吸附
已二酸双酯、邻苯二甲酸二乙酯、邻苯二甲酸双酯、邻苯二甲酸二甲酯、二正丁基邻苯二甲酸酯	主要作为聚氯乙烯及其共聚物的增塑剂之一，可增塑硝基纤维、聚苯乙烯、丁苯橡胶及树脂，是加拿大第一期优先控制污染物	饮用水水源中污染物的来源主要是工业废水排放	GC-MS	影响生育系统、内分泌系统和中枢神经系统	GAC 吸附

资料来源：刁春鹏等，2009；解艳和薛科社，2011；杨红莲等，2009；赵志伟等，2007；张长等，2011；Holmstrom et al.，2005；Saito et al.，2004；WHO/SDE/WSH/03.04/2，2003.

表 4.8　我国饮用水备选污染指标清单（放射性核素类）

污染物名称	水中污染物来源	在饮用水中存在情况	检测方法	毒理学	可行处理技术
铀	铀在自然界中广泛存在，出现在花岗岩和各种各样的矿石沉积物中。铀主要用作核电站燃料。环境中的铀来自天然沉积物析出、工厂残渣的释放、核工业的排放、煤和其他燃料的燃烧，以及含铀磷肥的使用。通过饮用水摄入铀的量通常非常低，然而，如在饮用水水源处存在铀，则通过饮用水摄入铀将可能是主要途径	在饮用水中检出的浓度一般较低，在 1μg/L 左右	ICP/MS：0.01μg/L；固体荧光剂/激光器或紫外光：0.1μg/L；ICP：0.2μg/L	肾炎是铀主要的化学诱导效应，是致癌物质	C/IX 应达到 1μg/L
镭 226 和镭 228	自然界中，镭元素存在于多种矿石和矿泉中，但含量极稀少，较多的来源于沥青铀矿中。镭能放射出 α 和 γ 两种射线，并生成放射性气体氡。镭放出的射线能破坏、杀死细胞和细菌。因此，常用来治疗癌症等。此外，镭盐与铍粉的混合制剂，可作中子放射源，用来探测石油资源、岩石组成等	镭以极微量存在，而在常规饮用水的 pH 范围内以 Ra^{2+} 的形式存在	氢氧化铁-碳酸钙载带射气闪烁法和硫酸钡共沉淀射气闪烁法	从饮用水中摄入后引起人体的肠息肉	含有天然放射性镭的高硬度饮用水采用加热脱硬法，原水的总硬度含量越高，镭因在 Ca^{2+}、Mg^{2+} 大量沉淀的同时 Ra^{2+} 因共沉淀、竞争吸附而除去的效率越高可以改变镭的存在状态，改变其迁移的方向，能基本上除去水中大部分的镭

资料来源：路人春，2005；WHO/SDE/WSH/03.04/118，2003.

参考文献

鄂学礼，陈昌杰，张岚. 2007. 我国生活饮用水卫生标准的研究. 癌变. 畸变. 突变. 19(3): 168~170

刁春鹏，赵汝松，柳仁民，等. 2009. 分散液相微萃取-气相色谱/质谱快速分析水中的硝基苯类化合物. 分析实验室, 28(6): 9~12

环境保护部科技标准司. 2010. 国内外化学污染物环境与健康风险排序比较研究. 北京: 科学出版社

路人春. 2005. 饮用水中暂硬对镭放射线核素迁移途径影响的初步探讨. 能源环境保护, 19(5): 44~46

罗义，周启星. 2008. 抗生素抗性基因 (ARGs) ——一种新型环境污染物. 环境科学学报, 28(8): 1499~1506

宋乾武，代晋国. 2009. 水环境优先控制污染物及应急工程技术. 北京: 中国建筑工业出版社

解艳，薛科社. 2011. 三峡库区水中二噁英污染状况研究. 地下水, 33(2): 111~112

杨红莲，袭著革，闫峻，等. 2009. 新型污染物及其生态和环境健康效应. 生态毒理学报, 4(1): 28~34

周文敏，傅德黔，孙宗光. 1991. 中国水中优先控制污染物黑名单的确定. 环境科学, 4(6): 9~12

张长，胡浪平，曾光明，等. 2011. 一种新型环境污染物: 羟基化多溴联苯醚 (OH-PBDEs). 环境科学, 32(7): 2169~2176

赵志伟，崔福义，张震宇，等. 2007. 粉末活性炭去除水源水中硝基苯的优选试验. 沈阳建筑大学学报(自然科学版), 23(1): 134~136

Bharti A R, Nally J E, Ricaldi J N. et al. 2003. Leptospirosis: A zoonotic disease of global importance. Lancet Infectious Diseases. 3(12): 757~771

Chen J M, Cao W, Ma J Y. 2006. Toxicity of methyl tert butyl ether at high and low concentration to green alga Chlorella ellipsoidea during continuous fifteen days// Hathaway R A. 231st ACS National Meeting. Atlanta: Division of Environmental Chemistry, Inc. American Chemical Society: 658~662

Cuthbert J A. 2001. Hepatitis A: Old and new. Clinical Microbiology Reviews, 14(1): 38~58

Department of the Environment and Heritage . 2004. National chemical reference guide standards in the Australian environment

FAO/WHO. 1993. Pesticide residues in food-1992. Rome, Food and Agriculture Organization of the United Nations, joint FAO/WHO Meeting on Pesticide Residues(Report No. 116).

FAO/WHO. 1995. Pesticide residues in food – 1994. Report of the Joint Meeting of the FAO Panel of Experts on Pesticide Residues in Food and the Environment and WHO Toxicological and Environmental Core Assessment Groups. Rome, Food and Agriculture Organization of the United Nations (FAO Plant Production and Protection Paper 127).

Frost J A. 2001. Current epidemiological issues in human campylobacteriosis. Journal of Applied Microbiology. 90(30): 85S~95S

Hegarty J P, Dowd M T, Baker K H. 1999. Occurrence of Helicobacter pylori in surface water in the United States. Journal of Applied Microbiology, 87(5): 697~701

Holmstrom K, Rnberg U, Sbignert A. 2005. Temporal trends of PFOS and PFOA in guillemot eggs from the Baltic Sea, 1968-2003. Environ Sci Technol, 39(1): 80~84

Linders J, Rikken M, Bakker J, et al. 2002. Uniform System for the evaluation of Substances (USES), version 4. 0. Rijksinstituut voor Volksgezondheid en Milieu RIVM

Loos R, Wollgast J, Castro-Jiméne J, et al. 2008. Laboratory intercomparison study for the analysis of nonyphenol and octyphenol in river water. Trends in Analytical Chemistry, 27(1): 89~95

Lupi E, Ricci V, Burrini D. 1995. Recovery of bacteria in nematodes from a drinking water supply. Journal of Water Supply: Research and Technology – Aqua, 44(1): 212~218

Mauer A M, Sturchler D A. 2000. A waterborne outbreak of small round-structured virus, Campylobacter and Shigella co-infections in La Neuveville, Switzerland. Epidemiology and Infection, 125(2): 325~332

Mazari Hiriart M, López Vidal Y, Calva J J. 2001. Helicobacter pylori in water systems for human use in Mexico City. Water Science and Technology, 43(12): 93~98

Monroe S S, Ando T, Glass R. 2000. Introduction: Human enteric caliciviruses – An emerging pathogen whose time has come. Journal of Infectious Diseases, 181(2): 249~251

Mott J B, Mulamoottil G. 1981. Harrison AD A 13-month survey of nematodes at three water treatment plants in southern Ontario, Canada. Water Research, 15(6): 729~738

Peak N, Knapp C W, Yang R. K. 2007. Abundance of six tetracycline resistance genes in wastewater lagoons at cattle feedlots with different antibiotic use strategies. Environmental Microbiology, 9(1): 143~149

Pegram G C, Rollins N, Espay Q. 1998. Estimating the cost of diarrhoea and epidemic dysentery in Kwa-Zulu-Natal and South Africa. Water SA, 24(1): 11~20

Pruden A, Pei R, Storteboom H, et al. 2006. Antibiotic resistance genes as emerging contaminants: studies in northern Colorado. Environmental Science and Technology, 40(3): 7445~7450

Saito N, Harada K, Inoue K, et al. 2004. Perfluorooctanoate and perfluorooctane sulfonate concentrations in surface water in Japan. Occup. Health, 46(1): 49~59

WHO. 2002. Enteric hepatitis viruses//Guidelines for drinking-water quality, 2nd ed. Addendum: Microbiological agents in drinking water. Geneva, World Health Organization: 18~39

WHO. 2012. WHO Library Cataloguing-in-Publication Data. Guidelines for drinking-water quality. Geneva, World Health Organization

WHO. 2003. Asbestos in drinking-water. Background document for preparation of WHO Guidelines for drinking-water quality. Geneva, World Health Organization (WHO/SDE/WSH/03.04/2).

WHO. 2003. 1, 2-Dibromo-3-chloropropane in drinking-water. Background document for preparation of WHO Guidelines for drinking-water quality. Geneva, World Health Organization (WHO / SDE/WSH/03.04/34).

WHO. 2003. 1, 3-Dichloropropene in drinking-water. Background document for preparation of WHO Guidelines for drinking-water quality. Geneva, World Health Organization (WHO/SDE/WSH/03. 04/36).

WHO. 2003. Chlordane in drinking-water. Background document for preparation of WHO Guidelines for drinking-water quality. Geneva, World Health Organization (WHO/SDE/WSH/03.04/84).

WHO. 2003. Uranium in drinking-water. Background document for preparation of WHO Guidelines for drinking-water quality. Geneva, World Health Organization (WHO/SDE/WSH/03.04/118).

WHO. 2005. Petroleum products in drinking-water. Background document for development of WHO Guidelines for drinking-water quality. Geneva, World Health Organization (WHO/SDE/WSH/05. 08/123)

第 5 章　饮用水污染物组群技术

美国环境保护署 2010 年首次提出组群的概念，为我国饮用水中污染物指标浓度限值的进一步研究奠定了基础，污染物组群技术是通过将物理结构和化学成分相似，检测方法和处理技术相同，出现频率较高且具有同现性的污染物进行归类，并确定同组污染物的综合浓度限值，这种技术可以减少检测工作量，提高检测效率，同时更加准确地评估饮用水污染物指标的浓度限值。本章围绕组群技术，分别阐述污染物组群实施原则、组群实施方法、组群综合浓度限值确定方法，为我国《生活饮用水卫生标准》（GB5749—2006）的全面实施提供技术支持。

5.1　污染物组群技术分析

5.1.1　污染物组群技术概念

《生活饮用水卫生标准》（GB5749—2006）（下称“新《标准》”）于 2006 年 12 月 29 日发布，自 2007 年 7 月 1 日实施，并计划到 2015 年各省、自治区、直辖市和省会城市 106 项指标要实行全覆盖，在地市级城市要覆盖 42 项常规指标，加上当地重点控制指标，在县级实现 42 项常规指标的全覆盖能力。新《标准》的发展与国际接轨，项目更加全面，同时对供水厂水质、污染指标检测能力等方面提出了更高的要求，但是在执行水质标准所规定的污染物指标检测与浓度限值确定等方面仍存在一定问题，主要表现在以下两方面。

（1）《城市供水水质标准》（CJ/T206—2005）中规定：“城市公共集中式供水企业应建立水质检验室，配备与供水规模和水质检验项目相适应的检验人员和仪器设备”。但是全国 1997 家疾病预防控制机构中具备 106 项指标检测能力的仅占 4 家（王丽等，2012），目前除了北京等个别超大城市外，绝大部分城市的供水企业不具备检测新《标准》中 106 项指标的能力，大多数地方级检测站仅能开展 30~60 项指标的检测（丁品，2008）。根据环保部下发的饮用水水源地水质全分析特定项目监测专项仪器配置标准及参考价格（申屠杭，2008），配备 106 项全分析检测能力的机构需要约 869.6 万元仪器购置费用，同时还要培训相关检测人员和供应长期检测耗材，而饮用水标准修订是动态的过程，相应的检测设备和人员配置也随之增加，无疑会导致检测成本、检测工作量的增加。

（2）新《标准》中加强对微生物、消毒副产物、毒理指标、感官性状和一般理化指标的要求，并对部分污染物浓度限值提出更高的要求，如砷标准由 0.05 mg/L 降低至 0.01 mg/L；镉标准由 0.01 mg/L 降低至 0.005 mg/L；硝酸盐氮标准由 20 mg/L 降低至 10 mg/L 等。但是有毒有害污染物在水体中并非以单一种类存在，这类污染物均以多组分共存混合体系形式存在，混合物体系产生的毒性效应是所有组分污染物拮抗、叠加、协同或抑制作用的综合结果，即使混合物体系中的单一组分处于无毒性效应浓度时，该组分对混合物的总毒性效应仍有一定的贡献（高小辉等，2012），因此采用单一污染物指标限值来控制饮用水安全性是不够全面和科学的。

污染物组群［contaminants as group（s）.］是根据污染物组群的原则，将物理结构和化学成分相似，检测方法和处理技术相同，出现频率较高且能够同时出现的污染物进行归类，并确定同组污染物的综合浓度限值，这种方法称为污染物组群（USEPA，2010）。污染物组群技术具有减少检测工作量，提高污染物检测效率、并更加准确评估饮用水污染物指标浓度限值的优点，可为新《标准》的进一步完善及有效实施提供技术支持。

污染物组群研究的基本目标是为了解决逐一检测控制污染物所带来的时间和能源的消耗，以组群的方式对污染物总体进行分类控制的优点如下：

第一，组群技术具有应用的开放性及适应性。能够对水源污染物进行全面监测控制，不但适用于《生活饮用水卫生标准》（GB5749—2006）中规定的污染物组群，也适用于在水源水中检测到的需要控制的未规定新型污染物组群。

第二，组群技术具有水质检测所需时间短、能源消耗低的特性。与原有的单一检测每种污染物方法对比，通过对污染物组群，采用一种检测方法，能够在较短的时间内利用较少的能源、经济有效地检测出水中的多种同类污染物。

第三，组群技术具有水源水污染物控制处理的高效性。当水源中存在多种复杂污染物时，组群技术可以通过将同类型污染物进行组类，并针对同组污染物的特性选择有效处理工艺，从而提高处理技术的净水效率。尤其针对应急水污染事件的应对方面，可根据污染物所在组群，快速确定对应的处理技术，提高污染事件的处理效率。

第四，组群技术具有公共饮用水安全的保障性。对于在水源水中以一定频率出现并具有健康风险的污染物均予以科学有效的监测控制，能够及时预测目标污染物对饮用水水源造成的危害程度，有效保障饮用水的安全性。

5.1.2 污染物组群原则

饮用水中污染物来源广泛，各类污染物的健康影响程度、检测方法、限值浓度和出现频率、净化技术或控制方法不尽相同，对污染物进行组群需遵循一定的原则，主要体现在以下四个方面：

（1）组群中各污染物具有相似的健康危害性。健康危害性是污染物对人和生物的毒性效应，根据污染物对人体的危害显露时间长短不同的特性，将污染物健康危害性分为三大类：急性危害、慢性危害、远期致癌致突变致畸危害，具有相似健康危害性的污染物可以归为一类。例如，六六六、甲草胺、乙草胺、异丙甲草胺、杀草丹、丙草胺、丁草胺、敌稗除草剂等污染物均通过生物酶反应形成具有致癌作用的二烷基醌亚胺（常青云等，2012），可对人体肝脏造成危害，这类污染物具有相同的健康危害性。根据健康危害性对污染物进行分类，实例如表 5.1 所示。

表 5.1　根据健康危害性对污染物进行分类

分类	污染物（基于健康危害性对污染物进行组群划分）
毒性物质档案	• 亚硝胺 • PFOS（全氟辛烷磺酸）/PFOA（全氟辛酸）/PFCs（全氟碳化合物）
健康影响物质	• VOCs 挥发性有机化合物 • 激素–雌激素 • 抗生素–抑制益生菌/抗生素耐药性 • 放射性核素 • 胆碱酯酶抑制杀虫剂

资料来源：美国环境保护署发布的讨论稿“*Paradigm for Addressing Drinking Water Contaminants As Groups to Enhance Public Health Protection*”.

（2）组群中各污染物均可采用相同检测方法。具有相似的化学分子结构，或具有相似物理特性，并且检测机理相同，可被相同检测方法检出的污染物可以进行归类。例如，芳香族化合物、有机胺类化合物可利用荧光检测器测定（张燕婉和汪邵婷，2007），该类物质通过紫外光照射后，原子中的某些电子进行迁跃，发射出比原吸收激发光频率更低、波长更长的光，从而可被相同检测方法检出。例如，表 5.2 中 30 种挥发性有机物可以通过环保部的检测方法 USEPA 524.3 法（measurement of purgeable organic compounds in water by capillary column gas chromatography/mass spectrometry），即毛细管柱气相色谱/质谱法进行检测；5 种含氟除草剂可以通过 USEPA 515.4（determination of chlorinated acids in drinking water by liquid-liquid micro-extraction，derivatization，and fast gas chromatography with electron capture detection），即通过液-液萃取法、快速气相色谱法、电子俘获检测法进行检测。根据检测方法对污染物进行分类，实例如表 5.2 所示。

表 5.2　根据检测方法对污染物进行分类

分类方法	污染物
挥发性有机化合物 VOCs–USEPA 524.3 方法	苯，四氯化碳，氯苯，1,2-二氯乙烷，1,1-二氯乙烯，顺式-1,2-二氯乙烯，1,1-二氯甲烷，1,2-二氯丙烷，二氯苯，反-1,2-二氯乙烯，乙苯，苯乙烯，四氯乙烯，甲苯，1,1,1 - 三氯乙烷，1,1,2-三氯乙烷，三氯乙烯，二甲苯，氯乙烯、溴甲烷、1,3-丁二烯，丁基苯，氯甲烷，溴氯甲烷，二氯甲烷，二氯乙烷，正丙苯，甲基叔丁基醚，1,1,1,2-四氯乙烷，1,2,3-三氯丙烷

续表

分类方法	污染物
半挥发性有机污染物 SOCs–USEPA 525.2 方法	甲草胺，莠去津，苯并[a]芘，氯丹，异狄氏剂，七氯，环氧七氯，六氯苯，六氯环戊二烯，林丹，甲氧滴滴涕，西玛津，多氯联苯，五氯苯酚，毒杀芬
SOCs–USEPA 515.4 方法	呋喃丹，地乐酚，五氯酚，2,4,5-涕，杀线威

资料来源：美国环境保护署发布的讨论稿（*Paradigm for Addressing Drinking Water Contaminants As Groups to Enhance Public Health Protection*）.

（3）组群中的各污染物均可采用相同处理技术。根据现有饮用水处理技术的特点，结合污染物的物理化学特性，从技术经济角度确定各污染物最佳处理技术，具有相同处理技术的污染物可进行归类。例如，大部分有机污染物如苯、1,2-二氯乙烷、溴二氯乙烷、氯仿、溴仿、1,1,1-二氯乙烷等具有较低的水溶解度和较高的辛醇-水分配系数，多以吸附态存在，在饮用水中可形成多种结合态，从而可采用混凝沉淀-活性炭组合工艺进行去除。不稳定污染物（挥发性有机化合物、氡）可以通过曝气去除。根据处理技术对污染物进行分类，实例如表 5.3 所示。

表 5.3 根据处理技术对污染物进行分类

处理技术	污染物
活性炭吸附方法	大部分有机物、致病菌
氧化方法	挥发性有机物
高压膜过滤方法	除低分子量有机物和溶解性有机物以外的大部分污染物

资料来源：美国环境保护署发布的讨论稿“*Paradigm for Addressing Drinking Water Contaminants As Groups to Enhance Public Health Protection*”.

（4）组群中各污染物具有同现性。同现性即污染物之间不发生化学反应，能够同时出现在水体中，并且具有一定的稳定性。例如，敌百虫、乐果、敌敌畏、毒死蜱、二嗪农、甲拌磷和呋喃丹同时存在水体中时彼此之间不发生化学反应，该类污染物具有同现性，可以进行归类。根据同现性对污染物进行分类，实例如表 5.4 所示。

表 5.4 根据同现性对污染物进行分类

基于同现性组群举例	
与其他化学物质混合使用的： 如：农药和除草剂 原化学物质和其降解产物： 如：三嗪类和其降解物质	可能同时存在公共水中物质： 污水处理厂排放出的个人护理品化学物质和药类物质，合成化学品及其相似物。一旦原化学合成方法被调整，它们会反映出相似的健康危害性

资料来源：美国环境保护署发布的讨论稿（*Paradigm for Addressing Drinking Water Contaminants As Groups to Enhance Public Health Protection*）.

饮用水中的污染物必须同时满足上述四项原则，才可进行组群。

5.1.3　污染物组群技术路线

污染物组群实施过程是根据饮用水污染物组群的基本原则，按照优先控制污染物名单甄选→污染物组群及命名→综合浓度限值确定等步骤实施（郜玉楠等，2012），饮用水中污染物组群的具体实施方法技术路线如图 5.1 所示。

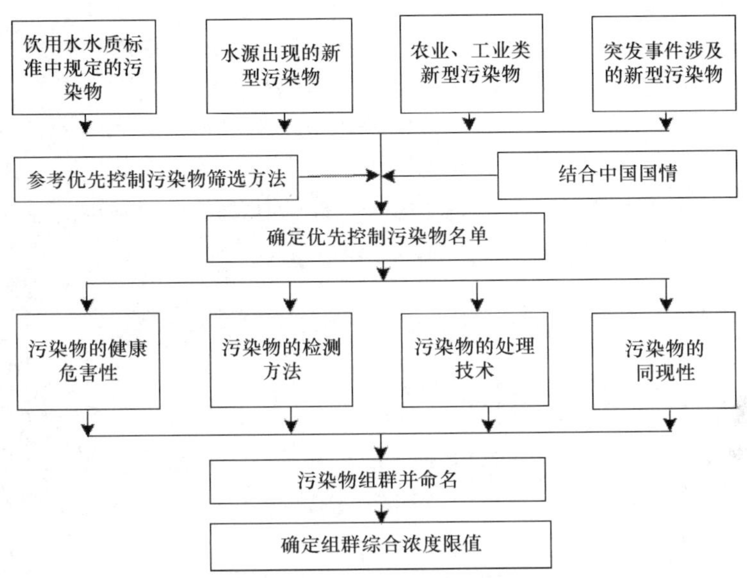

图 5.1　饮用水中污染物组群实施方法的技术路线图

（1）优先控制污染物名单甄选。按照优先控制污染物的筛选方法，在新《标准》106 项污染指标的基础上，结合我国具有区域性水源特点的新型污染物、化工企业排污口新型污染物、农业类新型污染物，以及近期突发事件中涉及的污染物，甄选优先控制污染物种类，建立优先控制污染物名单。

（2）污染物健康危害性分析。根据组群实施原则，调查分析优先控制污染物名单中各污染物的健康危害性，对具有相同健康危害特征的污染物进行归类。

（3）污染物检测方法分析。调查分析优先控制污染物名单中各污染物的检测方法，新《标准》中规定的污染指标检测方法按照《生活饮用水检验规范》（GBT5750—2006）的要求进行分类，新《标准》中未规定的污染物检测方法遵循实用性和可操作性的原则进行确定，将具有相同检测方法的污染物进行归类。

（4）污染物处理技术分析。调查分析优先控制污染物名单中各污染物的处理技术，参考世界卫生组织（WHO）《饮用水水质导则》（第四版）中的处理技术与效果，同时与 USEPA 和 WHO 的最佳可行处理技术（best available technology，BAT）名录及有效技术（effective technology，ET）做比对，确定不同污染物的最经济有效处理技术，将处理技术相同的污染物归类。

（5）污染物同现性分析。调查分析优先控制污染物名单中各污染物的同现性，对同时存在且不发生化学反应的污染物进行归类。

（6）将同时满足（2）、（3）、（4）、（5）步骤的污染物进行组群，并对该组群命名。

（7）确定各组群的综合浓度限值。选取组群中安全浓度最小的污染物作为基准污染物，将组群中各污染物的标准浓度转化成基准污染物表示的校准浓度，将组群中各污染物的校准浓度之和定义为该组群的综合浓度限值（具体步骤见 5.3 节）。组群综合浓度限值的确定，考虑到污染物之间毒性叠加作用对人体健康产生危害，使水中单一污染物浓度在满足标准要求的基础上，同时满足组群综合浓度限值的要求，更加科学严格的确保饮用水的安全性。

5.2 饮用水中污染物组群名录

以《生活饮用水卫生标准》（GB5749—2006）中的 106 项污染物指标和优先控制污染物名单（4.5 节）中的污染物为组群对象，根据组群原则，分析各污染物的物理化学性质、检测方法、处理技术和同现性，按照组群技术实施路线图将新《标准》中的污染物和优先控制污染物进行组群。

选定新《标准》中的污染物包括：苯、四氯化碳、1,2-二氯乙烷、四氯乙烯、三氯乙烯、氯乙烯、二氯乙酸、二氯甲烷、三氯乙酸、乐果、呋喃丹、毒死蜱、敌敌畏、莠去津、微囊藻毒素、苯胺、六六六；

选定的优先控制污染物包括：扑草净、多氯联苯、敌百虫、西玛津、全氟辛基磺酸盐、*N*-亚硝基二乙胺、*N*-亚硝基二丙胺、邻苯二甲酸二丁酯、鱼腥藻毒素、束丝藻毒素、甲草胺、异丙甲草胺、乙草胺、丙草胺、丁草胺、敌稗、杀草丹、阿特拉津、扑灭通、扑灭津、去草津、二嗪农、甲拌磷、异丙威、仲丁威、残杀威、抗蚜威、速灭威、西维因、二正丁基邻苯二甲酸酯、1,3-丁二烯、氯化苄、一氯乙酸、1,2-二氯丙烷、1,1-二氯乙烷、硝基苯、甲基环氧乙烷、1,2,3-三氯丙烷、尿烷、一溴乙酸、溴氯乙酸、一溴二氯乙酸、二溴乙酸、二溴一氯乙酸、三溴乙酸、二正辛基邻苯二甲酸酯、己二酸双酯、邻苯二甲酸二乙酯、邻苯二甲酸双酯、邻苯二甲酸二甲酯、全氟辛酸及其盐、*N*-乙基全氟辛基磺基乙醇胺和聚全氟辛基乙醇。

根据现有收集到的资料整理分析研究，对以上污染物组群，建立七类污染物群，分别为蓝藻毒素类、挥发性致癌有机物类、消毒副产物类、农药类、全氟碳化合物类、多氯联苯类和邻苯二甲酸酯及己二酸酯类，并对各群中污染物的共性与特点进行分析。

5.2.1 微生物指标

微生物指标以蓝藻毒素类为代表。蓝藻毒素类组群包括微囊藻毒素、鱼腥藻毒素和束丝藻毒素，其中新《标准》中规定的污染物是微囊藻毒素，优先控制污染物是鱼腥藻毒素和束丝藻毒素（戴瑾瑾，2009）。蓝藻毒素类污染物来源于细胞内毒素，当藻类细胞破裂或藻类腐烂分解后，蓝藻毒素被释放到水体中，通过皮肤接触或在饮用过程中导致人类中毒，对人体神经、呼吸系统、肝脏系统造成损伤，出现视力下降、呼吸急促、呕吐、腹泻等现象（俞顺章等，2001）。蓝藻毒素类污染物可通过高效液相色谱法进行检测，通过活性炭吸附方法去除，当微囊藻毒素、鱼腥藻毒素和束丝藻毒素同时出现在水中时，毒性增强能够导致大量水生生物死亡，改变生物的原有群落组成。蓝藻毒素类污染物的组群特征如表 5.5 所示。

表 5.5　蓝藻毒素类污染物的组群特征

蓝藻毒素类	健康影响	分析方法	处理方法	是否同现
微囊藻毒素、鱼腥藻毒、束丝藻毒素	对神经、呼吸系统、肝脏系统造成损伤	HPLC	AC、硫酸铜、LS	根据藻毒素产生的条件，在同种不利的条件下可同现

5.2.2 毒理学指标

1. 挥发性致癌有机物

挥发性有机物，按照世界卫生组织的定义是在常温下以蒸气形式存在于空气中的一类有机物，挥发性有机物的沸点是 50~250℃，室温下的饱和蒸气压超过133.32Pa（USEPA，2010）。挥发性致癌有机物普遍来源于工业污水，以苯系物、有机氯化物、氟利昂系列、有机酮、胺、醇、醚、酯、酸和石油烃化合物等形式存在。挥发性致癌有机物类中新《标准》中规定的污染物是苯、四氯化碳、1,2-二氯乙烷、四氯乙烯、三氯乙烯、氯乙烯、苯胺和二氯甲烷，优先控制污染物是1,2-二氯丙烷、1,3-丁二烯、氯化苄、1,1-二氯乙烷、硝基苯、甲基环氧乙烷、1,2,3-三氯丙烷和尿烷。挥发性致癌有机物可危害人体的肝脏、肾脏、大脑，且均对人体有致癌作用，挥发性致癌有机物类组群采用气相色谱法或顶空气相色谱法进行检测，采用颗粒活性炭吸附方法、曝气方法或空气吹托技术去除（USEPA，2010），具体的组群结果如表 5.6 所示。

表 5.6　挥发性致癌有机物组群表

污染物名称	健康影响	分析方法	处理方法	来源	能否同现
苯、四氯化碳、1,2-二氯乙烷、四氯乙烯、三氯乙烯、氯乙烯、苯胺、二氯甲烷、1,2-二氯丙烷、1,3-丁二烯、氯化苄、1,1-二氯乙烷、硝基苯、甲基环氧乙烷、1,2,3-三氯丙烷、尿烷	致癌；肝脏损伤问题，贫血或其他血液问题	GC	GAC/AOX/PTC	普遍来源于工业污水	这16种挥发性致癌有机物，根据最近对各河流及排污口的监测，数据显示这些污染物有一定的出现频率，而且能够同现

2. 消毒副产物类

1）亚硝胺类

亚硝胺类组群包括*N*-亚硝基二乙胺、*N*-亚硝基二丙胺，此类化合物均是氯胺在消毒过程中受原水水质、工艺条件影响产生的消毒副产物，可以在水中同时出现（张强等，2011）。因为采用氯胺消毒具有降低自来水中有机卤化物浓度及长时间维持管网系统中剩余消毒剂的优点，因此成为替代传统液氯消毒工艺的方法之一，这也是导致亚硝胺类消毒副产物的含量增加的原因。*N*-亚硝基二乙胺和*N*-亚硝基二丙胺均未在新《标准》中规定，它们具有高致癌风险，可对人体产生刺激作用，并对肝脏造成损害，可通过气相色谱质谱方法进行检测，通过聚合氯化铝/超滤（PA/UF）组合工艺去除。组群特征如表 5.7 所示。

表 5.7　亚硝胺类污染物组群特征

污染物	健康影响	分析方法	处理方法	是否同现
N-亚硝基二乙胺	对肝肾造成损害	GC/MS	PA/UF	饮用水中氯胺消毒副产物，在水中能同现
N-亚硝基二丙胺		GC、GC/MS		

2）卤乙酸类

卤乙酸类组群包括一氯乙酸、二氯乙酸、三氯乙酸、一溴乙酸、溴氯乙酸、一溴二氯乙酸、二溴乙酸、二溴一氯乙酸、三溴乙酸。其中新《标准》规定的污染物是一氯乙酸、二氯乙酸、三氯乙酸，优先控制污染物是一溴乙酸、溴氯乙酸、一溴二氯乙酸、二溴乙酸、二溴一氯乙酸、三溴乙酸。卤乙酸类污染物具有致癌性、诱变性以及损害生殖、发育和肝脏功能，可以通过气相色谱法进行检测，通过臭氧活性炭技术去除（刘文君，2004；王海鸥等，2010；张德明等，2006）。卤乙酸类污染物是饮用水在氯消毒过程中，游离氯与醛、酮类物质发生反应产生的消毒副产物，因此在水中能够同现。组群特征如表 5.8 所示。

表 5.8　卤乙酸类污染物组群特征

污染物	健康影响	分析监测方法	处理方法技术	来源	是否已规定	能否同现
一氯乙酸、二氯乙酸、三氯乙酸、一溴乙酸、溴氯乙酸、一溴二氯乙酸、二溴乙酸、二溴一氯乙酸、三溴乙酸	对神经系统和肝脏有影响	GC	OT-GAC	氯消毒副产物	是 不是	这九种物质都是氯消毒副产物，有一定的出现频率，而且能够同现

3. 农药类

1）酰胺类除草剂

酰胺类除草剂包括甲草胺、异丙甲草胺、乙草胺、丙草胺、丁草胺、敌稗、杀草丹和六六六，其中六六六是新《标准》中规定的污染物，其他污染物均属于优先控制污染物。酰胺类除草剂对多种禾本科双子叶植物具有较强的杀毒作用，主要用于去除农田中禾本科杂草及阔叶杂草。由于该类除草剂适用性广、效果突出、价格低廉和施用方便等优点，近年来应用广泛，同时酰胺类除草剂具有较高的水溶性和较低的土壤吸附常数，所以施到农田的酰胺类除草剂容易通过渗透转移到浅层地下水，或随农田排水、雨水径流进入地表水，破坏生态环境和危害人类健康（金银龙，2007）。通过大鼠体内实验，研究表明酰胺类除草剂通过一系列酶反应会生成具有致癌作用的二烷基醌亚胺，损伤肝脏，可通过悬浮固化液相微萃取与气相色谱联用进行检测，采用活性炭吸附技术去除，这类酰胺类除草剂的组群结果如表 5.9 所示。

表 5.9　酰胺类除草剂污染物组群特征

污染物	健康影响	分析方法	处理方法	是否同现
甲草胺、丙甲草胺、乙草胺、丙草胺、丁草胺、敌稗、杀草丹、六六六	致癌物，对肝脏造成损伤	SCLPM-GC	GAC	该类药剂具有杀草谱广、效果突出、价格低廉的特点，近年来在我国普遍应用，有可能在水中同现

2）三嗪类

三嗪类除草剂包括西玛津、阿特拉津、扑灭通、扑灭津、去草津和莠去津，其中新《标准》中规定的污染物是莠去津，优先控制污染物是西玛津、阿特拉津、扑灭通、扑灭津、去草津。三嗪类除草剂使用量在各大类除草剂中排位第五，仅次于氨基酸类（草甘膦等）、磺酰脲类、酰胺类、芳氧苯氧丙酸类除草剂。三嗪类除草剂用量较大、残留较长，可导致人体垂体功能紊乱，具有致癌致畸特性；采用高效液相色谱法在波长为 224nm 时进行检测，采用颗粒活性炭吸附技术去除（杨文武等，2010），组群特征如表 5.10 所示。

表 5.10　三嗪类除草剂污染物组群特征

污染物	健康影响	分析方法	处理方法	是否同现
西玛津、阿特拉津、扑灭通、莠去津、扑灭津、去草津	人体垂体功能紊乱，可致癌致畸	HPLC（波长为 224nm）	GAC	均属于三嗪类除草剂，在世界范围内广泛使用，资料调查显示在水中能同现

3）有机磷酸酯类杀虫剂

有机磷酸酯类杀虫剂包括敌百虫、乐果、敌敌畏、二嗪农、甲拌磷、呋喃丹、毒死蜱，其中新《标准》规定的污染物包括乐果、呋喃丹、毒死蜱、敌敌畏，优先控制污染物包括敌百虫、二嗪农、甲拌磷。有机磷酸酯类杀虫剂杀虫效力高，对人畜的毒性大，可通过皮肤、呼吸道引起中毒，对人的生育、发育、行为能够产生影响，特别对小孩肾脏、胎儿的肌肉、骨骼系统及中枢神经系统危害极大，干扰人体内分泌功能的化学物质，可通过气相色谱质谱联用仪进行检测，采用反渗透或颗粒活性炭吸附技术进行去除（仝建波和张生万，2007），有机磷酸酯类污染物组群结果如表 5.11 所示。

表 5.11　有机磷酸酯类污染物组群特征

污染物	健康影响	分析方法	处理方法	是否同现
敌百虫、乐果、敌敌畏、毒死蜱、二嗪农、甲拌磷、呋喃丹	对人的生育、发育、行为，特别对小孩肾脏、胎儿的肌肉、骨骼系统及中枢神经系统危害极大，干扰人体内分泌功能的化学物质	GC/MS	RO GAC	一类广泛用于农业生产的杀虫剂，水源的检测显示此类杀虫剂可能同时出现在水中

4）氨基甲酸酯类杀虫剂

氨基甲酸酯类杀虫剂包括异丙威、仲丁威、残杀威、抗蚜威、速灭威、西维因，均属于优先控制污染物。氨基甲酸酯类农药中毒，是指短时间密切接触氨基甲酸酯杀虫剂后，因体内胆碱酯酶活性下降而引起的以毒蕈碱样、烟碱样和中枢神经系统症状为主的全身性疾病，影响婴儿的发育，对人体具有致癌致畸作用，造成人体的生殖系统、神经系统损伤，氨基甲酸酯类杀虫剂采用气相色谱法进行检测，可采用氯化、臭氧氧化、颗粒活性炭吸附技术去除（贾薇等，2003），组群特征如表 5.12 所示。

表 5.12　氨基甲酸酯类污染物的组群特征

污染物	健康影响	分析方法	处理方法	是否同现
异丙威、仲丁威、残杀威、抗蚜威、速灭威、西维因	影响婴儿的发育，对人体具有致癌致畸作用，造成人体的生殖系统、神经系统损伤	GC	CL、OT、GAC	同为氨基甲酸酯类杀虫剂，资料调查显示在水中能同现

4. 全氟碳化合物类

全氟碳化合物类（PFCs）包括全氟辛基磺酸盐、全氟辛酸及其盐、*N*-乙基全氟辛基磺基乙醇胺和聚全氟辛基乙醇，均为优先控制污染物。全氟碳化合物类具有特殊的疏水和疏油特性，因此在人类的血液、肝脏和肾脏等器官积累，对人体具有危害性和潜在的致癌性（吴克安和张恒，2008；宋学章，2007）。全氟碳化合物（PFCs）可采用 HPLC（高效液相色谱）、HPLC/FLD（荧光检测器）、GC/ECD（电子捕获检测器）进行检测，组群结果如表 5.13 所示。

表 5.13　全氟碳化合物类污染物的组群特征

污染物	健康影响	检测方法	处理技术	能否同现
全氟辛基磺酸盐、全氟辛酸及其盐、*N*-乙基全氟辛基磺基乙醇胺、聚全氟辛基乙醇	在血液、肝脏和肾脏等器官积累，从而对其造成影响	HPLC，ECD	采用超临界聚合方法对聚合工艺的改进，或者合成分子主链中含氧原子的氟表面活性剂	能够同现

5. 多氯联苯类

多氯联苯类污染物有 209 个异构体，我国习惯按联苯上被氯取代的个数（不论其取代位置）将多联氯苯（PCB）分为三氯联苯（PCB3）、四氯联苯（PCB4）、五氯联苯（PCB5）、六氯联苯（PCB6）等，其中 PCB 15、PCB 28、PCB 52、PCB 101、PCB118、PCB 153、PCB 138、PCB 180 均属于优先控制污染物。多氯联苯类污染物主要用于电力电容器的浸渍剂和油漆添加剂，具有难降解性和良好的化学惰性，能长期存在于环境中，可通过大气沉降和土壤流失进入水体环境中。多氯联苯类污染物均是致癌物质，容易累积在脂肪组织中，造成脑部、皮肤及内脏的疾病，并影响神经、生殖及免疫系统，可同时利用气相色谱/电子捕获器（GC-ECD）检测，并且均可采用颗粒活性炭吸附技术去除（林玲，1996），组群结果如表 5.14 所示。

表 5.14　多氯联苯类污染物的组群结果

污染物	健康影响	检测方法	处理技术	能否同现
PCB 15、PCB 28、PCB 52、PCB 101、PCB 118、PCB 153、PCB 138、PCB 180	致癌，影响神经、生殖及免疫系统	GC/ECD	GAC	能够同现

6. 邻苯二甲酸酯及己二酸酯类

邻苯二甲酸酯及己二酸酯类包括邻苯二甲酸丁酯、二正辛基邻苯二甲酸酯、己二酸双酯、邻苯二甲酸二乙酯、邻苯二甲酸双酯、邻苯二甲酸二甲酯、二正丁基邻苯二甲酸酯，均属于优先控制污染物。邻苯二甲酸酯及己二酸酯类污染物对人的生育、发育、行为造成严重影响，特别对小孩肾脏、胎儿的肌肉、骨骼系统及中枢神经系统危害极大，干扰人体内分泌系统，通过气相色谱-质谱分析方法检测（田芹等，2008），采用颗粒活性炭吸附技术去除，组群结果如表 5.15 所示。

表 5.15　邻苯二甲酸酯及己二酸酯类污染物的组群特征

污染物	健康影响	检测方法	处理技术	能否同现
邻苯二甲酸二丁酯、二正辛基邻苯二甲酸酯、己二酸双酯、邻苯二甲酸二乙酯、邻苯二甲酸双酯、邻苯二甲酸二甲酯、二正丁基邻苯二甲酸酯	影响生育系统、内分泌系统和中枢神经系统	GC-MS	GAC	能够同现

5.3　污染物组群综合浓度限值的确定

污染物浓度限值是保障水质安全的浓度界限，即饮用水中含有污染物的最大安全浓度，居民饮用超过浓度限值的饮用水，会感到身体不适，甚至死亡。若污染物浓度限值过于严格时，需要投入巨额资金改进净水工艺，引进仪器设备；若污染物浓度限值不严格，不易保证水质安全，危害人体健康，所以合理的污染物浓度限值是保障饮用水安全且经济有效的重要指标。

传统的指标限值确定方法是对每个污染物均设定限值，但当某组群中污染物同时出现在水中时，协同作用和拮抗作用使污染物毒性增加，依据单个污染物的浓度限值已经不能全面反映和有效保障饮用水的水质安全性。污染物组群综合浓度限值是同类型污染物同时出现时的最大浓度限值。污染物组群综合浓度限值考虑污染物之间的健康影响、检测方法和处理技术的可行性，通过一定的计算方法定义该群体的综合最大浓度限值，来限定同组污染物同现时的浓度，组群污染物综合浓度限值的确定将对新《标准》中的指标限值起到更加科学的完善作用。

确定污染物组群综合浓度限值的方法有标准法、危险分析法、致癌分析法和相关强度系数法，标准法是针对新《标准》中规定的污染物进行浓度限值的确定方法，危险分析法针对非致癌污染物进行浓度限值的确定，致癌分析法针对致癌污染物进行浓度限值的确定，相关强度系数法针对化学性质和物理结构具有相似性，通过同一种作用方式对人体引起相似的影响的污染物进行浓度限值的确定，组群中污染物必须符合这项前提条件，因此采用相关强度系数法计算污染物组群的综合浓度限值，相关强度系数法计算综合浓度限值的具体步骤如下。

（1）确定组群中基准污染物 X。分析对比组群中各污染物的安全浓度 TB（toxic benchmark），将安全浓度最小的污染物确定为基准污染物，定义基准污染物的安全浓度为 TB^*，组群中其他污染物的安全浓度为 TB_i。安全浓度是通过毒理学实验，使全体数量 50%的实验个体（如小白鼠）致死的有毒污染物的剂量，一般用导致每公斤实验个体致死时所使用的毒物毫克数表示，单位是 mg/kg。

（2）计算组群中各污染物的相关强度系数 RPF_i（relative potency factor）。相关强度系数是指组群中基准污染物安全浓度与其他污染物安全浓度的比值，通过公式 $RPF_i=\dfrac{TB^*}{TB_i}$ 计算各污染物的相关强度系数。

（3）确定组群中各污染物的标准浓度限值 $C_{标准\,i}$：新《标准》中规定的污染物浓度限值 $C_{标准\,i}$ 按照《标准》要求确定，《标准》中未规定的污染物浓度限值根据组群中各污染物安全浓度进行确定，通过公式 $C_{标准(未规定)}=\dfrac{TB_{(未规定)}}{TB_{(规定)}}\times C_{标准(规定)}$ 计算。

（4）计算组群中各污染物的校准浓度 $C_{校准\,i}$：通过公式 $C_{校准\,i}=RPF_i\times C_{标准\,i}$ 计算组群中各污染物的校准浓度 $C_{校准\,i}$。

（5）确定组群综合浓度限值 $C_{综合}$：通过公式 $C_{综合}=\sum C_{校准\,i}$ 确定组群的综合浓度限值。

根据污染物组群综合浓度限值的确定方法，以有机磷酸酯类污染物（表 5.11）为例，计算该组群综合浓度限值，通过对比分析有机磷酸酯类组群中各污染物的安全浓度 TB，敌敌畏、敌百虫、乐果、毒死蜱、二嗪农、甲拌磷和呋喃丹的安全浓度分别为 70 mg/kg、600 mg/kg、350 mg/kg、163 mg/kg、150 mg/kg、503.7 mg/kg 和 505.3 mg/kg。确定安全浓度最小的污染物敌敌畏作为该组群的基准污染物，设定基准污染物敌敌畏的相关强度系数为 1，利用公式 $RPF_i=TB^*/TB_i$ 计算组群中各污染物相关强度系数，依次为 0.12、0.20、0.43、0.47、0.14 和 0.14，新《标准》中未规定的污染物浓度限值根据组群中各污染物安全浓度进行确定，通过公式 $C_{标准（未规定）}=C_{标准（规定）}\times TB_{未规定}/TB_{规定}$ 计算，通过公式 $C_{校准\,i}=RPF_i\times C_{标准\,i}$ 计算组群中各污染物的校准浓度 $C_{校准\,i}$；根据公式 $C_{综合}=\sum C_{校准\,i}$ 最终确定有机磷酸酯类组群综合浓度限值为 0.045 mg/L，如表 5.16 所示。

表 5.16　有机磷酸酯类污染物的组群综合浓度限值计算结果

有机磷酸酯类	安全浓度 TB/（mg/kg）	相关强度系数 RPF	标准浓度 $C_{标准}$ /（mg/L）	校准浓度 $C_{校准}$ /（mg/L）
A*敌敌畏（基准污染物）	TB^*=70	RPF^*=1	0.001	0.001
B 敌百虫	600	0.12	0.009	0.001
C 乐　果	350	0.20	0.080	0.016
D 毒死蜱	163	0.43	0.030	0.013

续表

有机磷酸酯类	安全浓度 TB/（mg/kg）	相关强度系数 RPF	标准浓度 $C_{标准}$ /（mg/L）	校准浓度 $C_{校准}$ /（mg/L）
E 二嗪农	150	0.47	0.027	0.012
F 甲拌磷	503.7	0.14	0.007	0.001
G 呋喃丹	505.3	0.14	0.007	0.001
			$\sum C_{标准}$=0.161mg/L	$\sum C_{校准}$=0.045mg/L

*为基准污染物，TB*为基准污染物安全浓度。

由表 5.16 可知，有机磷酸酯类组群综合浓度限值为 0.045 mg/L，该值小于 $\sum C_{标准}$=0.161mg/L，采用组群综合浓度限值评价饮用水安全性，可规避由于污染物共存而产生的毒性效应，标准限值的确定更加科学可靠。

在实际检测中，通过组群技术将饮用水中污染物进行归类，由于组群内污染物采用相同检测方法，能被一次性检出，可有效节省检测时间和检测费用，同时根据组群综合浓度限值标准来评价组群内各污染物浓度是否超标，避免污染物毒性叠加造成的健康危害，提高饮用水水源污染应急和处理的效率。

参 考 文 献

常青云, 周欣, 高书涛, 等. 2012. 悬浮固化液相微萃取–气相色谱联用测定水样中的酰胺类除草剂残留. 分析化学, 40(4): 523~528

戴瑾瑾, 陈德辉, 高云芳, 等. 2009. 蓝藻毒素的研究概况. 武汉植物学研究, 27(1): 90~97

丁品. 2008-03-06. 两会提案: 建立第三方的水质检测体系. 中国环境报

高小辉, 杨峰峰, 何圣兵, 等. 2012. 水质的生物毒性检测方法. 净水技术, 31(4): 49~54

郜玉楠, 张平平, 傅金祥, 等. 2012. 我国饮用水水质标准指标甄选建议. 给水排水, 38(10): 32~35

贾薇, 王磊石, 赵雷, 等. 2003. 气相色谱–质谱法同时测定七种氨基甲酸酯类杀虫剂. 中国卫生检验杂志, 13(2): 205~206

金银龙. 2007. 《生活饮用水卫生标准》(GB5749—2006) 释义. 北京: 中国标准出版社

林玲. 1996. 新型固相萃取小柱用于三嗪类除草剂及代谢物的样品预处理. 环境化学, 15(6): 564~565

刘文君. 2004. 饮用水中消毒副产物卤乙酸(HAAs)测定方法研究. 给水排水, 30(8): 38~41

申屠杭. 2008. 关于卫生监督机构执行新生活饮用水卫生标准的几点看法. 环境与健康杂志, 25(8): 739~740

宋学章. 2007. 全氟辛酸回收技术的研究. 有机氟工业, 36(3): 8~9

田芹, 饶竹, 江林, 等. 2008. 水体中邻苯二甲酸酯和己二酸酯的气相色谱法–质谱分析方法. 分析检测学报, 27(S1): 106~108

仝建波, 张生万. 2007. 有机磷酸酯类化合物气相色谱定量结构保留关系研究. 分子科学学报,

23(4): 271~275
王海鸥, 陈宗林, 刘宇红. 2010. 饮用水中致癌物质卤乙酸测定解析. 中国现代医药杂志, 12(9): 62~64
王丽, 郝舒欣, 张振伟, 等. 2012. 全国疾病预防控制机构水质检测能力调查. 环境与健康杂志, 29(4): 371~373
吴克安, 张恒. 2008. “C8”类全氟碳化合物——何去何从. 有机氟工业, 37(3): 21~26
杨文武, 马永刚, 张宗祥, 等. 2010. 高效液相色谱法测定水中 7 种三嗪类除草剂. 环境监测管理与技术, 22(6): 55~57
俞顺章, 赵宁, 资晓林, 等. 2001. 饮用水微囊藻毒素与我国原发性肝癌关系的研究. 中华肿瘤杂志, 23(2): 96~99
张德明, 徐荣, 卢益新, 等. 2006. 气相色谱法同时检测水中九种卤乙酸和两种除草剂. 净水技术, 25(2): 62~65
张强, 刘燕, 张云. 2011. 饮用水含氮消毒副产物 *N*-亚硝基二甲胺前体物研究进展. 化学通报, 74(9): 817~820
张燕婉, 汪劭婷. 2007. 液相色谱技术在定量分析中的应用. 实验技术与管理, 24(10): 25~28
USEPA. 2010. Basic questions and answers for the drinking water strategy contaminant groups effort. http://www.water.epa.gov/dwstandardsregulations [2010-7-28]
USEPA. 2010. Drinking water strategy: A new framework for addressing contaminants as groups. http://www.webdialogues.net[2010-7-7]
USEPA. 2010. Paradigm for addressing drinking water contaminants as groups to enhance public health protection. http://www.water epa.gov/dwstandards.regulations[2010-9-10]

第 6 章　我国饮用水水质检测体系分析

水质检测是利用相关仪器和技术确定待测水体中污染物的成分、浓度及其变化趋势，是综合评价水质状况的手段，水质检测对于保障供水安全具有重要意义。为配套实施《生活饮用水卫生标准》（GB5749—2006），环保部特颁布了相应的检测制度，要求各检测单位应具备 106 项指标的检测能力。本章阐述加强检测能力建设的重要性，对比分析国内外饮用水污染物检测方法，指出我国饮用水水质检测体系存在的若干问题，并以完善我国饮用水水质检测体系为目的提出相应的改进建议。

6.1　加强饮用水检测能力建设的重要性

6.1.1　加强饮用水检测能力建设有利于保障供水安全性

水质检测能力体现在从取水、净水到供水管网的每一个环节对污染物种类及含量的确定，直接关系到最优水处理技术的选择和供水水质的安全，因此水质检测能力是能否为用户提供合格饮用水的衡量手段（李新玲和陈丹，2011）。

（1）水源水质检测的重要性。水源水质是影响供水安全的源头，掌握水源中的污染物种类和浓度，有利于水厂处理工艺的选择，在水厂生产过程中，需要密切监测水源水质的变化情况，及时、准确掌握水源的水质特征，方便后续处理工艺的及时调整和平稳运行，因此水源水质检测对保障饮用水水质安全具有重要意义。

（2）水厂水质检测的重要性。水厂净水过程是保证出厂水水质安全的关键，出厂水质检测是衡量出厂水水质安全的衡量标准。通过对出厂水中的常规污染物、有机物、重金属、余氯、微生物等指标进行检测分析，确保水质合格，为居民提供合格饮用水。例如，对余氯的测定以保证后续管网中的微生物不超标，因此水厂水质检测对保障饮用水水质安全具有重要意义。

（3）配水管网水质检测的重要性。生活饮用水出厂后要通过无数的供水管道输送到用户，因此出厂水水质检测达标并不能保证用户饮用水水质安全，如辽宁省沈阳市沈北新区黄家净水厂，从出厂水到用户龙头水，管线长、管网材质复杂，存在造成水质二次污染的可能，此外二次加压泵站、中间水箱等因素，以及老旧城区管网老化严重，管网出现漏点等问题也可能造成水质污染。生活饮用水出厂后由供水管网输送的过程是不可逆的，管网水质的好坏直接关系到人类的身体健康和生命安全，所以配水管网水质检测对保障饮用水水质安全具有重要意义。

6.1.2 加强饮用水检测能力建设有利于生活饮用水卫生标准的有效实施

现行的《生活饮用水卫生标准》（GB 5749—2006）对污染物的种类和浓度的检测提出了更高的要求，加强检测能力的建设，研发或引进先进的检测技术和检测仪器，提高检测效率和精度，为生活饮用水卫生标准的有效实施提供技术支撑。

6.1.3 加强饮用水检测能力建设有利于及时处理突发污染事件

水质突发污染事件不确定因素多、可预测性小、影响大，易造成巨大经济损失，而且对人体健康、环境质量危害性大。加强检测能力的建设，如制订应急检测预案、建立应急移动实验室、引进便携式及多用式先进检测仪器、规范检测中心的应急预警制度，使突发污染事件在最短时间内得到有效解决。因此，快速准确的检测能力，有利于在突发污染过程中及时采取有效的处理方法，将突发污染事件的损失降到最低。

6.1.4 加强饮用水检测能力建设有利于节约成本

检测中心建设及维护的费用主要有仪器购置费、仪器维修管理费、人工费、试剂药品费等。随着经济发展物价上涨，各项费用会逐年上涨，若全国各省（自治区、直辖市）的检测中心均可独立完成 106 项指标检测，将耗费大量人力物力财力以满足正常建设和运行的需要，因此优化饮用水检测中心硬件配置和管理制度，可有效降低检测成本并提高检测效率；通过引进先进的检测仪器和科学的检测方法，短时间同时检测多种污染物，节省药剂费用；或通过污染物组群方式减少检测工作量，节约检测成本。

综上所述，加强饮用水检测能力建设有利于规范我国水质检测体系的发展，对饮用水水质安全保障具有重要意义。

6.2 国内外饮用水水质检测方法

6.2.1 国外饮用水水质检测方法发展现状

国外发达国家对水质检测的发展着重于稳定性、精确性、快速性和自动性，参考世界先进水质标准检测方法，如《美国水和废水标准检验方法》、美国 USEPA 水质检验方法和日本水质检验方法等。下面为总结了国外针对水质标准中不同污染物指标类型采取的检测方法。

1. 浊度

浊度是衡量饮用水水质良好程度的重要指标之一，降低浊度可以明显降低水中的微生物含量，减少相关无机和有机有毒物质，还可以显著改善感官性状。各国的水质标准中对浊度这一指标的限值要求越来越严格，如日本东京明确要求进入配水系统的入口处浊度<0.1NTU，其他国家生活饮用水的浊度限值一般都低于0.3NTU。国外发达国家通过采用颗粒计数仪测定饮用水的浊度，其原理是：每一个颗粒通过激光光束时，均引起一个电压脉冲信号，其数量和强度代表了颗粒的数量和直径大小，颗粒数目和直径大小由不同的测量频道获得，它可以定量检测颗粒物的数目和大小，颗粒计数仪的灵敏度为1μm，测定时间为20秒，具有更精确、更稳定和更快速的优点。

2. 致嗅物

饮用水中的异臭、异味是由原水、水处理或输水过程中微生物污染和化学污染引起的，表明水中可能含有某些致病污染物，不宜饮用。随着色谱-质谱（GC-MS）技术的发展，现已能够检测出水中10余种产生臭味的物质，主要有2-甲基异冰片（2-MIB）、反-1,10-二甲基-反-9-萘烷醇［或称为土味素（GSM）］、2-乙丁基-3-甲氧基吡嗪（IBMP）、2-乙丙基-3 甲氧基吡嗪（IPMJP）、2,4,6-三氯苯甲醚（TCA）和三甲基胺等。闭环捕集（CLSA）是美国检测致嗅物的常用方法，常与气相色谱-质谱（GC-MS）联用，可以检测质量浓度低于1ng/L的微量物质。

3. 有机化合物

有机物是饮用水水质检测的重点和难点，目前，有机化合物的分析检测主要采用气相色谱和液相色谱。国外在有机物检测技术方面主要围绕色谱技术进行改进，主要包括以下三方面：

（1）样品预处理技术。传统的预处理技术存在水样体积受限、浓缩倍数不够、步骤繁琐、灵敏度和准确度比较低等缺点。采取固相微萃取（SPME）预处理方法可以弥补传统方法的不足，具有高效、简便、快速、安全、重复性好、便于自动化等优点。SPME技术采用的固定相为一支覆盖着一层高聚物固定相（聚甲基硅氧烷或聚丙烯酸酯）的熔融石英纤维，该纤维被置于一个微量注射器的针腔内，使用时将针筒推出，则纤维降低，放入样品液中一定时间，在转子搅拌下，分析物被吸附，然后将纤维退回进样针内，当进样针插入GC进样口时，样品发生热解解吸，从而进入分析柱中。

（2）新型色谱仪器。采用全二维气相色谱仪检测有机物，具有高峰容量、高分辨率的优点。原来多个方法联合检测才能完成的任务，全二维气相色谱独立就可以完成。原理是将分离机理不同而又互相独立的两支色谱柱以串联方式结合形成二维色谱，得到信号强度为纵坐标的三维色谱图或者二维轮廓图。

（3）色谱联用仪器。各种接口技术和调制技术的开发促进色谱联用仪器技术的快速发展，除了目前已经得到广泛应用的气相色谱-质谱联用技术（GC-MS）和高效液相色谱-质谱联用技术（HPLC-MS）之外，还有以下几种主要联用技术，如气相色谱质谱-质谱联用技术（GC-MS-MS），串联质谱能够大幅度提高检测的灵敏度，减少干扰；液相色谱-质谱/质谱（LC-MS/MS）联用新技术，通过 MSJ 和 MSZ 对目标化合物进行碎片扫描，能够对复杂样品进行实时分析，具有极高的灵敏度，特别适合进行痕量分析，可以鉴别和鉴定各种类型的农药以及生物毒素等饮用水中有毒有害残留物。气相色谱电感耦合等离子质谱（GC-ICP-MS）或者高效液相色谱电感耦合等离子质谱（HPLC-ICP-MS）联用技术结合了 GC 或者 HPLC 高效分离功能和 LCP 或 MS 的低检测限、宽动态线性范围及能跟踪多元素同位素信号等优点，在元素形态分析方面很有前景。

4. 无机物

采用电感耦合等离子体质谱联用技术（ICP-MS）检测无机物，原理是利用电感耦合等离子体技术作为离子源，以质谱技术作为检测手段，具有灵敏度高、分辨率高、检出限低、分析范围宽、分析速度快、检测结果准确等优点。采用电感耦合等离子体质谱技术检测水中微量元素时，能够短时间内完成众多待测元素的测定，检测结果重现性好，不需要复杂的分离、富集过程，从而简化检测流程，加快检测速度，降低了检测成本。例如，水样中含有铝、钒、铬、锰、钴、镍、铜、锌、铭、铝、银、镉、钡、铅等元素，都能够一次性检出，而且检测限值可以达到＜0.07mg/L。

5. 微生物

检测微生物典型的传统细菌计数方法采用平板计数法和最大或然数计数法（MPN 法）等，这些方法普遍存在两个不足之处：一是培养时间长，通常在 24 小时以上甚至一周左右；二是培养条件对结果影响大，培养基的营养成分、培养温度、培养时间等对检测结果都有很大的影响。

采用分子探针技术检测微生物能够弥补传统检测法的不足，分子探针是一种已知特异性的分子，在与靶分子结合以后，它带有的标记物可供反应后检测，从而反映出靶分子或其所在结构单元的种信息。较之传统细菌计数法，分子探针具有不可比拟的优越性，主要体现在以下几点：

（1）快速，如用吖啶橙对细菌染色时，大约只需要 30 分钟的培养时间。

（2）适用对象广泛，分子探针的靶物通常是细胞内普遍存在的生物大分子，不因细菌的种类不同而存在或缺乏，这种普适性也使得计数的结果更为准确。

（3）可与光电技术等结合，使操作更为方便灵活。

6.2.2　我国饮用水水质标准检验方法发展过程

20 世纪 70 年代初，根据国环办字第 1 号和卫生部第 261 号文件关于统一检验方法的要求，经卫生部批准，中国医学科学院环境卫生监测站组织召开了第一次水质卫生标准分析方法协作组（以下简称“协作组”）会议，提出统一监测检验方法的要求，并对工作进行了具体落实（由阳等，2011）。

1.《生活饮用水水质检验方法》（第一版）

《生活饮用水水质检验方法》（第一版）是 针对 TJ 20—76《生活饮用水卫生标准》实施的配套检验方法，于 1975 年发布，包括正文 25 项[色度、浊度、臭和味、肉眼可见物、pH、总硬度、铁、锰、铜、锌、挥发性酚、阴离子洗涤剂、硝酸盐氮、氟化物、氰化物、砷、硒、汞、镉、铬（六价）、铅、细菌总数、总大肠菌群、余氯、放射性]和附篇 6 项（氨氮、亚硝酸盐氮、耗氧量、氯化物、硫酸盐、碘化物），共计 31 项，均采用常规的检测方法，如比色法、滴定法以及称量法等，这些检测方法精确度低、耗时长、易受外界环境影响，标准中缺乏先进的检测方法。

2.《生活饮用水水质检验法》（第二版）

在第一版的基础上，1977 年由协作组牵头组织对其进行修订，并发布了第二版，包括正文 23 项、附篇 8 项，具体修订如下：

（1）删除部分检测方法，对个别指标进行调整。删去色度中铬、钴标准比色法；删去氰化物的吡啶联苯胺比色法；删去放射性指标；将硝酸盐氮调整至附篇。

（2）增加先进检测方法。增加铁、锰、铜、锌、铅、镉的原子吸收法；增加硒的荧光分光光度法；增加氟化物的电极法等。

（3）增加水质检验结果的表示方法及数据处理分析质量控制等内容。

3.《生活饮用水标准检验法》（GB5750－85）

1985 年，在 TJ 20—76 基础上发布了《生活饮用水卫生标准》（GB 5749—85），与之相配套的《生活饮用水标准检验法》（GB 5750—85）同时发布，包括正文 39 项、附录 6 项，共计 45 项，具体修订如下：

（1）扩充检验指标：增加氯化物、硫酸盐、溶解性总固体、银、总 α 和总 β 放射性、氯仿、四氯化碳、苯并[*a*]芘、滴滴涕和六六六，共计 12 项。

（2）增加先进方法：增加浊度的福尔马肼分光光度法；增加铜的双乙醛草酰二腙分光光度法；增加氰化物的异烟酸-巴比妥酸分光光度法等。

4.《生活饮用水检验规范》（2001）

2001 年经过试验研究、验证，在广泛征求意见的基础上，协作组编制的《生活饮用水检验规范》（以下简称《检验规范》）由卫生部发布（卫法监发[2001]161 号），《检验规范》中包括正文（常规检验项目）37 项，非常规检验项目和水源水有害物质检验项目 90 项，其他项目 11 项，共计 138 项。与 GB 5750—85 相比较，《检验规范》进行了较大改动，具体修订如下：

（1）扩充检验指标。增加了铝、粪大肠菌群及《生活饮用水水质卫生规范》中的非常规检验项目和水源水中的有害物质等指标的检验方法。

（2）修订原有方法。对于不完善的检验方法，用新方法取而代之。例如，浊度测定统一采用福尔马肼为标准，用散射浊度仪测定；硝酸盐氮测定用麝香草酚法替代二磺酸酚法等。

（3）增加先进方法。主要仪器检测方法增加了测定金属元素的无火焰原子吸收法；增加了氟化物等阴离子的离子色谱法；增加了硒、汞、砷的原子荧光分光光度法等。

5. 现行的《生活饮用水标准检验方法》（GB/T5750－2006）

2006 年 12 月 29 日卫生部和国家标准化管理委员会联合发布《生活饮用水标准检验方法》（GB/T5750—2006），于 2007 年 7 月 1 日实施。GB5750—2006 是在 GB 5750—85 和《检验规范》的基础上参考世界先进水质标准分析方法修订而成的，其内容包括 13 个部分，分别为总则、水样的采集和保存、水质分析、质量控制、感官性状和物理指标、无机非金属指标、有机物综合指标（资料性附录）、农药指标、消毒副产物指标、消毒剂指标、微生物指标、放射性指标，编号依次为 GB/T5750.1~GB/T5750.13。检验指标增至 142 项，涵盖 300 个水质检验方法。

（1）扩充检验指标。增加了蓝氏贾第鞭毛虫、隐孢子虫、大肠埃希氏菌、溴酸盐、臭氧、呋喃丹、敌敌畏、草甘膦、莠去津和毒死稗指标及相应的检测方法。

（2）增加先进方法。锡和锑检测增加了原子荧光法，氟化物检测增加了双波长分光光度法，铍检测增加了无火焰原子吸收法，2,4,6-三氯酚和五氯酚检测增加了顶空固相微萃取气相色谱法，亚氯酸盐和氯酸盐检测增加了离子色谱法，二氯乙酸和三氯乙酸检测增加了液液萃取衍生气相色谱法，甲萘威检测增加了气相色谱法，挥发性有机化合物与半挥发性有机化合物检测增加了气相色谱-质谱法。

（3）删减原有方法。删除使用毒性试剂且操作繁琐落后的检验方法，如测定氰化物的吡啶-巴比士酸分光光度法。

6.3 我国饮用水水质检测体系存在问题分析

水质检测体系的完善逐渐受到国家的重视，针对我国目前检测体系存在的问题，如检测中心分布不均匀、检测技术落后、检测项目不明确、检测仪器配置不均衡、检测人员技术水平有限，以及缺乏相应的检测监督管理制度、信息管理及公开制度、检测应急制度和检测中心环境与安全等问题进行了分析。

6.3.1 饮用水水质检测中心分布不均匀

我国具有权威性的水质检测中心一般设置在省会城市、直辖市和经济特区，这些检测中心设备齐全，水质检测能力较强。据资料表明，北京、上海和广州等发达城市的供水厂具备106项指标检测的能力；省级疾病预防控制中心基本具备新《标准》中40~80项水质指标的检测能力；地级市水质检测中心规模较小，一般可开展30~60项水质指标的检测；由于对县级市、县和农村的饮用水水质检测重视力度小，相应的水质检测中心数量少，检测能力有限，部分农村地区甚至没有水质检测中心。城镇水质检测中心分布不均的现状导致部分地区不能及时掌握水质变化信息，当出现突发污染事件时，不能及时采取措施保障饮用水水质安全。

6.3.2 饮用水水质检测采样点设置不合理

饮用水水质检测采样点主要用于监测从水源到用户各涉水环节的水质变化情况，为供水厂提供保障安全治水的根据，采样点的设置应遵循代表性、均匀性、便于采集的原则，一般应设置在水源取水口、水厂出厂水、二次供水点、管网末梢水、单位自备水、农村集中式供水及井水等。然而，大部分城镇仅仅注重水源点和出厂水的水质检测，忽略了二次供水和管网末梢水的检测，甚至对单位自备水、农村集中式供水和水井水基本没有设置定期的检测采样点。这种对饮用水水质检测采样点设置的忽视，造成供水系统不能全面监测从水源到龙头各点的治水情况，不能及时准确反映水质污染的环节，致使用户安全饮水受到威胁。

6.3.3 新《标准》未考虑地域水源差异

针对新《标准》的实施，卫生部要求2015年在各省（自治区、直辖市）和省会城市 106 项指标要实行全覆盖。由于我国水源构成复杂，全国范围内实施统一标准的要求有两点弊端：一方面对于水源造成严重污染的地区，其污染物种类和数量远多于新《标准》中 106 项的规定，即使在检测过程中，水质已达到新《标准》的要求，但仍可能存在 106 项指标以外的其他有毒有害污染物，不能准确反映水质污染情况；另一方面部分地区水源水质较好，污染物种类远少于新《标准》中的 106 项指标，如果长期实施全面检测，会造成检测成本的浪费。

6.3.4　缺乏先进检测仪器

新《标准》中污染物指标数量由《生活饮用水卫生标准》（GB5749—85）规定的 35 项增至 106 项，这对检测仪器提出了更高的要求，与新《标准》相配套的《生活饮用水标准检验方法》（GB/T5750—2006）颁布后，环保部要求各检测单位具备检测 106 项指标的能力，配备齐全的检测仪器设备，根据环保部下发的饮用水水源地水质全分析特定项目监测专项仪器配置标准及参考价格，配备 106 项全分析检测能力的机构需要约 869.6 万元仪器购置费用，应配备原子吸收分光光度计（配备火焰和石墨炉原子化器）、气相色谱仪（配备 ECD、FID、FPD、NPD 检测器、一台配自动顶空装置）、气相色谱-质谱联用仪（一台配备自动吹扫捕集装置）、液相色谱-质谱联用仪、ICP-AES、ICP-MS 等分析测试设备。表 6.1 是环保部下发的饮用水水质全分析特定项目监测专项仪器配置标准及参考价格。

表 6.1　特定项目监测专项仪器配置标准及参考价格

编号	设备名称	配置数量	参考单价/万元	配置用途	备注
1	便携式低温冷藏装置	4	0.5	样品运输	新增
2	样品冷藏储装置	2	0.8	样品保存	标准中已有相应配置，可考虑根据饮用水水源地水质分析工作需要增加专用设备
3	超纯水机	3	5.5	前处理设备	
4	温控电热板	4	0.5	前处理设备	新增
5	恒温水浴锅	4	0.5	前处理设备	新增
6	封口机	1	3.0	前处理设备	新增，生物测试前处理
7	马弗炉	1	1.0	前处理设备	新增
8	超声波清洗器	1	1.5	前处理设备	新增
9	自动液相液萃取装置	2	3.0	前处理设备	
10	自动固相萃取装置	2	25.0	前处理设备	标准中已有相应配置，可考虑根据饮用水水源地水质分析工作需要增加专用设备
11	旋转蒸发仪	2	8.0	前处理设备	
12	氮吹仪	1	10.0	前处理设备	

续表

编号	设备名称	配置数量	参考单价/万元	配置用途	备注
13	原子吸收分光光度计（配备火焰和石墨炉原子化器）	1	50.0	分析测试设备	增加石墨炉原子化器
14	气相色谱仪（配备ECD、FID、FPD、NPD检测器、一台配自动顶空装置）	3	35.0	分析测试设备	标准中已有相应配置，可考虑根据饮用水水源地水质分析工作需要增加专用设备
15	气相色谱-质谱联用仪（一台配备自动吹扫捕集装置）	2	70.0	分析测试设备	
16	液相色谱-质谱联用仪	1	240.0	分析测试设备	选配
17	ICP-AES	1	70.0	分析测试设备	选配
18	ICP-MS	1	150.0	分析测试设备	标准中已有相应配置，可考虑根据饮用水水源地水质分析工作需要增加专用设备
19	无菌间	1	3.0	生物样品测试	新增，生物测试

饮用水中部分指标在检测过程中需要采用先进仪器，但这类仪器大多价格昂贵且维护费用高，我国大部分水质检测中心无法配置，达不到环保部的要求，致使该类水质指标无法检测，造成部分地区的水质检测中心不能及时准确掌握饮用水水质的污染情况。

以黑龙江省（刘长福等，2010）、安徽省（王欲圣等，2010）和重庆市（张镝和尚义夫，2012）疾控中心配置先进仪器数量情况为例（表 6.2），黑龙江省与安徽省分别拥有省级、市级疾控中心 146 家和 78 家，重庆市有疾控中心 39 家。整体上省级疾控中心的检测仪器配备要比市级疾控中心检测仪器的配备完善。黑龙江省与安徽省疾控中心平均拥有具备检测有机物功能的气相色谱质谱联用仪两台；安徽省疾控中心配置液相色谱质谱联用仪 1 台；黑龙江省疾控中心配置具有检测微量元素、重金属功能的等离子体质谱仪 1 台；可以检测放射性指标的低本底 α、β 放射性测定仪，两省均只配备 4 台；检测贾第鞭毛虫、隐孢子虫仪器平均每省仅拥有五六台。

表 6.2　水质检验实验室仪器、设备情况　（单位：台）

仪器、设备名称	黑龙江省（146 家疾控中心）		安徽省（78 家疾控中心）		重庆市（39 家疾控中心）	
	总数量	每个疾控中心平均拥有台数	总数量	每个疾控中心平均拥有台数	总数量	每个疾控中心平均拥有台数
紫外可见光分光光度计	62	0.42	36	0.46	28	0.7
火焰原子吸收仪	35	0.24	31	0.39	39	1
原子吸收仪（石墨炉）	50	0.34	44	0.56	33	0.8

续表

仪器、设备名称	黑龙江省（146 家疾控中心）		安徽省（78 家疾控中心）		重庆市（39 家疾控中心）	
	总数量	每个疾控中心平均拥有台数	总数量	每个疾控中心平均拥有台数	总数量	每个疾控中心平均拥有台数
原子荧光仪	26	0.18	35	0.45	29	0.7
测汞仪（冷原子吸收仪）	14	0.096	36	0.46	7	0.2
离子色谱仪	4	0.027	3	0.038	12	0.3
液相色谱仪	12	0.082	8	0.102	14	0.4
气相色谱-质谱联用仪	2	0.014	2	0.026	1	0.03
等离子体质谱仪	1	0.0068	0	0	0	0
液相色谱-质谱联用仪	0	0	1	0.013	0	0
流动注射分析仪	1	0.0068	0	0	0	0
低本底 α、β 放射性测定仪	4	0.027	4	0.05	0	0
荧光显微镜	35	0.24	31	0.397	0	0
贾第鞭毛虫、隐孢子虫检验设备	6	0.041	5	0.06	0	0

6.3.5　缺乏高级检测技术人才

我国水质检测中心的人员配置较不合理，普遍存在检测人员数量少和学历低的问题，尤其是三线城市以及村镇地区。检测人员数量少的水质检测中心，仅能满足日常常规水质检测的需求，当遇到突发污染事件时，很难负担高强度、多量数据、快速准确的检测要求；检测人员技术水平有限的水质检测中心，非专业毕业或学历较低的检测人员占较大比例，这类人员不具备准确掌握精密仪器的使用方法和先进检测技术的水平，因此导致检测效率低、检测精度差等问题。

以黑龙江省和安徽省疾控中心的检测人员配备情况为例（表 6.3），两省普遍缺乏检测人员，黑龙江 146 家疾控中心共有检测人员 600 人，平均每个疾控中心的检测人员数量仅约为 4 人；安徽省 78 家疾控中心共有检测人员 456 人，平均每个疾控中心的检测人员数量仅约为 5 人；两省疾控中心的检测人员学历以大中专为主，其次为本科学历检测人员，普遍缺乏达到研究生学历的检测人员，黑龙江疾控中心共有 14 名硕士研究生学历的检测人员和 2 名博士研究生学历的检测人员，分别占总人数的 2.33%和 0.33%；安徽省疾控中心共有 5 名硕士研究生学历的检测人员，仅占总人数的 1.09%，而且全省无博士研究生学历的检测人员。

表 6.3　黑龙江和安徽两省检测人员学历和数量统计表

学历	黑龙江省（146 家疾控中心）				安徽省（78 家疾控中心）			
	理化检验		微生物检验		理化检验		微生物检验	
	数量/人	比例/%	数量/人	比例/%	数量/人	比例/%	数量/人	比例/%
中专学历	107	29.8	143	40.3	89	38.2	105	47.09
大专学历	118	32.9	120	33.8	91	39.06	74	33.18
本科学历	120	33.4	79	22.3	49	21.03	36	16.14
硕士研究生学历	10	2.8	4	1.1	1	0.43	4	1.79
博士研究生学历	1	0.3	1	0.3	0	0	0	0
其他学历	3	0.8	8	2.3	3	1.28	4	1.8
检验人员合计	359		355		233		223	

6.3.6　缺乏应急检测制度

我国大部分水质检测中心的应急检测制度不完善，存在应急预案考虑不全面、预警系统不完善、应急信息处理传递滞后、缺乏专有应急检测队伍以及移动检测实验室等问题。当发生突发污染事件时，不能及时传递应急信息，导致部分地区不能采取有效应对措施，事故发生地的检测中心调配人员缓慢，拖延赶到突发事件地点的时间，错过最佳处理的时机，而且缺乏全面具体的应急预案，导致无法挽回的经济和环境损失。

6.3.7　缺乏检测信息管理以及公开共享制度

我国针对水质检测中心的信息管理以及公开共享方面缺乏相关的制度，水质检测中心的资料信息缺乏系统的管理制度，存档的信息不全面，信息保存方式存在漏洞；供水系统每年提交的关于水质和水源的信息报告和年度总结报告，不能及时地公布于众；并且，对于从源头到龙头的各涉水环节，没有统一的检测项目编码体系和评价体系，由于各水质检测中心之间缺乏有序的信息传递方法，致使水质检测信息不能及时公开共享，出现水质检测信息滞后等问题，严重时甚至引起信息传输通道受阻。例如，松花江污染事件，吉林省水质检测中心与黑龙江省水质检测中心彼此之间信息不共享，在污染物进入水体大面积扩散时，未能启动多个部门的水质预警系统，造成了巨大的损失。

6.3.8　缺乏有效的监督管理制度

我国各级水质检测中心职责不清，监督管理制度混乱，缺乏对部门权属以及相应责任分工的法律制度规定；部分水质检测中心与供水部门之间存在隶属关系，或与城建公用部门的水质检测中心存在利益关系，缺乏独立性，不符合《产品质量法》中关于“从事产品质量检验、认证的社会中介机构必须依法设立，不得与行政机关和其他国家机关存在隶属关系或者其他利益关系”的要求，当出现供水水质不达标或者水源突发污染事件时，由于存在隶属或利益关系，可能会导致水质数据不真实、上报不及时、信息垄断等问题，直接威胁到供水的安全性。

6.3.9　缺乏日常管理制度

日常管理制度包括质量、环境和安全制度，我国大部分水质检测中心的日常管理制度不完善。关于样品的采集、运输、储存以及检测和结果的质量要求不具体不规范；关于检测中心的药品仪器存放环境以及工作人员的工作环境管理制度不完善；关于药品安全、废弃液处置以及检测过程中的安全管理制度不具体。日常管理制度的不完善直接影响到工作人员的健康和检测数据的准确性，无法有效保障饮用水水质安全。

6.4　完善我国饮用水水质检测体系的建议

6.4.1　制定检测中心等级制度

为了既充分发挥水厂检测中心的作用，又避免重复建设，造成不必要的资源浪费，建议检测中心分等级建设。

（1）饮用水水质检测中心分为三个等级。位于直辖市、省会城市、计划单列市的检测中心或当地有规模达到 50 万 t/d 以上的水厂时，检测中心应按 I 级标准配置，当地已有 I 级水厂检测中心的可适当降低配置标准，I 级检测中心可为其他水厂提供技术服务，最大限度发挥检测中心的作用；位于地级市的检测中心或当地有最大规模达到 30 万 t/d 以上的水厂时，检测中心应按 II 级标准配置，为避免重复建设，实现资源共享，当地已有 II 级或 II 级以上等级水厂检测中心的可适当降低配置标准；其他地区或当地水厂规模均小于 30 万 t/d 时，检测中心应按III级标准配置。

（2）检测中心硬件配置应与等级相匹配。各等级检测中心应具备的检测项目如表 6.4 所示，可根据当地水质、工艺情况增加相应检测项目；各等级水质检测中心应配置的检测仪器设备如表 6.5 所示，可根据检测方法和检测精度增加相应的检测仪器；各级检测中心的用房配置要求如表 6.6 所示。

表 6.4　各等级检测中心应具备的检测项目

检测中心等级			检测项目
Ⅰ级检测中心	原水	地表水	GB3838—2002《地表水环境质量标准》表 1、表 2 中的 29 项，表 3 可根据水质情况选测
		地下水	GB/T14848—1993《地下水质量标准》表 1 中的 39 项
	出厂水		GB5749—2006《生活饮用水卫生标准》表 1、表 2、表 3 中的 106 项，其中与消毒方式相关的项目可选测
	工艺水		水厂可根据水处理工艺特点确定相应的检测项目
Ⅱ级检测中心	原水	地表水	GB3838—2002《地表水环境质量标准》表 1、表 2 中的 29 项
		地下水	GB/T14848—1993《地下水质量标准》中的色、嗅和味、浊度、肉眼可见物、pH、总硬度、溶解性总固体、硫酸盐、氯化物、铁、锰、铜、锌、挥发酚类、阴离子合成洗涤剂、高锰酸盐指数、硝酸盐、氨氮、氟化物、氰化物、汞、砷、硒、镉、铬（六价）、铅、总大肠菌群等项目、细菌总数、总 α 放射性、总 β 放射性
	出厂水		GB5749—2006《生活饮用水卫生标准》表 1、表 2 中的 42 项，其中与消毒方式相关的项目可选测
	工艺水		水厂可根据水处理工艺特点确定相应的检测项目
Ⅲ级检测中心	原水	地表水	浊度、色度、臭和味、肉眼可见物、耗氧量、氨氮、细菌总数、总大肠菌群、耐热大肠菌群等项目
		地下水	浊度、色度、臭和味、肉眼可见物、耗氧量、细菌总数、总大肠菌群、粪大肠菌群等项目
	出厂水		GB5749—2006《生活饮用水卫生标准》中： 浊度、色度、臭和味、肉眼可见物、耗氧量、消毒剂余量、细菌总数、总大肠菌群 、耐热大肠菌群等项目
	工艺水		水厂可根据水处理工艺特点确定相应的检测项目

注：（1）各地可根据具体情况增加各等级检测中心检测项目。

（2）供水厂检测中心应具备对净水药剂及材料进行抽检的能力，检测项目及频率按《城镇供水厂运行、维护及安全技术规程》（CJJ58—2009）要求执行。

表 6.5　各等级水质检测中心主要检测仪器设备配置

检测中心等级	主要仪器设备配置
Ⅰ级检测中心	浊度仪、温度计、pH 计、天平、培养箱、水浴锅、干燥箱、高压灭菌锅、过滤装置、原子荧光分光光度计、石墨炉原子吸收分光光度计、火焰原子吸收分光光度计、紫外-可见分光光度计、离子色谱、α/β 计数器、气相色谱、气相色谱-质谱联用仪、溶解氧测定仪、石油测定仪、生化培养箱、液相色谱仪、流动分析仪、两虫检测系统
Ⅱ级检测中心	浊度仪、温度计、pH 计、天平、培养箱、水浴锅、干燥箱、高压灭菌锅、过滤装置、原子荧光分光光度计、石墨炉原子吸收分光光度计、火焰原子吸收分光光度计、紫外-可见分光光度计、离子色谱、α/β 计数器、气相色谱、溶解氧测定仪、石油测定仪、生化培养箱、液相色谱仪
Ⅲ级检测中心	培养箱、高压灭菌锅、过滤装置、水浴锅、浊度仪、紫外-可见分光光度计、pH 计、天平

表 6.6　各等级检测中心的用房配置要求

检测中心等级	检测中心用房配置要求
Ⅰ级检测中心	办公室、档案室、样品室、化学分析室、前处理室、仪器分析室、精密仪器室、小型仪器室、天平室、生物室、加热室、洗涤室、气瓶室、配电室、空调机房、计算机房、库房、纯水室、放射性监测室

续表

检测中心等级	检测中心用房配置要求
Ⅱ级检测中心	办公室、档案室、样品室、化学分析室、前处理室、仪器分析室、小型仪器室、天平室、生物室、加热室、洗涤室、气瓶室、配电室、空调机房、计算机房、库房、纯水室、放射性监测室
Ⅲ级检测中心	办公室、档案室、样品室、化学分析室、仪器分析室、天平室、生物室、库房

6.4.2　分区域优化配置水质检测中心

1. 根据行政区域合理设置检测中心数量和级别

根据水源类型相同且地区临近的原则，将检测中心配置数量和级别在全国范围内进行分区，如表 6.7 所示。针对省级水质检测中心，综合考虑水质污染程度和供水人口数，确定水质检测中心数量，级别需达到Ⅰ级，即具备检测新《标准》中所有指标的能力；针对市级水质检测中心，数量的确定方法与省级水质检测中心数量的确定方法相同，级别需达到Ⅱ级，即具备检测管辖范围内已存在的和潜在的污染物的能力；针对村镇级水质检测中心，考虑农村及一些偏僻地区交通不便利，因此建议划分为独立检测区域，设置单独的水质检测中心，级别需达到Ⅲ级，即具备检测管辖范围内已存在的污染物的能力。按照行政级别设置水质检测中心，分等级设置检测中心的数量、检测能力、检测标准便于优化管理。

表 6.7　按照水源类型和地理位置划分检测区域情况

分区	城市	污染物情况
A 区	北京、天津、河北、山东	地下水和水库型水源为主
B 区	上海、浙江、江苏	以地表水河流和湖泊为主，以一般污染和富营养化为主
C 区	福建、广东、海南	以河道型和水库型水源为主，污染严重，以一般污染和复合污染为主
D 区	黑龙江、吉林、辽宁	地表水污染严重，地下水也受到一定污染，以一般污染和富营养化为主
E 区	山西、河南、安徽	地下水超采，地表水污染，污染类型以一般污染和有毒污染为主
F 区	湖北、湖南、江西	水资源丰富，以有毒污染为主
G 区	青海、甘肃、宁夏、陕西、内蒙古、新疆	以地下水为主，地下水超采，水污染较严重
H 区	四川、重庆、贵州、广西、云南、西藏	以地表水为主，以有毒污染为主

2. 根据水源水质差异设置检测中心重点污染物检测名单

（1）合理优化检测项目。根据水源特征划分污染区域，制订各污染区域的重点检测污染物名单，并针对名单内容为区域内的检测中心配置检测设备。

（2）合理优化检测频率。根据水源水质污染程度，合理优化检测频率，对污染较严重区域，加大污染物检测次数，并定期向省级检测中心送样，及时进行数据分析和比对，动态调整检测污染物的种类和频率，达到及时跟踪、有效监控预警的目的。

（3）合理优化水质检测项目和频率，使区域检测目标明确，检测工作有针对性，节省了长期进行 106 项指标全分析时所需的仪器使用和维护费用。

6.4.3 提高水质检测技术水平

（1）优化设置水样采集点。根据水样采集应具备代表性、均匀性、便于采集的原则，针对所有涉水环节，在水源取水口、水厂出水口、二次供水点、管网末梢及农村集中式供水点等区域设置采样点，考虑水质污染程度确定采样点的数量，明确规定各采样点的编号和责任单位。优化设置水样采集点有利于掌握水质变化情况，便于及时处理突发污染事件。

（2）改善现有传统检测技术。根据水质检测技术应精度高、耗时短以及成本低的原则，引进国外先进水质检测技术，改善现有落后水质检测技术。例如，我国目前普遍采用平板计数法测定细菌总数，而采用分子探针技术检测法培养时间短，适用对象广泛，计数结果更为准确，而且操作更为方便灵活，可以弥补国内平板计数法耗时长、易受环境影响的缺点。

（3）利用污染物组群技术提高检测效率。污染物组群技术是通过将物理结构和化学成分相似、检测方法和处理技术相同、出现频率较高且具有同现性的污染物进行归类，通过检测基准污染物浓度计算组群污染物综合浓度，以综合浓度限值代替原标准中单一污染物浓度限值进行水质安全性评估，这种方法无需对每个污染物逐一检测，并且考虑到污染物之间的毒性叠加，对水质安全提出更高的标准，即可以降低检测工作量、节省检测费用，同时提高检测效率。

6.4.4 优化配置水质检测仪器

（1）淘汰落后检测仪器，增设高精度检测仪器。各检测中心按照所在地区等级和水质污染特征的需求配备相应的先进检测设备，设备的种类和数量、性能均应满足要求，量程应与被测参数的技术指标相适应，即可购置国外先进检测仪器。例如，多功能快速检测仪器，这类仪器具有一机多用的特点，能够快速、高效、精准的同时检测多种污染物，适合应急检测的需求；也可以自主研发水质检测仪器，改进现有仪器性能、提高精度、使仪器稳定性更好、操作性更加灵活。

（2）完善仪器设备管理维修制度。建立检测仪器管理数据库，将仪器类别、型号、功能、检定及校准证书和报告、仪器使用记录、维修保养记录、期间核查记录、所属部门、管理人员等信息进行统一编排，设置于网络平台，便于资源共享和优化管理；仪器设备质量较大或要求防震的，设置在底层；要求洁净度高、安静的检测中心，应尽量放在高层；对高精度大型设备或维护要求高的设备，实行专机专人负责制，责任者负有维修保养的职责，加强清洁、润滑、紧固等日常维护，使仪器使用寿命得以延长；设备供应厂商技术人员应定期进行专项维护保养，校核仪器准确度，保证数据的精确性。

6.4.5　优化分配水质检测人员

（1）根据水质检测中心等级，合理配置检测人员数量。为保证检测质量要求，检测中心检测人员应由具备一定的专业经历与经验的专业技术人员或专职化验工担任，考虑省级、市级、县级水质检测中心的规模、检测能力以及水质检测的日工作量，按照各级水质检测中心的需求，建立水质检测人员数量要求的标准线。例如，检测中心中级以上专业技术人员和中级以上化验工比例：Ⅰ级检测中心不应低于总人数的 70%，Ⅱ级检测中心不应低于总人数的 50%，Ⅲ级检测中心至少有 1 人。检测中心的检测岗位应由专职检测人员担任，不得由其他岗位兼任。鼓励水质检测人员到偏远地区及村镇就业，改善一线城市技术人才饱和、偏远地区技术人员匮乏的现状，使各地区检测人员数量得到均衡发展。根据区域污染等级和重点污染物类型，设置不同专业检测人员的数量，如有机物污染较严重地区的水质检测中心，应增加气相色谱、液相色谱检测人员的数量。

（2）加强水质检测人员的培训。扩大水质检测相关专业的本科、研究生（硕士、博士）招生数量，提高检测人员的综合素质和知识储备，使检测人员具备独立处理突发污染事件的能力；水质检测中心应实行检测人员上岗培训制度，从事水质检验的技术人员必须经过培训并取得上岗证，应定期参加培训和考核，不断提高检测和管理水平；检测中心应根据工作性质和要求制订人员的培训计划，培训方式可分为内部培训和外部培训，选派有能力的检测人员进行国内外检测技术交流，对检测技术进行深入研究，实行不同检测方法的轮转学习，力求全面掌握各种检测方法的操作和原理，以便在实际工作中针对不同水质时，能够具备综合判断能力，合理选取最优检测方法。

6.4.6　建立应急检测制度

（1）建立各等级检测中心应急预案，应急预警系统。应急预案包括国内外已知突发污染事件处理方法备案以及未知突发污染事件处理方法，未知突发污染事件可以根据水源地附近潜在污染源，预测各类可能造成突发污染事件的污染物种类，制订相应的应急处理处置预案；应急预警系统应根据突发污染事件的严重程度进行分级，预警指示灯根据突发污染事件级别分为红黄绿。

（2）建立应急移动实验室，在污染事件突发时，可以及时赶到事故现场进行水质检测，在最短时间内采取应急措施。各检测中心根据地域水质污染特点配备应急快速检测设备，如表 6.8 所示。

表 6.8　部分应急快速检测仪器的性能和价格

名称	型号	主要技能	价格/元	产地
便携式多功能水质快速分析检测箱	DREL2010	配置 DR2010 分光光度计、电导 TDS 测定仪、pH 计、滴定仪及必要的化学分析设备，可检测 28 项水质指标（根据仪器配置的不同，价格不同），可检测项目：pH、酸度、碱度、硬度、电导率、溶解氧、余氧、氟、溴、碘、磷、氧化物、硝酸盐、亚硝酸盐、硫酸盐、亚硫酸盐、铵盐、碳酸盐、二氧化硅、铬酸钠、铝、钙、总铁、铬、锰	49 800	美国
便携式分光光度计	DR2010	可见光，波长：400~900nm，带宽 12nm，可预置 120 套检测程序	25 500	美国
便携式光电比色计	DR890	可直接用于 COD 样品测定，与 COD 反应器配合使用	15 000	美国
多参数水质现场快速分析测量仪	HI9804 基础型	检测项目：pH、温度、电导率、溶解氧、浊度、铝、氨氮、余氯和总氯、二氧化氯、溴、六价铬、色度、氰化物、氰尿酸、氟化物、钙硬度、镁硬度、碘、铁、锰、钼、镍、硝酸盐、亚硝酸盐、磷酸盐、磷、二氧化硅、银、锌等	36 000	意大利
BOD 测定仪	OXIIOPBOD	采用压力传感器，无汞、体积小、操作简便、数字显示、自动记录数据，无需加入营养剂，测定范围为 0~500mg/L	25 000	德国
便携式 DO 测定仪	YS155	测定范围：0~20 mg/L	9 600	美国
便携式浊度仪	2100P	测定范围：0~200NTU，分辨率 0.01	14 400	美国
便携式余氯测定仪	4670000	测定范围：0~5 mg/L，分辨率 0.1	6 900	美国
油分测定仪	OIL	红外吸收原理，数字直读，测定范围：0~100ppm	85 900	日本

（3）明确检测中心应急负责人、应急检测员、应急信息联络员等，并号召附近公众参与应急检测工作，定期进行应急检测演练。

6.4.7　建立信息管理以及公开共享制度

（1）建立检测中心信息管理制度。建立信息化管理系统，包含系统管理、资源管理、样品管理、数据采集与录入、质量控制管理、报表打印管理等功能模块。各水质检测中心应对原始记录、检测报告等必须定期、完整、真实、准确地保存，对重要资料、文档、数据应采取相应的技术手段进行加密、存储和备份，对于加密的数据应保证其还原性，确保系统一旦发生故障时能够快速恢复，备份档案资料数据未经许可，不得任意删改和撤档。各水质检测中心应安全有效的保存档案资料，要求档案的储存环境须满足防火、防潮、防蛀、防盗、防晒、防高温等。

（2）建立水质检测信息公开制度。各级水质检测中心针对水源水、出厂水、管网水和管网末梢水建立水质分析报表制度。各水质检测中心将水质检测资料以周报、月报、年报形式进行公开，水质分析表中包括每天各采样点检测到的污染物种类和污染物浓度；建立水质分析报表制度，有利于信息公开，而且能够及时采取突发污染的应急措施，避免用户饮用不安全水。

（3）建立水质检测信息共享制度。国家有关部门应组织各级水质检测中心建立从源头到龙头的各涉水环节水质检测网络，针对不同水源、地区水质变化的监控情况进行信息共享；各省份针对各地区的重点检测污染物名单、检测方法、检测设备的数量和型号、检测人员的数量和学历、水质检测分析报表建立水质检测资料数据库，方便各单位在网络上及时沟通，资源共享。

6.4.8　建立监督管理制度

（1）建立水质检测中心的监督制度。建设（城市供水）主管部门建立监督制度，定期对各水质检测中心实施监督检查，有关单位和个人不得拒绝或者阻挠，被检查的水质检测中心应当接受监督检查，并提供工作方便，如实反映情况，提供必要的资料，检查机关应当为被检查的单位保守技术秘密和业务秘密。

（2）建立水质检测中心的管理制度。各级水质检测中心制订相应的管理制度，建议废置非独立检测中心，废置前，应实行该非独立检测中心与同区域上级检测中心管理相结合的管理体制。

（3）建立水质检测中心的惩罚制度。各水质检测中心应定期、如实上报数据，对于信息滞后、瞒报误报数据的情况，负有责任的主管人员和其他直接责任人员，依法给予处分或罚款，构成犯罪的，依法追究刑事责任。

6.4.9　建立检测中心日常管理制度

（1）建立检测中心质量管理制度。各水质检测中心对检测全过程进行质量控制，确保检测数据准确。其一，样品的采集、运输、制备和保存过程中应制定质量控制措施，采集样品应具有代表性、典型性和适时性，必要时应安排平行样和留样；其二，检测仪器设备、方法和环境应制订质量控制措施，包括空白试验、平行样分析、加标分析、比对分析、标准曲线核查、留样复测、质量控制考核等；其三，数据记录与处理应制定质量控制措施，检测中心应准确、清晰、明确和客观地报告每一项检测结果，并出具检测报告。

（2）建立检测中心环境管理制度。各水质检测中心应保持各检测区域整齐洁净和良好的照明条件，按有关规定设置明显警告标识牌，进入警示区域应有限制和控制，确保在检测过程中产生的废气、废液、粉尘、噪声、固体废弃物等能得到合理、有效的处置，处置效果符合环保要求，并做好相应记录，超出实验室处置范围的，应委托环保部门处置。

建立检测中心安全管理制度：首先，各检测中心应建立人员安全操作制度，设立安全员职务，负责日常监督检查，定期查找隐患，并宣传安全知识、操作规程等，定期进行演练；其次，应建立药品使用安全制度，在生产、储存、使用、经营和运输等环节强化安全管理，建立废液处理记录，对剧毒物品的管理应按照双人管理、双人验收、双人发货、双人双锁、双本账的“五双”制度执行；最后，应建立检测中心安全配置制度，如配置消防灭火系统、火灾烟雾报警器、紧急事故处理设施、有毒有害废液废弃物的收集装置、急救箱等安全防护设施以及警示标识。

参 考 文 献

李新玲, 陈丹. 2011. 生活饮用水水质检测的重要性. 北方环境, 23(5): 78

刘长福, 苏华, 张剑峰, 等. 2010. 黑龙江省疾控机构水质检测能力分析. 中国公共卫生管理, 26(1): 96~97

王欲圣, 杨璐, 张洪波, 等. 2010. 安徽省各级疾病预防控制中心水质检测能力调查. 环境与健康杂志, 27(4): 362~364

由阳, 石炼, 孙增峰, 等. 2011. 关于我国生活饮用水卫生标准实施方案的建议. 中国给水排水, 27(10): 17~20

张镝, 肖义夫. 2012. 重庆市区县疾控中心水质检测能力现状调查. 中国卫生检验杂志, 22(6): 1413~1415

第 7 章　饮用水净化可行技术筛选与评估

饮用水净化技术是指去除饮用水中污染物的物理、化学、生物或是两种或几种方法结合的方法。饮用水净化可行技术是技术可行性和经济可行性综合评价得分最高的技术。供水厂合理的选取饮用水净化可行技术直接影响到出厂水水质合格率，饮用水净化可行技术的筛选对于保障饮用水水质安全具有重要意义。本章针对传统常规工艺“混凝—沉淀—过滤—消毒”无法应对污染日益严重、污染物种类增多等水质问题，综合分析国内外饮用水净化技术现状，提出保障饮用水水质安全的净化可行技术评估路线，采用熵权 TOPSIS 模型从技术可行性和经济可行性两方面筛选，建立饮用水净水可行技术数据库。

7.1　我国饮用水净化可行技术简介

新《标准》于 2015 年起在全国范围内强制性实施，该标准检测项目为 106 项，较旧《标准》项目更加全面，对微生物、消毒副产物、农药类有毒有害污染物要求更加严格，新《标准》的制定与国际现行标准基本在同一个水平线上，是保障我国饮用水水质安全的基本依据。然而根据对全国现有饮用水水源、出厂水、管网水的普查结果显示，我国供水行业整体现状却跟不上新《标准》的发展要求，饮用水水源和供水水质状况堪忧，达标率较低。

（1）水源水方面。目前约 50%的地表水源和 20%的地下水源受到不同程度的污染，水质已下降为三类，达不到供水水源相关标准的要求。即使污染源得到控制，水环境的恢复仍需相当长的时间。污染严重的饮用水水源给后续水处理工作带来了较大的影响。

（2）出厂水方面。全国 4000 家供水厂，以地表水为水源的供水厂约 73%依然沿用传统的工艺“混凝—沉淀—过滤—消毒”（图 7.1），约 25%采用简易处理工艺，仅有 2%具用深度处理工艺；以地下水为水源的供水厂多数只是简单消毒。传统工艺以及简易工艺仅能去除部分有机物，对氨氮的去除效果也十分有限，不能满足较高浓度的有机物和氨氮原水处理要求，易造成异臭异味，感官性状不好，使饮用水水质下降，无法达到生活饮用水卫生标准的要求。如若对供水厂进行改造，必须进行大量的技术改进和设备更新，总投资近 6000 亿元人民币。

（3）管网水方面。我国缺乏对管网末梢水的检测和处理，目前有 6 万多千米的管网存在不同程度的老化，出厂水经过管网后，易出现细菌繁殖和消毒副产物超标等问题。管网改造的过程较复杂，不能短期内得到明显改善。

在这种形式下，供水企业普遍面临着来自水源水质恶化和新《标准》全面实施的双重压力，因此需要提出一种科学有效的解决措施，缓解供水企业的双重压力，经济有效的保障饮用水水质安全。本章提出可行净水技术评估路线，其目标就是评选出技术、经济可行的污染物去除技术（best available technology，BAT）。可行净化技术包括技术上的可行性和经济上的可行性两方面的含义。可行净化技术的提出有利于指导供水企业采用一种应用性强，易理解、易操作、便于推广使用的技术，有效地将污染物从水源水中去除，经济合理地解决常规水处理技术的局限性与不适应性。

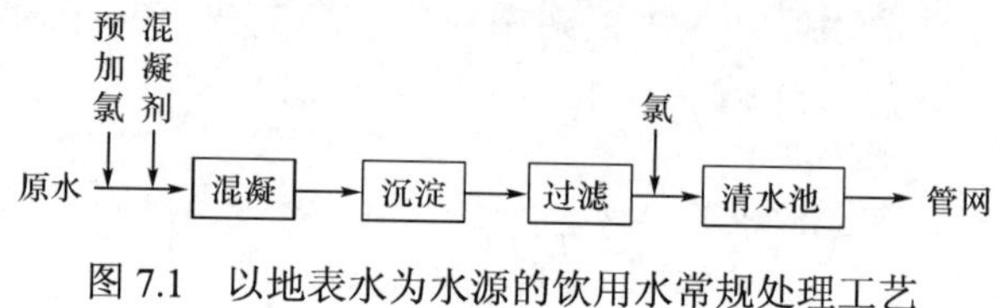

图 7.1　以地表水为水源的饮用水常规处理工艺

7.2　国外饮用水净化可行技术简介

现行发达国家的饮用水安全保障技术更倾向于流域管理（watershed management），通过制定各种政策对流域内饮用水水源进行保护（USEPA，2009），但是水源污染的消除并不是一朝一夕能解决的问题，而是一个长期的过程，对于已经污染的水源，在一定时期内还需要作为饮用水水源供水给居民，仅通过长期的水源治理不能保障出厂水的水质安全。因此，对于水中的污染物质，世界上各国的研究机构致力于各种污染物质在水厂处理工艺中的净化技术研究。

1. 世界卫生组织饮用水安全保障技术调查研究

世界卫生组织（World Health Organization，WHO）认为，提供安全的饮用水对身体健康是必不可少的，是基本的人权，是保障公众健康的重要组成部分。因此饮用水的安全性对于保障公众健康、生命安全和社会稳定具有重要作用，许多国家将饮用水安全纳入了国家安全的概念中。《饮用水水质准则》（WHO 第四版）中污染物有效净化技术与效果（treatment methods and performance）中提出了有关 27 种污染物的有效处理技术、处理效果、出水浓度（表 7.1），从而指导供水厂采取适合的净化技术，提供安全的饮用水（WHO，2004）。

表 7.1　世界卫生组织饮用水安全保障技术信息表

污染物	处理技术*	处理效果/%	出水浓度/（mg/L）
砷	PS	＞50	＜0.005
	I X、AA、BT	＞80	＜0.005
氟化物	AA、BT	＞80	＜1
硒	IX、AA、BT	＞80	＜0.01
镉	C、IX、PS、BT	＞80	＜0.002
汞	C、PS、AC、BT	＞80	＜0.0001
苯	FTA、AC、OT	＞80	＜0.01
四氯化碳	FTA	＞80	＜0.001
	AC	＞80	＜0.001
1,2-二氯苯	FTA、AC、OT、BT	＞80	＜0.01
1,4-二氯苯	FTA、AC、OT、BT	＞80	＜0.01
1,2-二氯乙烷	FTA、AC	＞80	＜0.01
1,2-二氯乙烯	FTA、AC、OT	＞80	＜0.01
乙苯	FTA、AC、OT	＞80	＜0.001
六氯丁二烯	AC	＞80	＜0.001
五氯酚	AC	＞80	＜0.0004
苯乙烯	FTA、AC	＞80	＜0.02
四氯乙烯	FTA、AC	＞80	＜0.001
甲苯	AC、FTA、AOX、OT	＞80	＜0.001
	BT	＞50	＜0.001
三氯乙烯	AC、FTA、OT、 AOX	＞80	＜0.02
二甲苯	AC、FTA、AOX	＞80	＜0.005
硝酸盐	IX、MT、BT	＞80	＜5
莠去津及其氯代三嗪类代谢物	AC、BT、AOX、MT	＞80	＜0.0001
	OT		
呋喃丹	AC	＞80	＜0.001
	OT、MT		
2,4-滴	AC、AOX	＞80	＜0.001
	MT		
乐果	CL	＞80	＜0.001
滴滴涕	AC	＞80	＜0.0002
	MT		
林丹	AC	＞80	＜0.0002
	MT		
滴滴涕及其代谢物	AC、MT、AOX	＞80	＜0.0002

*. 技术英文缩写详见附录五，下同。

2. 美国环境保护署推荐的最佳可行技术

美国环境保护署根据其水质标准，针对水中各种污染物质，提出相应的最佳可行技术（BAT）。其推荐的BAT技术具体如表7.2~表7.5所示。

表7.2　美国饮用水最佳可行处理技术信息表（有机物类）

污染物	最有效技术	污染物	最有效技术	污染物	最有效技术
丙烯酰胺	PAP	异狄氏剂	GAC	对二氯苯	GAC/FTA
草不绿	GAC	表氯醇	PAP	邻二氯苯	GAC/FTA
涕灭威	GAC	乙苯	GAC/FTA	1,2-二氯乙烷	GAC/FTA
涕灭威砜	GAC	二溴乙烯	GAC/FTA	1,1-二氯乙烯	GAC/FTA
滴灭威亚砜	GAC	草甘膦	OX	顺-1,2-二氯乙烯	GAC/FTA
阿特拉津	GAC	总卤乙酸	EC	反-1,2-二氯乙烯	GAC/FTA
苯	GAC/FTA	七氯	GAC	二氯甲烷	FTA
苯并芘	GAC	环氧七氯	GAC	1,2-二氯甲烷	GAC/FTA
溴二氯甲烷	EC	六六六	GAC	地乐酚	GAC/FTA
溴仿	EC	六氯环戊二烯	GAC/FTA	敌草快	GAC
虫螨威	GAC	林丹	GAC	草藻灭	GAC
四氯甲烷	GAC/FTA	甲氧氯	GAC	毒杀芬（八氯莰烯）	GAC
氯丹	GAC	氯苯	GAC/FTA	2,4,5-TP（滴丙酸）	GAC
氯仿	EC	氨基乙二酰	GAC	三氯乙酸	EC
2,4-D	GAC	五氯酚	GAC	1,2,4-三氯苯	GAC/FTA
茅草枯	GAC	毒莠啶	GAC	1,1,1-三氯乙烷	GAC/FTA
二（2-乙基己基）己二酸酯	GAC/FTA	多氯联苯	GAC	1,1,2-三氯乙烷	GAC/FTA
二（2-乙基己基）邻苯二甲酸酯	GAC	西玛津	GAC	三氯乙烯	GAC/FTA
二溴氯甲烷	EC	苯乙烯	GAC/FTA	总三卤甲烷	EC
二溴氯丙烷	GAC/FTA	2,3,7,8-TCDD（二噁英）	GAC	氯乙烯	FTA
二氯乙酸	EC	四氯乙酸	GAC/FTA	总二甲苯	GAC/FTA

表7.3　美国饮用水最佳可行处理技术信息表（微生物类）

污染物	有效技术	污染物	有效技术
隐孢子虫	C/F	军团菌	C/F，SSF、DEF、DF、D
总大肠杆菌	D	异养菌总数	C/F，SSF、DEF、DF、D
贾第鞭毛虫	F	病毒	C/F，SSF、DEF、DF、D

分析表7.2表明对于63项有机物指标的最佳去除技术，粒状活性炭（GAC）是一种普遍采用的处理技术，有51项将GAC指定为最有效技术（BAT），但是对于人们普遍关心的消毒副产物（THMs，HAAs）通过强化混凝去除其前体物往往更为可行，而对于易挥发的二氯甲烷等有机物，填充塔吹脱更为经济。

表 7.4　美国饮用水最佳可行处理技术信息表（放射性物质类）

污染物	有效技术	污染物	有效技术
β 粒子	C/F，IX，RO	α 射线	C/F，RO

表 7.5　美国饮用水最佳可行处理技术信息表（无机物类）

污染物	有效技术	污染物	有效技术	污染物	有效技术
锑	C/F，RO	镉	C/F，DC，IX，LS，RO	氟化物	AA，RO
铊	AA，IX	氰化物	CL、RO、IX	硫酸盐	IX，RO
石棉	CC，C/F	亚氯酸盐	DC	镍	IX，LS，RO
钡	DEF，DF，IX，RO	硒	AA，C/F，IX，LS，RO	NO_3^--N	IX，RO
铍	AA，IX，LS，RO	总铬	C/F，IX，RO，LS（III）	NO_2^--N	IX，RO
铜	CC，RWT	汞	C/F，LS，RO，GAC	铅	CC，RWT

7.3　我国饮用水可行性净化技术数据库建立与评选

7.3.1　净水可行技术评估原则

在确定可行技术评估的技术路线时需要遵循以下总体原则。

1. 动态性原则

饮用水处理技术是不断变化发展的，且有加速发展的趋势，饮用水净水可行技术的评估必须坚持动态原则，与国际接轨，适合我国现代净化技术的发展，及时有效的把先进、科学有效、经济实用的净化技术引入我国进行研究，保证净水可行技术确定的动态性。

2. 有效性原则

目前常规水处理技术难以有效去除的污染物有三大类：氨氮、藻类等造成水体异嗅味的物质；消毒副产物的前体物；溶解性微量污染物（主要为人工合成的有机物）。

最佳净水可行技术的筛选应根据有效性原则，能够弥补常规水处理技术的局限性，具有针对性强、应用性广、易理解、易操作、便于推广等优点。根据美国环境保护署关于化学污染物处理技术可行性的支持文件，同时参考世界卫生组织（WHO）《饮用水水质导则》（第四版）中的处理技术与效果，得到最佳可行性净化技术的评价条件是：

（1）具有较高的去除能力；

（2）已有全面的实际应用；

（3）具有地域的适应性；
（4）在大城市供水系统应用时具有合理的费用；
（5）具有一定的服务年限；
（6）和其他的处理工艺具有兼容性；
（7）可处理区域环境中各种水源水质。

3. 全面性原则

污染物的处理方法技术有多种，有的污染物可以通过物理方法、化学方法、生物法或是两种或几种方法结合的方式处理，然而这些方法的处理效果、基建运行费用却不同，为此如何优选出最佳净水可行技术，成为本部分研究亟待解决的问题，必须依据全面分析原则，根据文献的具体来源考虑各处理技术对污染物的去除率、污染物进水浓度、出水浓度、处理原水水质类别、实验/试验规模、反应时间、水质条件、处理费用等基本条件和参数，对净水可行技术进行评估。

7.3.2　净水可行技术评估技术路线

根据动态性、有效性和全面性基本原则，提出安全饮用水保障净水可行技术评估路线图，如图 7.2 所示。

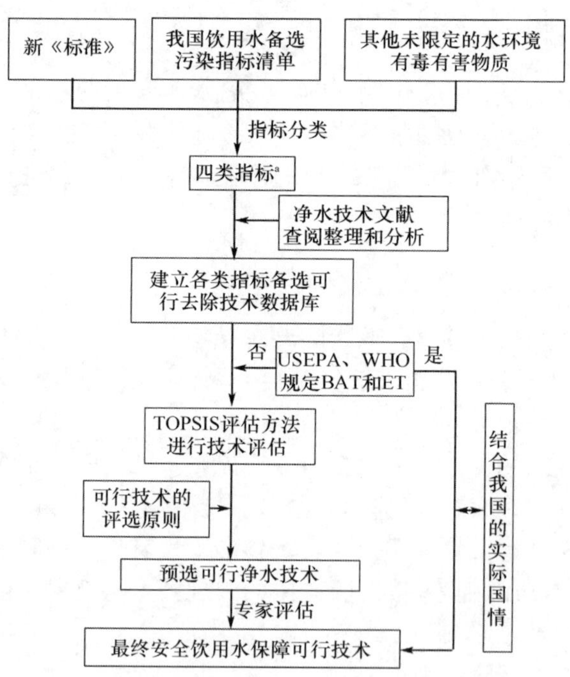

图 7.2　安全饮用水保障可行净化技术评估路线

a. 四类指标为化学指标、微生物指标、毒理学指标、放射性指标

步骤一：对新《标准》规定的 106 项指标、饮用水备选污染指标清单中的优先控制污染物指标及水环境中出现的有毒有害化合物（由于缺乏研究所需数据而未加以限定的化合物）进行分类。

步骤二：建立各类指标去除可行技术数据库。通过查阅国内外饮用水先进的处理技术相关文献，根据步骤一中污染物的分类对相关文献进行分析整理，考虑各处理技术对污染物的去除率、进水浓度、出水浓度、原水水质类别、试验规模、处理技术类别，各处理技术的性质，技术的处理能力、适用条件、基建运行费用、技术在实际的处理过程中的应用情况等细节因素。依据动态性、有效性以及全面性原则，在众多处理技术中筛选净水可行技术，针对各类指标建立备选净水可行技术数据库。

步骤三：将步骤二所建立的数据库中的净化技术与 USEPA 和 WHO 的最佳可行处理技术名录及有效技术（effective technology，ET）名录比对，不属于 BAT 和 ET 两者中的技术要进行下一步评估，属于两者之一，并结合该技术在我国实际应用情况决定是否直接列入最终净水可行技术。

步骤四：不属于 BAT 和 ET 名录中的净化技术应用 TOPSIS 评估方法进行评估，评估结果作为预选净水可行技术。

步骤五：确定最终净水可行技术，对步骤四的预选可行处理技术通过专家评估法最终决策是否列入最终净水可行技术。

7.3.3　净水可行技术评估模型

不属于 BAT 和 ET 名录中的净化技术需通过进一步评估，最终确定是否列入净水可行技术数据库，本书所选用的进一步评估方法为 TOPSIS 法（Technique for Order Preference by Similarity to Ideal Solution），该方法是一种逼近于理想解的排序法，是多目标决策分析中一种常用的有效方法，又称为优劣解距离法。其基本原理是通过检测评价对象与最优解、最劣解的距离来进行排序。若评价对象最靠近最优解同时又最远离最劣解，则为最好，否则为最差，其中最优解的各指标值都达到各评价指标的最优值，最劣解的各指标值都达到各评价指标的最差值。方案排序的规则是把各备选方案与正理想解和负理想解做比较，若其中有一个方案最接近正理想解，而同时又远离负理想解，则该方案是备选方案中最好的方案。在 TOPSIS 法的运用中，权重的设计是一项重要的内容，对评价结果有重要影响，通过采用信息熵计算各指标的权重，对技术工艺进行评估，对参选的工艺进行综合评价，得出优于其他参选工艺的最有效工艺。评价指标值构成的判断矩阵来确定指标权重，可以较好地消除各因素权重的主观性，使评价的结果更客观更符合实际。

本方法优点在于利用了基于熵权的 Topsis 方法对评价指标进行客观赋权，是一种多目标决策方法，对数据分布、指标多少和样本量并无严格限制，具有直观性好、灵活方便等特点，是一种良好的综合评判方法。通过原始数据归一化处理对各评价单元的评价指标进行合理分级，还能进行不同评价单元间质量的优劣比较和排序。

1. 建立初始评价矩阵

设有 m 个评价单元，n 个评价指标，则建立了初始评价矩阵

$$\boldsymbol{A}=(a_{ij})_{m\times n} \tag{7.1}$$

式中，a_{ij} 为第 m 个评价单元的第 n 个评价指标值（i=1，2，3，…，m；j=1，2，3，…，n）。

2. 建立标准化决策矩阵

在讨论多指标评价问题时，指标体系中各指标有不同量纲给综合评价带来一定的困难。因此须将原始指标做同趋势化处理，建立标准化决策矩阵

$$\boldsymbol{B}=(b_{ij})_{m\times n} \tag{7.2}$$

式中，b_{ij} 为经过同趋势化处理后的第 m 个评价单元的第 n 个评价指标值。

对于越大越优的指标，如公式（7.3）所示。

$$b_{ij}=\frac{a_{ij}-\min(a_{ij})}{\max(a_{ij})-\min(a_{ij})}; \tag{7.3}$$

对于越小越优的指标，如公式（7.4）所示。

$$b_{ij}=\frac{\max(a_{ij})-a_{ij}}{\max(a_{ij})-\min(a_{ij})}; \tag{7.4}$$

式中，max（a_{ij}）为同一指标下不同方案的指标中最满意者；min（a_{ij}）为同一指标下不同方案的指标中最不满意者。

3. 根据信息熵确定各指标权重 ω_i

对各评价指标赋权是多目标决策过程中的重要环节，权重的确定方法主要有主观赋权法和客观赋权法，TOPSIS 决策方法中各指标的权重通常采用主观赋权法，如专家评价法、层次分析法，这种赋权方法虽然能较好地反映专家的经验和意见，但在某种程度上而言所确定的权重主观因素较多，过于依赖决策者的主观判断，往往不能反映各评价指标的实际，存在不合理性和不公平性。在本模型权

重系数的确定过程中，为了避免人为主观因素的干扰，拟选用 Shannon 熵的方法，从实测数据指标入手，充分利用数据自身信息，客观地确定出熵权。

根据熵的定义，m 个被评价对象 n 个评价指标，可以确定第 j 个评价指标的熵 H_j，并计算相应的熵权 ω_j，见式（7.5）和式（7.6）。

$$H_j=-\frac{1}{\ln m}\left[\sum_{i=1}^{m} f_{ij}\ln f_{ij}\right] \tag{7.5}$$

式中，$f_{ij}=（1+b_{ij}）/\sum_{i=1}^{m}(1+b_{ij})$，$i=1，2，3，\cdots，m$；$j=1，2，3，\cdots，n$。

$$\omega_j=-\frac{1-H_j}{n-\sum_{j=1}^{n} H_j} \tag{7.6}$$

式中，$\sum_{j=1}^{n}\omega_j=1$。

4. 构造规范化的加权矩阵 $\boldsymbol{C}$

构造规范化的加权矩阵 $\boldsymbol{C}=（c_{ij}）_{m\times n}$，其中 $c_{ij}=w_{j\times}b_{ij}$（$i=1，2，3，\cdots，m$；$j=1，2，3，\cdots，n$），确定规范化矩阵 $\boldsymbol{C}$ 的正理想解和负理想解向量，计算各评价对象与最优方案及最劣方案的距离 S^+_i，S^-_i 计算各评价对象对于理想解的贴近度 E^+_i，如式（7.7）~式（7.9）所示。

$$C^+=\left[\max(c_{ij})\right]=\left[c_1^+,c_2^+,\cdots,c_n^+\right],C^-=\left[\min(c_{ij})\right]=\left[c_1^-,c_2^-,\cdots,c_n^-\right] \tag{7.7}$$

$$S_i^+=\sqrt{\sum_{j=1}^{n}(c_{ij}^+-c_{ij})^2},\ S_i^-=\sqrt{\sum_{j=1}^{n}(c_{ij}^--c_{ij})^2} \tag{7.8}$$

$$E_i^+=\frac{S_i^-}{S_i^++S_i^-} \tag{7.9}$$

式中，$0\leqslant E_i^+\leqslant 1$，相对贴近度的大小反映了各目标解靠近理想解，而远离负理想解的程度。若第 i 个评价对象是相应的正理想解，则其相应的 $E_i^+=1$；若第 i 个评价对象是相应的负理想解，则其相应的 $E_i^+=0$。一般的评价对象 E_i^+ 都处于 0 到 1 之间，评价对象越靠近正理想解，E_i^+ 越接近 1；反之，评价对象越靠近负理想解，E_i^+ 越接近 0。通过对 E_i^+ 进行排序，就可以求出满意的解。

7.3.4 饮用水净水可行技术数据库

建立饮用水中污染物净水可行技术数据库，包含净化技术对目标污染物的去除率、污染物的进水浓度与出水浓度、原水水质类别、实验/试验规模、停留时间、水质条件 pH/*T*、总费用，并标明文献的具体来源。饮用水中污染物净水可行技术数据库的建立方便全国各地供水行业进行技术交流；有利于及时有效的应对应急突发事件；有利于水厂的工艺改进，各水厂可以根据各地区水源的水质特点，查阅净水可行技术数据库，对传统工艺进行升级，以保障饮用水水质安全，为新《标准》的全面实施提供技术支持。

1. 化学指标的净水可行技术

1）一般化学性金属类

（1）污染物特性介绍。铁、锰是代表性的金属元素，是地壳的主要构成成分，在自然界分布广泛，地下水流经这些地层时会与之发生复杂的物理、化学以及生物反应，从而使地下水溶解了不同浓度的 Fe^{2+}、Mn^{2+}，这是由原生的地质环境所形成的，因此，地下水中的铁、锰污染一般称为原生污染。我国年供水量中地下水约占 1/3，是工业生产的可靠水源，更是人们首选的优质饮用水水源，但是我国有 18 个省份的地下水中含有过量的铁和锰，约占地下水总储量的 20%以上，遍及东南、华南、中南、西南、东北、华东，其中比较集中于松花江流域和长江中下游地区，此外，黄河流域、珠江流域等部分地区也有含铁含锰地下水，且多分布在这些水系的干、支流的河漫滩地区。铁、锰污染破坏了地下水水质，易产生异味、色度，危害人类身体健康，影响工农业生产。

（2）安全保障技术数据库建立。我国对地下水除铁和锰技术的研究较早，地下水除铁方法主要有加碱调 pH、强氧化剂氧化法、离子交换法、臭氧氧化法、磁分离法等；地下水除锰方法主要有自然氧化法、接触氧化法和生物氧化法，除此之外，氯氧化法、臭氧氧化法、高锰酸钾氧化法及离子交换法等除锰方法效果虽好，但工艺流程复杂、成本高、调试运行难度大，有些方法（如生物法）处理后有细菌生长的危险，处理过程会产生大量的污泥，在我国大中型地下水厂中应用很少，缺乏实用性和经济性。一般化学性金属类指标净化技术信息如表 7.6 所示。

（3）饮用水净水可行技术评选。地下水除铁和锰工艺流程的选择及构筑物的组成，应根据原水水质、处理后水质要求、除铁和除锰试验或参照水质相似的水厂运行经验，通过技术经济对比得出：①地下水除铁宜采用接触氧化法，工艺流

表 7.6　一般化学性金属类指标净化技术信息表

污染物	去除率/%	进水浓度/（mg/L）	出水浓度/（mg/L）	原水类别	规模	处理技术	反应时间/min	水质条件		参考文献
								pH	T/℃	
铁	＞98	0.52~1.10	＜0.03	GW	B	活性炭	30	6.8~7.9		Fang et al.，2000，2006
锰	＞96	0.35~0.86	＜0.01							
锰	81	5.5		GW	B	高铁酸盐	20		20	Mihee and Myoung，2010
铁	99~100	2~20		GW	B	碳酸氢钾	1~2h	6.8~7.7		Shreemoyee et al.，2011
锰	83	1		GW	B	臭氧氧化	—	9~10	20	Araby et al.，2006
铁	96	2.6								
铁	＞99	15	0.13	GW	P	锰砂铁滤料两级滤池	滤速为 2 m/h	—	—	Harma，2007
锰	96.7	1.5	0.05							
铁	94.8~95.1	5.72~6.17	0	SW	F	悬浮填料生物接触氧化+聚合氯化铝/聚丙烯酰胺+臭氧生物活性炭	—	—	—	方磊等，2011
锰	100	0.69~1.39	0							
铁	＞80	1.47	＜0.3	LGW	P	陶粒曝气生物滤池	滤速 3m/h	—	—	唐玉兰等，2011
锰	＞97	2.77	＜0.1							
铁	99.9	15	0.05	GW	P	无烟煤锰砂滤池	—	—	—	曾辉平等，2010
锰	87	1.5	0.2							

程为原水曝气—接触氧化过滤；②地下水同时含铁、锰时，其工艺流程应根据下列条件确定。

条件一，当原水含铁量低于 6.0mg/L、含锰量低于 1.5mg/L 时，可采用原水曝气—单级过滤；

条件二，当原水铁含量或含锰量超过上述数值时，通过试验确定，必要时可采用原水曝气——级过滤—二级过滤；

条件三，当除铁受硅酸盐影响时，应通过试验确定，必要时可采用原水——级过滤—曝气—二级过滤。

根据一般化学性金属类污染物安全保障技术信息分析，得出一般性化学金属类可行技术以供参考，如表 7.7 所示，具体工程选取技术时还应考虑原水水质、处理后水质要求、经济可行性以及以往经验选取最终可行净化技术。

表 7.7　一般性化学金属类指标净化可行技术评选参考表

污染物	可行技术
铁	AR
锰	O/F

2）氨氮无机盐类

（1）污染物特性介绍

水中氮化合物有多种存在形态：有机氮、氨态氮（简称氨氮）、亚硝酸盐氮（亚硝态氮，NO_2^--N）、硝酸盐氮（硝态氮，NO_3^--N）等。天然状态下，地下水中的NO_3^--N较少，通常含量低于Cl^-、HCO_3^-、SO_4^{2-}，但在人为影响下，NH_3^--N及NO_3^--N由于各种原因不断增高，导致地下水的污染。世界上有许多国家因施用大量氮肥而出现了NO_3^--N的污染，据报道，NO_3^--N已经成为美国地下水第一大污染物，美国许多地区的地下水均受到不同程度的硝态氮污染，其很多地区地下水中的NO_3^--N含量以每年 0.8mg/L 的速度增长；美国堪萨斯州大学曾调查显示（Ware，1989），堪萨斯州有 24%的私人井水和 28%的农用井水的 NO_3^--N 含量超过10mg/L。近年来我国硝态氮污染地下水的问题也越来越严重（陈建耀等，2006），农用氮肥的使用面积非常广，化学氮肥的施用数量也在不断增加，有些地方已明显地出现了 NO_3^--N 的升高，各类工业废水中氨氮排放常常是地下水中 NH_3^--N、NO_3^--N污染的主要污染源，地下水氮污染形式主要是硝酸盐氮的污染，它是国内外最普遍、污染面积最大的地下水污染。饮用硝态氮含量过高的水，可直接引起婴儿高铁血红蛋白症，还可能导致消化系统的癌症（刘晓晨和孙占祥，2008）。

（2）安全保障技术数据库建立

随着氨氮允许排放标准的日趋严格，对氨氮处理工艺提出了更高的要求，含氨氮水质的处理已引起了广泛的重视，其研究范围涉及生物、化学、物理等各方面，新技术、新工艺不断出现。目前，氨氮废水处理方法分为三大类：第一类是物化脱氮法，包括折点氯化法、化学沉淀法、离子交换法等；第二类是生物脱氮法；第三类是高级氧化法，如光催化氧化法、电化学氧化法等。根据国内外相关文献的查阅分析氨氮无机盐类指标净化技术信息如表 7.8 所示。

表 7.8 氨氮无机盐类指标净化技术信息

污染物	去除率/%	进水浓度/（mg/L）	出水浓度/（mg/L）	原水类别	规模	处理技术	反应时间/min	水质条件		参考文献
								pH	T/℃	
氨氮	95	1.49~3.01	0~0.34	SW	B	悬浮填料生物接触氧化+聚合氯化铝/聚丙烯酰胺+臭氧生物活性炭	—	—	—	方磊等，2011
氨氮	69	1.61	<0.5	LB	B	陶粒曝气生物滤池	滤速 3m/h	—	—	唐玉兰等，2011
氨氮	83	1.2	0.2	SW	P	无烟煤锰砂两级滤池	—	—	—	曾辉平等，2010
氨氮	83~90	3.0~5.0	<0.5	LB	B	改性沸石	15	—	>10	李海鹏等，2009；刘通等，2011；梁晓芳等，2009
氨氮	80	0.65~1.25		SW	B	臭氧氧化/生物沸石	15	—	18	郑思鑫等，2010
硝酸盐	98.8	32.09~52.28	<10	SW	B	生物膜反应器	—	7.7 (25.6±2.4)		陆彩霞等，2010
硝酸盐	99.6	50	<0.2	SW	B	固定床生物反应器	30	—	—	Giridhar et al.，2010

（3）净水可行技术评选

关于氨氮无机盐类指标的去除方法较多，参考 WHO、USEPA 的污染物可行处理技术，结合我国水源水中此类污染物的污染状况，当该类污染物污染状况适中时，可行净化技术选用如图 7.3 所示流程图，当水源水中氨氮浓度较高时，可选用图 7.4 所示的可行净化技术流程图。氨氮无机盐类指标可行净化技术参考如表 7.9 所示。

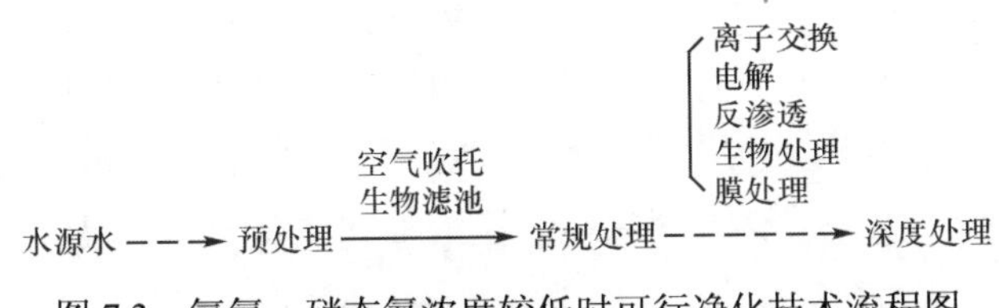

图 7.3　氨氮、硝态氮浓度较低时可行净化技术流程图

水源水 ⟶ 生物接触氧化 ⟶ 高密度沉淀池 ⟶ 臭氧接触池 ⟶ 生物活性炭 $\xrightarrow{\text{微絮凝}}$ 砂滤池 $\xrightarrow{\text{加氯}}$ 出水

图 7.4　氨氮浓度较高时可行净化技术流程图

表 7.9　氨氮无机盐类指标净化可行技术评选参考

污染物	可行技术
氨氮	PAT、F、BCO
NO_2^--N	EPA：IX、RO、CL
NO_3^--N	EPA：RO、IX WHO：BT、MT、IX

3）阴离子洗涤剂类

（1）污染物特性介绍。阴离子表面活性剂（linear alkylbezene sulfonates，LAS）是一种混合物，年产量在 100 万 t 以上，主要成分是烷基苯磺酸钠，还有一些增净剂、漂白剂、荧光增白剂、抗腐蚀剂、泡沫调节剂、酶等辅助成分。LAS 不是单一的化合物，可能包括具有不同链长和异构体的几个或全部有关的 26 个化合物。广泛运用于纺织、印染工业、石油工业、电镀工业等，还可以作为絮凝剂，可随生活污水进入天然水体。阴离子洗涤剂对水环境危害严重，导致水体出现大量泡沫，影响感官性状，妨碍水与空气的接触并消耗水中的溶解氧，降低水体自净作用，与氮素联合作用引起水质富营养化；阴离子洗涤剂对人体危害也很严重，刺激体重增加，可引起血红蛋白、红细胞和白细胞数量的变化，危害皮肤和肝脏。

（2）安全保障技术数据库建立。阴离子洗涤剂可采用流动注射分析法检测，实验室可采用电位滴定法、亚甲蓝分光光度法检测。常规处理方法有泡沫分级法、溶媒萃取法、乳化分级法、离子交换法、高级氧化、过滤和活性炭等。紫外-过氧化氢高级氧化联用工艺可以去除饮用水中低含量阴离子合成洗涤剂。在原水的十二烷基苯磺酸钠的质量浓度为 1mg/L 左右、紫外光强 133.9μW/cm^2、过氧化氢投加量 20mg/L 和停留时间 60 分钟条件下，十二烷基苯磺酸钠的去除效率达到 90 %（芮旻等，2005）。过滤技术对于阴离子洗涤剂的处理效果也比较好，用于去除水中阴离子合成洗涤剂的过滤介质及其制备方法的专利中：采用高分子量聚乙烯、活性炭、硅藻土粉、硼泥粉和发孔剂［质量比为（200~350）：（50~100）：（50~100）：（50~120）］制成的过滤介质，对阴离子合成洗涤剂的去除率为 95%。在粉末活性炭投加量为 20mg/L 条件下，反应 2 小时后，对纯水中的合成阴离子洗涤剂去除率达到 95.3%。根据国内文献分析，阴离子洗涤剂指标净化技术信息如表 7.10 所示。

表 7.10　阴离子洗涤剂指标净化技术信息表

污染物	净化技术	去除率/%
阴离子洗涤剂	高级氧化	90.03
	过滤	95
	粉末活性炭	95.3

（3）净水可行技术评选。针对阴离子洗涤剂的去除方法以及去除率，参考 WHO 和 EPA 可行去除技术，得到我国阴离子洗涤剂类指标的可行净化技术参考表（表 7.11）。其他净化技术可通过工程试验数据，并利用 TOPSIS 法确定是否为最终可行去除技术。

表 7.11　阴离子洗涤剂类指标净化可行技术评选参考表

污染物	可行技术
阴离子洗涤剂	F、AOX、PAC

2. 微生物指标的净化可行技术

1）病原微生物

（1）污染物特性介绍。病原微生物是指可以侵犯人体，引起感染甚至传染病的微生物，或称病原体。病原体中，以细菌和病毒的危害性最大。病原微生物指朊毒体、寄生虫（原虫、蠕虫、医学昆虫）、真菌、细菌、螺旋体、支原体、立克次体、衣原体、病毒，原生动物如隐孢子虫和贾第虫等。水中的病原微生物主要来自人畜粪便和污水污染，水传播疾病的爆发会对社会构成很大威胁。表 7.12 列出了各类病原微生物的大小、传播途径、健康影响、在环境中的持久性等信息。

表 7.12　病原微生物类指标信息表

名称	大小	传播途径	健康影响	环境持久性
鸟分枝杆菌复合体	（0.2~0.6）×（1.0~10.0）μm	水和食物	肺病	数年
大肠杆菌		水和食物	胃肠道疾病	数周
幽门螺旋杆菌	（0.5~1.0）×（2.5~4.0）μm	水和食物	胃病	
弯曲杆菌	长 1~5μm，宽约 0.3μm		肠道疾病	
肠道病毒	直径 25~30nm	水和食物	肠道疾病	数年
杯状病毒		水	胃肠道疾病	
肝炎病毒	直径 27 nm	水和食物	肝炎	4 个月以上
隐孢子虫	卵囊 2~5μm	水	胃肠道疾病，隐孢子虫疾病	湿冷环境存活期长，一部分可达半年
贾第虫孢囊	约 10nm×7nm	水	胃肠道疾病，贾第虫病	水温＜10℃时至少 2 个月；水温高时则减少
军团菌			军团病，肺炎，流感样病态	存在于冷却塔和热水系统中

（2）安全保障技术数据库建立。加强水源保护、控制水源污染，提高汇水区污水处理率和处理程度，降低面源污染程度是防止病原微生物入侵供水系统的前提，然后开展优化常规水处理工艺的工作。由于病原微生物的卵囊与水中的部分杂质颗粒有相似的大小和密度，因此水处理时还应着重混凝和过滤过程的优化运行。当源水中微生物的浓度不高或是未有“两虫”时，通过优化常规处理工艺即水处理构筑物的优化设计，加强运行中的管理，处理后的水质可以满足微生物指标的要求；当原生动物浓度高时，采用联合消毒方法或压力膜过滤、紫外、二氧化氯、臭氧等；当隐孢子虫卵囊的污染严重时，还应考虑附加处理工艺；当去除两虫（贾第虫和隐孢子虫）时，由于其个体非常微小，抗氯性较强，一般水厂过滤方法很难将其去除，需改善水处理方法和设备，即增加预处理与深度处理工艺，深度处理以臭氧+颗粒活性炭为可行。具体流程图如图 7.5 所示，根据文献查阅结果整理分析病原微生物类指标净化技术信息如表 7.13 所示。

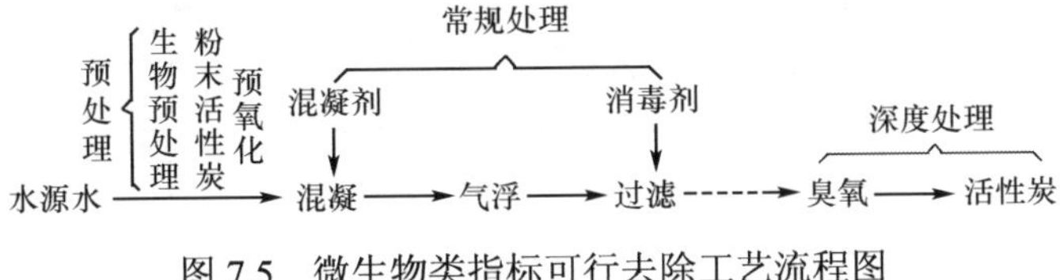

图 7.5　微生物类指标可行去除工艺流程图

（3）净水可行技术评选。根据原水的水质具体情况做调整选择，其中过滤以混凝过滤，悬浮污泥过滤法、硅藻土过滤、直接过滤可行，以氯消毒为最常用消

表 7.13　微生物类指标净化技术信息表

污染物	去除率/%	进水浓度	出水浓度	原水类别	规模	处理技术	停留时间	水质条件		参考文献
								pH	T/℃	
隐孢子虫	73	1.76E6oocyst/L	0.469oocyst/L	GW	B	硅藻土过滤	4~8h	6.8~7.1	—	Ongerth and Hutton，2001
隐孢子虫	90	—	—	LW	—	直接过滤（介质玻璃微珠）		5.6	—	Hsu et al.，2001
隐孢子虫	—	1.7E7oocyst/L	NM	GW	B	臭氧氧化		8	—	Kim et al.，2007
隐孢子虫	—	＜1oocyst/L	NM	GW	F	超滤+反渗透			25	ETV，2012
贾第鞭毛虫	—	＜1cyst/L	NM	—	—	—		—	—	—
总大肠菌群	—	291 CFU/L	NM	—	—	—		—	—	—
总大肠杆菌	100	（732±146）CFU 100/mL	0±0	GW	P	膜混凝生物反应器	HRT30min	7.14±0.14	（15.4±1.0）	Tian et al. 2008
枯草芽孢杆菌	100	$log_{10}7$/mL	NM	SW	P	臭氧氧化+氯消毒	O_3 2min 氯消毒 240min	8.16	（20±1）	耿淑洁等，2011
贾第鞭毛虫	100	8 个/L	NM	SW	F	混凝/过滤	—	—	—	孙磊等，2007
隐孢子虫	100	6 个/L	—	—	—	—	—	—	—	

注：oocyst. 卵囊；cyst. 胞囊；E+数字（*N*）表示 10 的 *N* 次方；CFU 表示菌落，NM 试验文献没提到。

毒技术。在消毒过程中，紫外线消毒被证明是灭活隐孢子虫最为经济有效的消毒技术，同时在保障饮用水安全和减少消毒副产物的形成方面作为一项经济、安全、高效的消毒技术，在保证我国的供水安全方面有着广阔的应用前景。考虑到保证管网中持续的消毒作用，紫外线和氯联用的消毒方式将成为未来我国市政饮用水消毒发展的重要技术选择。因此，紫外线和氯联用的消毒方式是投资效益高、最具安全性的技术。病原微生物类指标可行净化技术如表 7.14 所示。

表 7.14　病原微生物类指标净化可行技术评选参考表

污染物	可行技术	污染物	可行技术
贾第鞭毛虫	USEPA：C/F，SSF，DEF，DF，D	军团菌	USEPA：C/F，SSF，DEF，DF，D
异养菌总数	USEPA：C/F，SSF，DEF，DF，D	病毒	USEPA：C/F，SSF，DEF，DF，D
总大肠杆菌	EPA：D	隐孢子虫	EPA：C/F

2）微囊藻毒素类

（1）污染物基本特性。微囊藻毒素（Microcystins，MC）是由蓝藻水华，如固氮的鱼腥藻（*Anabaena*）、束丝藻（*Aphanizomenon*）、拟柱胞藻（*Clindrospermopsis*）、胶刺藻（*Gloeotrichia*）和节球藻（*Nodularia*），非固氮的微囊藻（*Microcystis*）、颤藻（*Oscillatoria*）和鞘丝藻（*Lyngbya*）等暴发所产生的一种七肽单环肝毒素，结构中存在着环状结构和间隔双键，因而具有相当的稳定性。它能够强烈抑制蛋白磷酸酶的活性，当细胞破裂或衰老时毒素释放进入水中，同时它还是强烈的肝脏肿瘤促进剂。

（2）安全保障可行技术数据库建立。随着我国工农业的快速发展，大量含氮含磷的工业废水、生活污水以及农业面源污水排入江河湖海，导致环境水体富营养化严重。2013 年《中国环境状况公报》指出，我国 26 个国控重点湖泊（水库）中，太湖、巢湖和滇池因富营养化均为劣Ⅴ类水质，长江、黄河中下游多数水库及湖泊水体均检测出微囊藻毒素（microcystins，MCs）。日益严峻的环境水体有机与氮磷污染、富营养化与藻毒素污染等问题，已直接影响到城镇饮用水安全和人类健康。环境水体富营养化与藻毒素污染是目前日益严重的世界性环境问题，世界卫生组织制定的《饮用水水质准则》和我国实施的新《标准》将 MC-LR 列入饮用水评价指标，设定标准限值为 1.0μg/L。各国积极开展了有关藻毒素生物降解的研究，微囊藻毒素类指标净化技术信息如表 7.15 所示。

（3）净水可行技术评选。根据对文献资料的评价研究，并结合工程的实际应用情况的研究结果表明，采用高锰酸钾与 PAC 联用的强化常规处理工艺，可作为微囊藻毒素的可行处理技术，工艺流程图如图 7.6 所示。

表 7.15　微囊藻毒素类指标净化技术信息表

污染物	去除率/%	进水浓度	出水浓度/（μg/L）	原水类别	规模	处理技术	停留时间	水质条件 pH	水质条件 T/℃	参考文献
微囊藻毒素	95		0.02~0.035	GW	F	慢滤池+氯消毒		9	11	Rapala et al.，2006
	100	0.01 μg/L	0.00	GW	P	颗粒活性炭				Hsu et al.，2001
	98			MW	P	膜过滤技术/超滤		9	12	Jia et al.，2003
	>99	9.4 mg/L	ND	GW	B	纳滤				Gijsbertsen et al.，2006
	>99			MW	B	臭氧氧化		7	20	Renneker et al.，2000
	95	7.1 μg/L		GW	B	高锰酸钾氧化	90min	7	20	Rodriguez et al.，2007
	96		0.2			高锰酸钾与粉末活性炭联用		7.9	25	郑全兴，2010

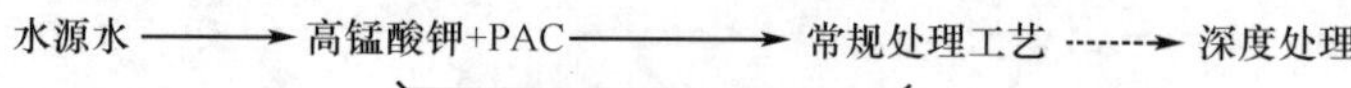

图 7.6　微囊藻毒素指标可行去除工艺流程图

另外，应采取措施减少生成水华的可能性，包括集水区和水源水的管理，如减少营养物质负荷或交换蓄水池的分层和混合。有效去除水中游离微囊藻毒素以及大多数其他游离的蓝细菌毒素，包括采用臭氧或氯气在足够的剂量和接触时间下进行氧化，以及使用颗粒活性炭和粉末活性炭。微囊藻毒素类指标可行净化技术如表 7.16 所示。

表 7.16　微囊藻毒素类指标净化可行技术评选参考表

污染物	可行技术
微囊藻毒素	PAC、GAC

3. 毒理学指标的净化可行技术

1）卤素化合物类

（1）污染物特性介绍。卤族元素指周期系ⅦA 族元素，包括氟（F）、氯（Cl）、溴（Br）、碘（I）、砹（At），简称卤素。

氟化物主要来源于天然和人类活动，饮用水中的氟化物浓度因地区而异，人体短时间摄入大剂量可溶性氟化物，能引起急性中毒，过量摄入则会影响健康，因此氟化物污染已经成为一个世界普遍关注的问题。

氯消毒是最常见最经济的饮用水消毒方式，但是氯化消毒剂易与原水中的自然有机质（NOM）产生消毒副产物（DBPs），即三卤甲烷（THMs）代表的挥发性物质和卤乙酸（HAAs）代表的非挥发性物质。其中，三卤甲烷中的三氯甲烷和卤乙酸中的二氯乙酸（DCAA）及三氯乙酸（TCAA）均被证实对动物有致癌作用。由于氯代烃具有很大的生物毒性，是“三致”物质，挥发性氯代烃还是饮用水氯气消毒的副产物，影响人类健康，所以水体中氯代烃的处理是一个全球关注的环境问题（阿力亚·马那提，2011）。从美国水厂协会（AWWA）研究基金会报道的有关消毒副产物（DBPs）致癌风险数据中发现：在消毒副产物的总致癌风险中卤乙酸的致癌风险占总 DBPs 致癌风险的 91.9%以上，而三卤甲烷的致癌风险只占 8.1%以下，可见对饮用水中卤乙酸的去除研究非常重要（Ware，1989）。

此外，氯化氰也是氯化消毒所致的副产物，是氰化物氯化过程中的初级产物，是一种微溶于水的挥发性气体，即使在低浓度下，仍具有较高的毒性，在体内代谢形成氢氰酸，对眼和呼吸道有强烈的刺激作用，引起气管炎和支气管炎；高浓度时，引起眩晕、恶心、大量流泪、咳嗽、呼吸困难、肺水肿，甚至迅速死亡。氯化氰化学反应活性较高，能与许多物质发生化学反应。对人体健康危害巨大（吴柯，2000；张晶，2011）。

氰和卤素具有相似的化学性质，称为拟卤素。氰化物在水体中存在的形式是多样的，如 HCN、KCN、NH_4CN、锌氰、镉氰、铁氰配合物等，饮用水中氰化物的来源主要是工业污染，一般电镀、焦化、合成有机玻璃、杀虫剂等工业废水。氰化物通过皮肤、呼吸道或消化道进入体内，迅速分解出游离的氰（CN^-），通过与细胞内呼吸酶中的铁、铜、钼等金属离子结合，导致该酶失活，丧失传递电子的能力，使呼吸链中断，从而产生细胞窒息死亡。近年来也发生了多起氰化物污染事件，据报道，罗马尼亚奥鲁尔金矿氰化物污染事件对环境造成的危害可持续 20 年以上（张晓云，2000；Akcila，2003；王健和陆少鸣，2009；赵吉昌和高克权，2004）。

（2）安全保障可行技术数据库建立。除氟技术主要是吸附法，主要的吸附剂包括含钙吸附剂、铁基吸附剂、金属氧化物、氢氧化物、混合金属氧化物、金属浸渍氧化物、天然材料、生物吸附剂、纳米材料等。目前较有效的除氟方法的吸附容量、浓度范围、反应条件等工艺参数见表 7.17。除氟化物以外的其他卤化物在饮用水方面的研究报道均少见，只是基于突发污染应急方面的研究（Amini et al.，2008；Mjengera and Mkongo，2003）。

氯化物污染方面，除了对消毒副产物三卤甲烷进行处理外，应该采取一些有效措施来减少三卤甲烷的生成量，措施主要有：①保护供水水源不受到有机和其他来源于农业、工业、林业、泥煤渗透液等污染源的污染，减少水处理系统有机物的去除量；②水处理厂对于化学物用量、混凝、澄清、过滤过程运行条件的优选；③避免氯化处理原地表水，同时应该使处理水尽量远离消毒副产物的前体物，如色度、TOC、紫外吸收物质；④使余氯浓度及接触时间限制在处理系统所要求

表 7.17 氟化物指标净化技术信息表

吸附剂	吸附容量/（mg/g）	浓度范围/（mg/L）	接触时间/h	水质条件 pH	水质条件 T/℃	参考文献
AA（γ-Al_2O_3）	0.86mmol/g	15~100	16~24	5.0~6.0	30	Ku and Chiou，2002
AA（Grade OA-25）	1450	2.4~14	—	7	—	Ghorai and Pant，2004
明矾浸渍 AA	40.68	1~35	3	6.5	室温	Tripathy et al.，2006
氧化铝涂层氧化铜（COCA）	7.77	10	24	—	30±1	Bansiwal et al.，2006
氧化镁改性 AA	10.12	5~150	3	6.5~7.0	30±1	Maliyekkal et al.，2008
氧化钙、氧化锰改性 AA	101.01 10.18	1~100	48	5.5	25	Camacho et al.，2010；Ma et al.，2009
纳米羟磷灰石/甲壳素	2840	10	30min	7.0	30	Sundaram et al.，2009
氧化锰涂层活性炭	—	3~35	3	5.2±0.2	28	Ma et al.，2009
铝碳酸镁/壳聚糖	1255	9~15	30min	＜7	30	Viswanathan and Meenakshi，2009
纳米氧化镁	267.82	5~200	1.3~2	7	30±2	Maliyekka et al.，2010
高锰酸钾改性活性炭	15.9	20	3	2	25	Daifullah et al.，2007

的最小值；⑤考虑使用氯胺进行消毒；⑥控制 pH 在三卤甲烷生成所需条件以下；⑦考虑选用其他的消毒方法或是紫外消毒法。紫外消毒法可能由于较高的有机物浓度不能满足透光的要求；⑧管理好配水系统，防止有机物在管道中形成，如冲洗主管道，清洗储水池。

氯化氰一般采用分光光度法检测，采用吸收法或还原氧化法进行处理。

氰化物处理的研究多见于矿业或工业污水，可采用流动注射法与国标分光光度法两种方法测定，流动注射法线性范围较宽、灵敏度较高且可自动、快速地测定大批量水样中的氰化物。采用碱氯化法、酸化回收法、电化学法、过氧化物氧化法、离子交换法、化学试剂氧化、膜处理、化学萃取和臭氧氧化法等进行处理。除化学试剂氧化法中的二氧化氯、双氧水和臭氧氧化法外，其他方法均无法在饮用水应急处理工艺中得以快速应用（陈华进，2005）。表 7.18 列出了通过国内外关于卤素化合物类指标有效净化技术文献的分析结果。

（3）净水可行技术评选。氟化物净化技术较多，其中生物吸附剂尤其是改性壳聚糖的效果最好，但存在限制除氟容量的问题。金属氧化物虽廉价但容易使水体中残留一些有毒金属。氢氧化物类、铝碳酸镁混合物、纳米材料在氟化物去除的研究中引起了相当的关注，WHO、USEPA 优选氧化铝吸附剂作为一种去除氟化物的可行技术（WHO，2004）。

氯化物（消毒副产物）的研究是尽量减小其在饮用水中的存在量，最大限度地降低其对人体的健康危害。根据 DBPs 的形成机理，目前控制 DBPs 的方法

表 7.18　卤素化合物类指标净化技术信息表

污染物	去除率/%	进水浓度/（mg/L）	出水浓度/（mg/L）	原水类别	规模	处理技术	反应时间/min	水质条件		参考文献
								pH	T/℃	
二溴一氯甲烷	80	—	—	LW	P	紫外/双氧水	—		24±1.0	Jo et al.，2011
三氯甲烷	68	0.189	<0.06	LW	P	紫外/臭氧	120	—		Lau et al.，2007
二氯甲烷	99	—	<1μg/L	—	B	空气吹托+颗粒活性炭	—	—		Keisuke et al.，2008；Shang et al.，2007
溴酸盐	99.1	5.70	—	SW	P	活性炭	5	5.5	20	俞潇婷等，2010
四氯化碳	99	0.02	0.002	SW	P	活性炭	120		15~20	彭敏（a），2011
四氯化碳	61	0.132	—	微污染高藻原水	F	聚合化铝铁混凝+气浮	—	—	—	舒坦，2012
三氯甲烷	99.7	0.147	—							王占金等，2010
三氯甲烷	58	15.79	8.18	LW	P	超声强度为 $195W\cdot cm^2$	60	—	—	郭照冰等，2007
氟化物	97	5.3	0.03	SW	B	沸石吸附	—	—	—	王云波和谭万春，2008
氰化物	80	0.25	0.05	SW	B	K_2FeO_4 氧化	10	9.0		刘玉冰，2011
氰化物	93.9	50	4.696	LW	B	固定化细菌降解	20h	6.0	34	董新姣和邱叶蔚，2007
氰化物	99.2	0.45	0.004	LW	B	碱式氯化氧化法	2h	9~11	—	王健和陆少鸣，2009
三氯乙酸	97.3	—	—	LW	P	Fe/Cu 催化还原	160	4~8	—	楚文海等，2009
二氯乙酸	70	0.1	0.03	滤后水与松花江 RW	B	纳米 ZnO 催化，臭氧氧化	—	9.39	20±1	翟旭，2010
二氯乙酸	71.4	0.1	0.0286	松花江 RW	B	臭氧氧化	25	10		翟旭，2010

大致可分为 5 类，分别是改进氯消毒工艺、研发替换氯消毒剂、去除消毒副产物的前驱物、去除已经产生的消毒副产物、从源头控制、加强水源水保护，并制定严格的饮用水水质标准。任何一种饮用水深度处理技术都有其局限性，所以把物理、化学、生物等多种技术结合起来，发挥协同作用是控制消毒副产物的发展方向之一。同时不断开发新的处理技术，例如纳米技术、光催化消毒，为去除 DBPs 提供更多的技术选择。

从水中去除氰化物的方法很多，如氯消毒、臭氧氧化、离子交换、反渗透、电解（当氰化物的浓度很高时）可应用于饮用水处理，其中加氯消毒是最经济适用的技术，此过程中氰化物部分被氧化成氰酸盐、二氧化碳和二氧化氮，从水中去除。反应方程式如下：

$$CN^-+ClO^-+H_2O \longrightarrow CNCl+2OH^-$$

$$CNCl+2OH^- \longrightarrow CNO^-+Cl^-+H_2O$$

$$2NaCNO+3HClO+H_2O = 2CO_2+N_2+2NaCl+HCl+2H_2O$$

根据资料研究分析结果以及 WHO、EPA 可行技术如表 7.19 所示。

表 7.19　卤素化合物类指标净化可行技术评选参考表

污染物	可行技术	污染物	可行技术
氟化物	WHO：AA、BT USEPA：AA、RO	氯化氰	CL
四氯化碳	WHO：FTA、AC	1,2-二氯乙烷	USEPA：GAC、FTA WHO：FTA、AC
三氯乙烯	WHO：FTA 、AC、OT、BT USEPA：GAC、FTA、AOX	氯乙烯	USEPA：FTA
六氯丁二烯	WHO：AC	总三卤甲烷	USEPA：EC
四氯乙烯	WHO：FTA、AC	1,1,1-三氯乙烷	USEPA：GAC、FTA
五氯酚	WHO：AC USEPA：GAC	1,2-二氯乙烯	WHO：FTA、AC、OT USEPA：GAC、FTA
环氧七氯	USEPA：GAC	二溴一氯甲烷	USEPA：EC
一溴二氯甲烷	USEPA：EC	二氯甲烷	USEPA：FTA
三氯乙醛	EC、GAC	溴酸盐	CL
氰化物	USEPA：CL、RO、IX	七氯	USEPA：GAC
二氯乙酸	USEPA：EC、OT	二氯乙酸	USEPA：EC、OT

2）重金属类

（1）污染物特性介绍。重金属是指相对密度大于 5.0 的金属，包括汞、铅、镉、铬、砷（工业五毒）等毒性较大的元素，也包括锌、铜、镍等毒性较小的元素。重金属主要来源于矿山、冶金、化工、机械制造、电子、导体及半导体、电镀、电解、金属制品业、油漆、染料等工业废水，生活污水和农田废水。重金属不能被微生物降解，通过食物链作用聚集于人体，从而破坏生物体正常的代谢功能来危害人体健康。

砷广泛分布于自然界中，地表水中的砷来源于皮毛厂、玻璃厂、木材厂、颜料、涂料和农药厂排出的废水。地下水中砷的来源主要有两个方面：人为活动来源和天然来源，人为活动来源是指在人类活动直接或间接参与下，导致地下水砷的含量增加，主要有含砷矿床的开采，含砷农药的使用、农业灌溉、木材保存以及含砷废水的排放等。天然来源主要指由于自然环境条件的变化使得含砷矿物中砷的释放以及固定在岩石上的砷解吸而进入地下水中。当人体摄入少量砷时，可促进新陈代谢，但过量摄入砷则产生中毒，其作用机制是抑制细胞中硫基的呼吸酶，高浓度的砷可以完全抑制细胞呼吸而引起细胞死亡，对细胞的遗传产生影响（丁爱中等，2007；Soile and Bernd，2006）。

镉来源于电镀、化工、涂料、塑料、印刷、农药、陶瓷、摄影等工业排放废水。它易在生物体内积累，毒性随形态而异，很难被生物降解消除。镉被人体吸收后，会对肾脏造成严重损害，并可以代替骨骼中的钙而使骨骼变得松软。（Ajmal et al.，2001；Chen et al.，2003）

汞是常温下唯一呈液态的金属元素，汞污染主要来源于化学工业中汞催化剂、汞制仪表（温度计）、汞矿开采冶炼、煤和石油燃料燃烧和有机汞农药等，水体汞污染主要是由氯碱、电子、电池、塑料等工业废水引起的。汞是一种毒性很强的物质，汞污染可分为无机汞污染和有机汞污染，两者比较来说，有机汞由于易被机体吸收从而使其毒性更大，即便是无机汞进入水体后，也会通过微生物转化成毒性较大的有机汞-甲基汞，然后通过食物链进入人体，造成更大的伤害，震惊世界的“八大公害事件”中，发生在日本的“水俣病”就是由甲基汞引起的，截至 2010 年 5 月确认的受害人数高达 12 617 人，死亡 1400 多人。

铬在地壳中的储量排在第 17 位，并且以多种氧化态形式存在（常用化合价为+3，+6 和+2）。三价铬［Cr（Ⅲ）］及六价铬［Cr（Ⅵ）］是自然界水中主要的存在形式。排放铬的途径包括燃油和燃煤、不锈钢焊接、制钢、水泥厂、工业油漆和涂料制造以及冷却塔等。铬的化合物常以溶液、粉尘或蒸汽的形式污染环境，危害人体健康，可通过消化道、呼吸道、皮肤和黏膜侵入人体（谭西顺，2003；史黎薇，2003）。

铜、锌、镍等元素都是有机体的必需微量元素，对人体生长和发育起着重要作用。但是当人体摄入过量时，也会对机体产生不同程度的毒害作用。铜来源于有机合成、农药、染料、橡胶及有色金属冶炼厂等废水，在人体内的含量过高时，会刺激消化系统，引起腹痛，当沉积于脑部引起神经组织病变时，或沉积于皮肤、肝脏、胰脏和心脏等部位时，则会引起小脑运动失常和“Wilson”病发作。人体内锌和镍的含量过多时也会发生中毒现象，锌中毒主要症状为腹泻、呕吐（赵梅青等，2008；韦林森，2007）。

（2）安全保障技术数据库建立。含重金属水体的主要处理技术有三种。①物理处理方法，包括吸附、离子交换、膜分离法；②化学处理方法包括混凝法、氧化还原法、电解法、中和沉淀法，这类方法的特点是重金属不以化学形态回收；③生物处理方法包括利用微生物处理无机重金属离子废水，在国内外虽然有些报道，但多集中于实验室研究。

通过查阅国内外各类重金属污染事件分析整理有效净化技术，如表 7.20 所示。

（3）净水可行技术评选。随着世界各国对于重金属突发性污染事件应急处理处置的不断重视，先进有效的重金属净化技术不断提出，参考 WHO、USEPA 的污染物可行处理技术，结合我国水源水中此类污染物的污染状况，总结典型重金属类物质可行净化技术如表 7.21 所示。

其中石灰软化法一般向受污染水体中投加石灰乳中和，调节水的 pH 至碱性条件，当 pH＞10.5，溶解性的 Mg^{2+}形成 $Mg(OH)_2$，As(Ⅴ)通过共同沉淀的方式去除，凝聚/过滤技术，As(Ⅴ)通过协同沉淀与 $Al(OH)_3$、$Fe(OH)_3$ 沉淀去除，氧化/过滤溶解的 As(Ⅲ)被氧化成 As(Ⅴ)，然后吸附在 $Fe(OH)_3$ 沉淀上去除，建议 Fe 和 As 的质量比为 20∶1。

3）酸酯类

（1）污染物特性介绍。饮用水中酸酯类污染物主要是邻苯二甲酸酯类，它是邻苯二甲酸（phthalate acid）的酯化衍生物，包括邻苯二甲酸二甲酯（DMP）、邻苯二甲酸二乙酯（DEP）、邻苯二甲酸二丁酯（DBP）、邻苯二甲酸二辛酯（DOP）、邻苯二甲酸丁基苄基酯（BBP）和邻苯二甲酸（2-乙基己基）酯（DEHP），其中 3 种邻苯二甲酸酯类化合物 DMP、DBP 和 DEHP 是我国环境优先控制污染物。邻苯二甲酸酯（phthalic acid esters，PAEs），又称酞酸酯，是一种增塑剂，在聚氯乙烯塑料制品中的含量可高达 20%~50%，广泛应用于增塑剂、化妆品、洗涤用品、建筑材料和润滑油中，是近年来的新型主要污染物之一。同时邻苯二甲酸酯也是一种环境激素，具有致畸性、致突变性、致癌性及生殖毒性，经过动物实验证实为危害人体肝脏与肾脏的有害化学物质（陈济安等，2007；刘健明等，2011；Dalgaard et al.，2001）。

（2）安全保障可行技术数据库建立。国内外大量实验表明，粉末活性炭对水中多种污染物具有良好的吸附去除效果，投加到水中后可通过混凝沉淀去除，是应对水源突发性污染事故的有效措施。通过对该类污染物的有效净化技术的调查研究，评选整理得表 7.22 酸酯类指标净化技术信息表。

表 7.20　重金属类指标净化技术信息表

污染物	去除率/%	进水浓度/（μg/L）	出水浓度/（μg/L）	原水水质类别	规模	处理技术	反应时间/min	水质条件		参考文献
								pH	T/℃	
砷	73.3	15	4	GW	F	铁类介质	—	—	—	Severn Trent Services，2006
砷（V）	54.5	11	5	GW	P	铁类介质	2.5	7.9	—	Westerhoff et al.，2006
总砷	75	40	10	GW	F	活性氧化铝	3.5	7.8	20.3	Valigore et al.，2006
砷（V）	60	25	10	GW	P	改性铁介质	—	7.2		Cumbal and Sengu，2005
砷(III50%、V 50%)	99	500	10	LW	B	锆石氧化铝				Daus et al.，2004
总砷	＞77.8	45.1	＜10	GW	F	活性氧化铝	—	7.8	—	McCall，2007
砷（III）	＞97.6	21.5	＜0.5	GW	P	过滤	25.8	7.3	—	Pokhrel et al.，2005
总砷	98.9	17.4	0.2	GW	—	曝气生物滤池	114.7	—	—	Katsoyiannis and Zouboulis. 2006
砷（III）	91.6	60	5	GW	P	过滤 Fe：As （16：1）~（25：1）	—	6.6	—	Wang et al.，2007
砷（V）	98	11	—	GW	P	颗粒活性炭	—	6.7	—	Atkinson.，2006
总砷	96.6	42.1	1.4	GW	F	NaCl 离子交换	4.5	7.6	—	Iqbal et al.，2007
总砷	98.8	160	2		F	膜过滤				Koo and Hong. 2007
砷（V）	96	243	—	LW	O	膜分离		7	25	Jingwen et al.，2015
砷（V）	95			LW	—	沉淀软化				Meng et al.，2001
总砷	96	17.4	0.7	GW	P	臭氧氧化+慢滤池	36.9	7.2~7.5	—	Tuhin and Sanjeev，2016
硼	95	5mg/L	—	LW	F	聚酰胺纤维反渗透膜		10.5	22	Peñate and García- Rodríguez，2012
铅（II）镉	97	0.2 mg/L	—	SW	P	半胱氨酸改性聚合物纳米	预沉淀 180+反应 120	—	—	Sagar et al.，2010 Badiei et al.，2012 Torresa et al.，2015
铅、镉、铬	＞95			SW	B	离子交换	18h	＜7	20~24	Vaca M.V et al.，2001

续表

污染物	去除率/%	进水浓度/（μg/L）	出水浓度/（μg/L）	原水水质类别	规模	处理技术	反应时间/min	水质条件		参考文献
								pH	T/℃	
锌	78	50μg/L	10.8μg/L	LB	P	$KMnO_4$ 改性活性炭	120	7	25	赵梅青等，2010
锌	80	5	1	LW	P	聚合硫酸铝，聚合硫酸铁	46	>9	25	赵鉴等，2010
锌	80	5	<1	SW	P	电气石陶粒	180		26	李云，2011
汞（Ⅱ）	95	0.5	—	LW	P	交联壳聚糖吸附	90	5	—	宋吉英等，2008
镉（Ⅱ）	91.6	60	5.0	SW	P	改性沸石+壳聚糖	10	—	—	李明玉等，2008 陈伟玲，2009
硼	99	4.42	0.3	海水		活性炭	60	6	—	闫春燕，2007
镉（Ⅱ）	94	0.02	—	SW	P	聚合氯化铝铁+水玻璃	—	—	—	吴丰昌等，2011
镉（Ⅱ）	97.7	0.220~0.264μg/L		应急污染水	P	聚合氯化铝+混凝	—	10	—	高中方等，2009
钼	100	7.0	—	SW	P	三氯化铁	—	6.5~9.0	—	Asael et al.，2013
镍	>98	0.1	<0.02	LW	P	聚合氯化铝	—	10		巢猛和胡小芳. 2011，
铍	90	0.02	<0.002	SW	P	聚合氯化铝	—	9		彭敏，2011（b）
铅（Ⅱ）	77.9	0.0148	0.0033		B					王利平等，2009
镉（Ⅱ）	70.1	0.0076	0.0023	市政供水		铜锌合金滤料	—	6.5~8.5	—	熊仁军等，2004

表 7.21　重金属类指标净化可行技术评选参考表

污染物	可行技术	污染物	可行技术
砷	USEPA：GAC、AA、RO、C/F、O/F WHO：IX、PS、BT、AA	铍	USEPA：AA，IX，LS，RO
锑	USEPA：C/F，RO	铊	USEPA：AA、IX
钡	USEPA：DEF，DF，IX，RO	镉	USEPA：C/F，DC，IX，LS，RO WHO：C、IX、PS、BT
总铬	USEPA：C/F，IX，RO，LT（Ⅲ）	汞	USEPA：C/F，LT，RO，GAC WHO：C、PS、BT、AC
硒	USEPA：AA，C/F，LT，RO WHO：IX、BT、AA	镍	USEPA：IX，PS，RO
铅	USEPA：CC，LT	硼	AC、RO
钼	$FeCl_3$	银	P

表 7.22　酸酯类指标净化技术信息表

污染物	去除率/%	进水浓度/（mg/L）	出水浓度/（mg/L）	原水水质类别	规模	处理技术	反应时间	水质条件		参考文献
								pH	T/℃	
邻苯二甲酸酯	96.57~97.28	0.31		SW		粉末炭（PAC）吸附与混凝沉淀联用技术	5<t<60	—	—	Lu et al.，2007
邻苯二甲酸酯	94.5	20	1.89	SW	B	TiO_2/浮石催化	100	>7	—	吴楚萍，2010
邻苯二甲酸酯	92	0.5	0.04	水厂 RW	B	臭氧+零价金属还原	20	5.8	20	林明利等，2010 王胜军，2006
邻苯二甲酸酯	94.8	5.731	0.3	LW	B	活性炭	120	7.1	25	刘健明，2011
邻苯二甲酸酯	100	50	0	LW	B	硅藻土吸附固定化微生物	48h	7.0±0.1	30±0.5	王琳和罗启芳，2006
邻苯二甲酸酯	91.9	1		LW	B	紫外/双氧水	60	—	—	芮敏等，2007

（3）净水可行技术评选

参考 WHO、USEPA 的污染物可行处理技术，结合我国水源水中此类污染物的污染状况，总结典型酸酯类物质可行净化技术如表 7.23 所示。

表 7.23　酸酯类指标净化可行技术评选参考表

污染物	可行技术	备注信息
邻苯二甲酸酯	GAC	USEPA

4）苯系物、多环芳烃类

（1）污染物特性介绍。苯、甲苯、乙苯、二甲苯（benzene、toluene、ethyl-benzene、xylene，BTEX）和甲基叔丁基醚（methyl tert-butyl ether，MTBE）是汽油中普遍存在的物质。近年来，随着我国汽油消耗量猛增，以及地下储油罐、输油管道泄漏等一些突发事故，大量汽油进入环境。其中相当一部分迁移进入地表水和地下水，造成了严重的水污染问题。BTEX 是公认的有毒致癌物质，其作为石油的天然成分的一部分，也随同其他石油产品的泄漏而进入邻近的地下水体系 BTEX 已经成为目前地下水中广泛分布的持久性有机污染物（persistent organic pollutants，POPs），对其治理的研究也正在深入开展中（李影等，2009）。活性炭吸附技术作为一种成熟可靠的工艺被广泛用于去除地下水中的 POPs。

六氯苯（hexachlorobenzene，C_6Cl_6，简称 HCB）是《关于持久性有机污染物的斯德哥尔摩公约》首批控制的 12 种持久性有机污染物（persistent organic pollutants，POPs）之一。HCB 因性质稳定难降解，具有累积性慢性或亚慢性毒性作用，已被纳入环境内分泌干扰物（environmental endocrine disruptors，EEDs）之列，能导致生物体内分泌紊乱、生殖及免疫机能失调、神经行为和发育紊乱以及癌症等疾病，对环境和人体造成巨大威胁。现有的 HCB 环境清除技术虽然都取得了一定进展，但大多处于实验室研究阶段（陈晓东和吕永生，2000）。

苯并[*a*]芘（benzo[*a*]pyrene，简称 B[*a*]P）在自然界中分布极广，是多环芳烃中毒性最大的一种强烈致癌物，卫生学中一般以它作为多环芳烃类致癌物的代表物。它具有生成量大、分布范围广、传播速度快、稳定性强、生物富集率高、致癌性强等特性，在大气、水、土壤和食品中都可检出。随着现代化工业的发展，B[*a*]P 的产生和积累速率也在上升。由于对人体的严重危害，B[*a*]P 已引起了世界各国卫生及环境组织的高度重视，将它列为优先控制的环境污染物。B[*a*]P 的危害很严重，但目前在它的致毒机理、检测方法和降解等方面的研究还比较少（任加云和潘鲁青，2006）。

（2）安全保障技术数据库建立。通过对该类污染物的有效净化技术的调查研究，评选整理结果如表 7.24 所示。

（3）净水可行技术评选。参考 WHO、USEPA 的污染物可行处理技术，结合我国水源水中此类污染物的污染状况，总结苯系物、氯代苯、多环芳烃类指标可行净化技术如表 7.25 所示。

5）农药类

（1）污染物特性介绍。农药类污染物是指在农业生产中，为保障、促进植物和农作物的成长，所施用的杀虫、杀菌、杀灭有害动物（或杂草）的一类药物统称。特指在农业上用于防治病虫以及调节植物生长、除草等药剂。目前市面上常见的农药类污染物包括三嗪类除草剂、酰胺类除草剂、氨基甲酸酯类杀虫剂、有机磷酸酯类杀虫剂等，大部分农药及其代谢物属于环境内分泌干扰物，对生物的正常行为及生殖、发育所需激素的合成、储存、分泌、体内输送、结合及清除等过程产生妨碍作用，使得激素受体无法结合来自生物体自然分泌的激素，导致生物体出现各种各样的机能障碍。

表 7.24　苯系物、多环芳烃类指标净化技术信息表

污染物	去除率/%	进水浓度/（mg/L）	出水浓度/（μg/L）	原水类别	规模	处理技术	反应时间/min	水质条件 pH	水质条件 T/℃	参考文献
甲苯	92	10		LW	B	TiO_2/多晶硅 光催化剂	120	5.8		Yuan et al.，2010
苯	98.6			LW	B	活性炭	360			Kim and Elovitz，2008
苯	99.99	2.43	0.27	GW	B	生物固定床	—	7.4~8	18	Matsui et al.，2003
甲苯	99.99	12.37	1.33			固定化生物反应器				Jia et al.，2005；
苯乙烯	99.99	3.54	0.31							Maher et al.，2006
二甲苯	99.99	5.11	0.36							Sedran et al.，2002
苯	99.99	0.1369	0.01	GW	P	膜生物反应器	—	6.3~6.7	13~26	Kharoune et al.，2001
甲苯	99.98	0.508	0.11							Maher et al.，2006
二甲苯	99.99	0.716	0.10							Kharoune et al.，2001
苯	99.99	2000	0.55	GW	B	膜反应器	—	7	20	Maher et al.，2006；Pruden，2003；Kharoune et al.，2001；Violeta et al.，2009
苯并芘			0.01		F	明矾混凝+沉淀+砂滤池	—	—	—	Paschke and poop.，2004；Health Canada，1993
苯	99	10	0.1		F	颗粒活性炭	23.7	—	—	Sobrinho et al.，1997
苯	95	100	5		P	颗粒活性炭	2~8	—	—	Clark et al.，1990；Lykins et al.，1994
VOCs	99		1			填充塔吹托	—	—	—	Dyksen，2005；Crittenden et al.，2005
苯	99	123	0.5mg/L		P	紫外+双氧水+臭氧	—	—	—	Topudurti et al.，1998
二甲苯	99		＜1 mg/L	SW		颗粒活性炭	—	—	—	李影等，2009.
甲苯			50~60mg/L	LW	B	椰壳炭吸附				周烈兴等，2011
甲苯	67	10		LW	B	纳米分子筛复合材料	混凝 20 静置 20	—	—	张大志，2007；杜远山，2009；
苯	62									Yuan et al.，2010

表 7.25 苯系物、氯代苯、多环芳烃类指标净化可行技术评选参考表

污染物	可行技术	污染物	可行技术
1,2-二氯苯	WHO（FTA、AC、OT、BT）GAC、RO	1,4-二氯苯	WHO（FTA、AC、OT、BT）GAC、RO
乙苯	WHO（FTA、AC、OT）GAC	苯乙烯	WHO（FTA、AC）GAC
苯	USEPA（GAC、FTA）WHO（FTA、AC、OT）	氯苯	USEPA（GAC、FTA）
二甲苯	USEPA（GAC、FTA）WHO（FTA、AC、AOX）	苯并芘	USEPA：GAC

（2）安全保障技术数据库建立。目前对于农药类内分泌干扰物引起的水体污染处理技术主要有物理技术、生物技术以及化学技术。①物理处理技术。物理处理方法具有操作简单、易于实施的特点，但是它只是将污染物质进行了空间的转移，容易引起二次污染。主要采用的处理技术包括混凝—吸附—纳滤技术（吸附物质采用活性炭）和超滤技术、②化学处理技术。在各种化学处理方法中，高级氧化技术近年来发展迅速，从最早的芬顿法到现在的臭氧、紫外、超声波、二氧化氯以及各种技术的联合使用；③生物处理技术。生物法主要包括好氧生物处理和厌氧生物处理，如膜生物反应器。

通过比较物理、化学、生物处理方法得知，物理法操作简单，易于实施，但单独的物理方法难以完全去除污染物，而且物理法并没有改变污染物的化学性质，依然具有危害性；化学法对内分泌干扰物处理效果好，反应时间短，但是化学处理需费用高；生物法具有处理投资相对较低，处理较彻底的优点，但是生物处理周期长，不易管理。农药类指标净化技术信息如表 7.26 所示。

表 7.26 农药类指标净化技术信息表

污染物	去除率/%	进水浓度/（μg/L）	出水浓度/（μg/L）	原水类别	规模	处理技术	反应时间/min	水质条件		参考文献
								pH	*T*/℃	
敌敌畏	＞99	36	0.2	MW	B	颗粒活性炭	—	7.5	20	Costantino，2008
敌敌畏	＞99	1700	16	LW	B	反渗透	—	7.5	20	NSF International, 2006
敌敌畏	＞99	221mg/L	0	LW	B	臭氧氧化16mg/L	10	4	—	Kim et al.，2002
滴灭威	＞99	930	4	—						
克百威	＞99	1200	8	—		紫外和臭氧氧化				ETVP，2007
敌敌畏	99	850	13	LW	P	活性炭	30			
乐果	97	750	23	—						
呋喃丹	98	1100	22	—						
杀虫剂	98~99	1mg/L	—	—		颗粒活性炭	60	2~10		USEPA. 2001
	100	1mg/L	—	—		纳滤膜		压力为38~ 40bar		Sharkar et al.，2007
呋喃丹	99.9	2250 mg/L	—	—	F	活性炭		—	—	Speth，1990
		49 mg/L	—		F	臭氧氧化/紫外光	—	—	—	沈吉敏等，2011 韦贞鸽等，2008
阿特拉津	95.	102	—	SW	P	紫外-双氧水	90		25±1	崔婧等，2006

（3）净水可行技术评选。传统的水源水处理技术，如凝聚-絮凝，沉淀，过滤，不能去除饮用水中的杀虫剂。粉末活性炭（PAC）、颗粒活性炭过滤、反渗透技术对去除水中的农药和杀虫剂有较好的效果。去除特定的农药和杀虫剂的最常用的方法是在传统水处理过程中的适当加入粉末活性炭，这种方法具有投资少，年处理费用低的特点。颗粒活性炭过滤通常在传统的过滤处理之后，调节适当的滤速和接触时间使该技术具有较好的效果，每年或者是根据需要进行活性炭更换或是再生，所以颗粒活性炭技术要求不断的投资和不断增长的运行费用。反渗透技术被证实是最有效的去除方法，但是对比粉末活性炭和颗粒活性炭具有较高的投资。空气吹托技术对于挥发性杀虫剂有去除效果，但是这个技术只能应用于少数的市政工程。颗粒活性炭是美国饮用水安全法规定的去除合成有机化学物的最有效技术，实际上所有的农药都是合成有机化学物质，WHO 推荐的其他最有效技术是曝气技术去除二溴氯丙烷，消毒和臭氧氧化去除草甘膦。根据文献分析，农药类污染物净化可行技术汇总如表 7.27 所示。

表 7.27　农药类指标净化可行技术评选参考表

污染物	可行技术	污染物	可行技术
莠去津	WHO：（AC、MT、OT、AOX、BT）RO	呋喃丹	WHO：（AC、OT、MT）RO
滴滴涕	WHO：（AC、MT）RO、AOX	林丹	WHO：（AC、MT、AOX）GAC、RO
乐果	WHO：CL	2,4-D	WHO：（AC、MT、AOX）GAC
草甘膦	AOX	毒死蜱	AC、OT
六六六	GAC		

4. 放射性指标的净化可行技术

1）污染物特性介绍

放射性射线是原子核衰变过程中放出的 α 射线（α 粒子）、β 射线（β 粒子）和 γ 射线（光子），以及由原子壳层电子跃迁放出的 X 射线等。在地质工作中，通过测量某种射线的能量、照射量等来确定岩石和矿石的放射性或放射性同位素的成分和含量。放射性元素衰变时放出三种射线 α 射线、β 射线和 γ 射线，按照穿透能力由强到弱的排列顺序是：γ 射线，β 射线，α 射线。

α 射线的电离本领极大，对人体的浅表层具有显著的生理作用，α 射线对人体损伤力集中，可致细胞成团死亡，引起发炎或皮肤烧伤，而且损伤难以恢复，但是 α 射线不能穿透皮层，故在外部照射时，对身体内脏损伤程度不大；β 射线也有较大的电离本领并对人体具有较为显著的生理作用，它对人体组织的伤害不很集中，被 β 射线杀死的细胞旁边还存在许多具有活力的细胞，故人体遭受 β 射线伤害后，较易通过新陈代谢恢复正常，外部照射时，它可被皮层及皮下的一些细胞吸收而引起皮炎，但是β射线能够严重破坏人体的正常生理机能，可诱发一系列病变，导致血液系统的疾病有贫血、出血性紫斑甚至患白血病而使人致命，损伤神经系统和消化系统后可导致头痛、失眠、记忆衰退、新陈代谢功能紊乱、毛发脱落、肌肉萎缩、食欲减退等病症；各种射线都会诱发恶性肿瘤及皮肤癌。

2）安全保障可行技术数据库建立

查阅国内外去除放射性污染物的文献，总结归纳放射性指标净化技术信息，如表 7.28 所示。

表 7.28　放射性指标净化技术信息表

污染物	净化技术	去除率
α射线、β射线	过滤（专利号：200910168250）	96%以上
	RO	70%~99%
	IX	95%
	沸石吸附	80%~95%
	AA	99%

3）净水可行技术评选

根据净水可行技术路线进行评选，结果表明α射线、β射线可选的最佳可行技术如表 7.29 所示。

表 7.29　放射性指标净化可行技术评选参考表

污染物	可行技术	备注信息
α射线	C/F，RO	USEPA
β射线	C/F，IX，RO	USEPA

参 考 文 献

阿力亚·马那提. 2011. 水中氯化物测定的分析方法研究. 新疆农业科技, 33(3): 24~25
巢猛, 胡小芳. 2011. 化学沉淀法去除水中镍污染物的试验研究. 广东化工, 2011, 38(4): 81~82
陈华进. 2005. 高浓度含氰废水处理. 南京: 南京工业大学硕士研究生论文
陈济安, 邱志群, 舒为群, 等. 2007. 我国水环境中邻苯二甲酸酯污染现状及其生物降解研究进展. 专家论坛, 19(3): 212~214
陈建耀, 王亚, 张洪波, 等. 2006. 地下水硝酸盐污染研究综述. 地理科学进展. 25(1): 35~41
陈伟玲. 2009. 强化混凝去除微污染源水中重金属镉(Ⅱ)、铅(Ⅱ)和铬(Ⅵ)的研究. 暨南大学硕士学位论文
陈晓东, 吕永生. 2000. 六氯苯与健康危害. 中国公共卫生, 16(9): 849~851

楚文海, 高乃云, 赵世嘏, 等. 2009. Fe/Cu 催化还原去除饮用水中消毒副产物三氯乙酸. 同济大学学报(自然科学版), 37(10)
崔婧, 高乃云, 汪力. 2006. UV-H_2O_2 工艺降解饮用水中阿特拉津的试验研究. 中国给水排水, 22(5): 43~48
丁爱中, 杨双喜, 张宏达. 2007. 地下水砷污染分析. 吉林大学学报(地球科学版, 37(2): 319~325
董新姣, 邱叶蔚. 2007. 固定化细菌降解氰化物培养条件研究. 水处理技术, 33(2): 50~53
杜远山. 2009. 纳米级 TiO_2/多晶硅/UV 光催化氧化处理水中苯系物的研究. 苏州: 苏州科技学院 环境科学与工程系硕士学位论文
方磊, 张士乔, 张燕. 2011. 组合工艺对高氨氮污染河网水去除效能研究. 哈尔滨商业大学学报, 27(1): 30~34
高中方, 周克梅, 陈志平. 2009. 镉污染源水的应急处理技术研究. 给水排水, 25(11): 86~88
耿淑洁. 胡学香. 胡春. 2011. 臭氧-氯联合灭活饮用水中枯草芽孢杆菌芽孢的研究. 环境工程报, 5(3): 489
郭照冰, 郑正, 郑有飞. 2007. 饮用水中三种痕量卤代甲烷的超声辐照处理. 南京气象学院学报, 30(5): 710~714
李海鹏, 王志芳, 武其学. 2009. 不同酸改性沸石吸附水中氨氮的试验研究. 山东建筑大学学报, 24(3): 195~198
李明玉, 林达红, 任刚. 2008. 改性沸石粉去除微污染源水中镉(Ⅱ)的试验研究. 中国给水排水, 24(17): 79~83
李影, 张巍, 吕燕, 等. 2009. 活性炭对水中 MTBE 和 BTEX 的吸附性能. 华东理工大学学报(自然科学版), 35(6): 866~872
李云. 2011. SPM 限处理后饮用水中 Zn^{2+}矿浓度降低方法的研究. 上海: 华东理工大学硕士学位论文
梁晓芳, 王银叶, 张晓艳. 2009. 氯化钠改性沸石对饮用水中低浓度氨氮的吸附性能分析. 天津城市建设学院学报, 15(4): 285~288
林明利, 崔福义, 赵志伟. 2010. 城市给水厂应对原水发生邻苯二甲酸酯污染的处理技术及处理效能. 化工学报, 61(12): 3279~3289
刘健明, 莫婉湫, 余素华. 2011. 粉末活性炭对邻苯二甲酸二乙酯的吸附性能研究. 供水技术, 5(4): 18~21
刘通, 闫刚, 姚立荣, 等. 2011. 沸石的改性及其对水源水中氨氮去除的研究. 38(2): 97~101
刘晓晨, 孙占祥. 2008. 地下水硝态氮污染现状及研究进展. 辽宁农业科学. (5): 41~44
刘玉兵, 李明玉, 张煜等. 2011. 高铁酸钾去除微污染水源水中氰化物的试验研究. 化学通报, 74(2): 178~183
陆彩霞. 2009. 氢自养反应器去除饮用水中高浓度硝酸盐的研究. 天津: 天津大学环境工程博士学位论文
彭敏. 2011a. 粉末活性炭吸附水中四氯化碳试验研究. 供水技术, 5(2): 18~20
彭敏. 2011b. 化学沉淀法去除饮用水中铍的试验研究. 微量元素与健康研究, 28(3): 62~63
任加云, 潘鲁青. 2006. 苯并[*a*]芘和苯并[*k*]荧蒽混合物对栉孔扇贝毒理学指标的影响. 环境科学学报, 26(7): 1180~1186
芮旻, 徐斌, 陈艺, 等. 2005. 饮用水中阴离子合成洗涤剂去除的研究. 工业用水与废水, 36(5):

20~23
芮敏, 高乃云, 徐斌, 等. 2007. $UV_2H_2O_2$ 氧化处理饮用水中 DMP 效果及其降解动力学. 同济大学学报(自然科学版), 35(3): 365~370
沈吉敏, 赵志太, 陈忠林. 2011. 臭氧化去除水中敌敌畏效能及机理. 哈尔滨工业大学学报, 43(2): 19~21
史黎薇. 2003. 铬化合物的健康效应. 中国环境卫生, 6(1): 125~129
舒坦. 2012. 聚硅酸铝铁混凝处理微污染含藻水试验研究. 哈尔滨工业大学硕士学位论文
宋吉英, 李军德, 王东强. 2008. 交联羧甲基壳聚糖吸附痕量汞研究. 离子交换与吸附, 4: 175~182
孙磊, 吕剑, 何义亮. 2007. 上海市浦东自来水厂净水工艺对两虫去除效果的研究. 中国给水排水, 23(3): 5~7
谭西顺. 2003. 危害人体健康的杀手——六价铬. 劳动保护, 51(1): 61
唐玉兰, 和娟娟, 武卫斌. 2011. 曝气生物滤池同步去除铁锰和氨氮. 化工学报, 62(3): 792~796
王健, 陆少鸣. 2009. 突发性水污染事件中氰化物的去除研究. 水处理技术, 35(3): 27~30
王利平, 汪亚奇, 丁福圣等. 2009. KDF 去除饮用水中余氯和重金属离子的试验研究. 江苏工业学院学报, 21(3): 36~39
王琳, 罗启芳. 2006. 硅藻土吸附固定化微生物对邻苯二甲酸二丁酯的降解特性研究. 卫生研究, 35(1): 23~25.
王胜军. 2010. 零价金属强化氧化工艺去除水中邻苯二甲酸二丁酯的研究. 哈尔滨: 哈尔滨工业大学博士学位论文
王云波, 谭万春. 2008. 沸石用于农村高氟废水处理研究. 中国农村水利水电, 50(6): 29~31
王占金, 贾瑞宝, 于衍真, 等. 2010. 气浮/超滤组合工艺处理微污染高藻原水. 中国给水排水, 26(11): 133~136
韦林森. 2007. 铁镍氧化物磁性粒子的制备与吸附模拟废水中 Cr(Ⅵ)行为研究. 大连: 大连理工大学硕士学位论文
韦贞鸽, 杨军, 吴洁莹. 2008. 敌敌畏臭氧氧化处理. 环境科学, 29(4): 985~989
吴楚萍, 尹平河, 赵玲. 2010. 流化型 TiO_2 光催化处理邻苯二甲酸二甲酯微污染水. 水处理技术, 36(12): 63~66
吴丰昌, 孟伟, 曹宇静, 等. 2011. 镉的淡水水生生物水质基准研究. 环境科学研究, 02: 172~184.
吴柯. 2000. 欧洲特大氰化物泄漏实录. http://news.sina.com.cn/society/2000-2-15/61915.html [2000-2-15]
熊仁军, 刘卫平, 习兴梅, 等. 2004. 铜锌合金滤料在水处理中的应用及改进展望. 工业安全与环保, 30(10): 5~8
闫春燕, 伊文涛, 邓小川. 2007. 活性炭对海水中硼的吸附研究. 无机盐工业, 39(3): 34~36
俞潇婷, 王琳, 张仁熙. 2010. 活性炭吸附去除水中溴酸根离子的研究. 化学世界(增刊): 175~177
翟旭. 2010. 纳米 ZnO 催化臭氧氧化去除饮用水中二氯乙酸的效能与机理. 哈尔滨: 哈尔滨工业大学博士学位论文
翟旭, 陈忠林, 刘小为. 2010. 臭氧氧化去除饮用水消毒副产物二氯乙酸. 中国给水排水, 26(11):

139~141
曾辉平, 李冬, 高源涛. 2010. 高铁高锰高氨氮 GW 的两级净化研究. 中国给水排水, 26(11): 142~144
曾辉平. 2010. 含高浓度铁锰及氨氮的地下水生物净化效能与工程应用研究. 哈尔滨工业大学博士学位论文
张大志, 2007. 纳米分子筛复合材料去除水中苯系物的研究. 天津: 天津城市建设学院硕士学位论文.
张晶. 2011. 饮用水中氯化氰检测: 以异烟酸——巴比妥酸分光光度法为例. 山西科技, 26(3): 16~107
张晓云. 2000. 罗马尼亚奥鲁尔(Aurul)金矿尾矿坝的泄漏. 矿业快报, (13): 22
赵吉昌, 高克权. 2004. 氰化钠泄漏污染调查及治理方案技术分. 化工环保, 24(5): 355~357
赵鉴, 童俊, 曾次元等. 2010, 碱性化学沉淀法去除水中锌的特性研究. 城市公用事业, 7(5): 14~16
赵梅青, 马子川, 吴银素, 等. 2010, $KMnO_4$改性活性炭对 Zn^{2+}和 Cd^{2+}的吸附研究. 东北师大学报(自然科学版), 42(2): 97~100
赵梅青, 马子川, 张立艳等. 2008. 高锰酸钾改性对颗粒活性炭吸附 Cu^{2+}的影响. 金属矿山, 38(11): 110~113
郑全兴. 2010. 饮用水处理过程中对藻类的控制研究. 中国给水排水, 20(17): 98~100
郑思鑫. 2010. 臭氧/生物沸石处理湘江微污染水试验研究. 长沙: 长沙理工大学硕士学位论文
周烈兴, 彭金辉, 钱天才, 等, 2011. 活性炭对甲苯的吸附及其等温线预测. 化学反应工程与工艺, 27(2): 187~192
Ajmal M, Rao R A K, Ahmad R, et al. 2001. 0Removal and recovery of heavy metals from electroplating wastewater by using Kyanite as an adsorbent. Journal of Hazardous Materials, 87(1-3): 127~137
Akcila. 2003. Destruction of cyanide in gold mill effluents: biological versus chemical treatment. Biotechnology Advances, 21(6): 501~511
Amini M. , Mueller K, Abbaspour K C, et al. 2008. Statistical modeling of global geogenic fluoride contamination in groundwater, Environ. Sci. Technol, 42(10): 3662~3668
Araby R E, Hawash S, Diwani G E. 2009. Treatment of iron and manganese in simulated groundwater via ozone technology. 249(3): 1345~1349
Asael D, Tissot F L H, Reinhard C T, et al. 2013. Coupled molybdenum, iron and uranium stable isotopes as oceanic paleoredox proxies during the Paleoproterozoic Shunga Event. 362(20): 193~210
Atkinson S. 2006. Filtration technology verified to remove arsenic from drinking water. Mem. Tech. March, 8(3): 8~9
Badiei H R, McEnaney J, Karanassios V, 2012. Bringing part of the lab to the field: On-site chromium speciation in seawater by electrodeposition of Cr (III)/Cr (VI) on portable coiled-filament assemblies and measurement in the lab by electrothermal, near-torch vaporization sample introduction and inductively coupled plasma-atomic emission spectrometry. Spectrochimica Acta Part B: Atomic Spectroscopy, 78(6): 42~49
Banerji T, Chaudhari S. 2016. Arsenic removal from drinking water by electrocoagulation using iron electrodes- an understanding of the process parameters, 4(4): 3990~4000

Bansiwal A, Pillewan P, Biniwale R B, et al. 2010. Copper oxide incorporated mesoporous alumina for defluoridation of drinking water, Microporous Mesoporous Mater, 129(1): 54~61

Camacho L M, Torres A, Saha D, et al. 2010. Adsorption equilibrium and kinetics of fluoride on sol–gel-derived activated alumina adsorbents. J Colloid Interface Sci., 349(1): 307~313

Chen J P, Wu S N, Chong K H. 2003. Surface modification of a granular activated carbon by citric acid for enhancement of copper adsorption. Carbon, 2003, 41(10): 1979~1986

Clark R M, Miltner R J, Fronk C A, et al. 1990. Unit process research for removing volatile organic chemicals from drinking water: an overview. Lewis Publishers, Chelsea, MI

Costantino V. 2008. The effect of Initial Concentration, Co-application and Repeated Applications on Pesticide Degradation in a Biobed Mixture. Chemosphere, 72(11): 1739~1743

Crittenden J C, Trussell R R, Hand D W, et al. 2005. Water treatment: principles and design. 2nd edition. Hoboken: John Wiley & Sons

Cumbal L, Sengupta A K. 2005. Arsenic removal using polymer-supported hydrated iron(III)oxide nanoparticles: role of donnan membrane effect. Env Sci & Tech, 39(17): 6508~6515

Daifullah A A M, Yakout S M, Elreefy S A. 2007. Adsorption of fluoride in aqueous solutions using $KMnO_4$-modified activated carbon derived from steam pyrolysis of rice straw. J Hazard Mater, 147(1-2): 633~643

Dalgaard M, Nellemann C, Lam H R, et al. 2001. The acute effects of mono (2_ethylhexyl) phthalate (MEHP) on testes of prepubertal Wistarrats. Toxicol_Lett, 122(1): 69~79

Daus B, Wennrich R, Weiss. 2004, Sorption materials for arsenic removal from water: a comparative study. Wat Res, 38(12): 2948

Dyksen J E. 2005. Aeration and air stripping. In: Baruth, E. Water treatment plant design. 4th edition. American Society of Civil Engineers and American Water Works Association

ETVPl 2007. Removel of synthetic organic chemical contaminate in drinkingwater . NSF 06/25/EPADWCTR, 2007, 9

ETVP. the environmental technology verification program. 2012. Removelof chemical and microbial contamination from surface water drinking water resourse. Ann Arbor, MI, NSF International NSF 09/28/EPADWCTR

Fang M A, Shi S X, Yang J X. 2000. Study on formation of immobilized BAC and function. Journal Harbin University of Civil Engineering & Architecture, 33(1): 46-50

Fang M A, Yang H Y. Wang H Y. 2006. Immobilization biological activated carbon used in advanced drinking water treatment. Journal of Harbin Institute of Technology (New Series), 13(6): 678~682

Ghorai S, Pant K K. 2004. Investigations on the column performance of fluoride adsorption by activated alumina in a fixed-bed. Chem. Eng J, 98(1-2): 165~173

Gijsbertsen-Abrahamse A, Schmidt W, Chorus, I, et al. 2006. Removal of cyanotoxins by ultrafiltration and nanofiltration. Jour Membrane Sci, 276(1-2): 252

Giridhar U, Jackson J, Clancy T M, et al. 2010. Simultaneous removal of nitrate and arsenic from drinking water sources utilizing a fixed-bed bioreactor system. water research, 44(17): 4958~4969

Harma, V K. 2007. Disinfection performance of Fe(Ⅵ)in water an d wastewater: A review. Water Science and Technology, 55(1-2), 225~232

Health Canada. 1993. Guidelines for Canadian drinking water quality—Water treatment principles and applications. A manual for the production of drinking water. Environmental Health

Directorate, Health Protection Branch, Ottawa

Hsu B, Huang C, Rushing-Pan J. 2001. Filtration behaviors of giardia and cryptosporidium—ionic strength and pH effect. Water Resources, 35(16): 3777

Iqbal J, Kim H J, Yang J S, et al. 2007. removal of arsenic from groundwater by micellar-enhanced ultrafiltration (MEUF),. Chemosphere, 66(5): 970

Ji, Yanbin Yun, Zhu Zeng, et al. 2015, Preparation and arsenic adsorption assessment of PPESK ultrafiltration membranes with organic/inorganic additives, 351(Suppl 43): 715~724

Jia R, Zhang X, Zhang W, et al. 2003. Fluctuation of microcystins in water plant. J Environ Sci & Health, 38(12): 2867

Jia Y, Wang R, Anthony G F, et al. 2005. Effect of air bubbling on atrazine adsorption in water by powdered activated carbons-competitive adsorption of impurities. Separation and Purification Technology, 46(1-2): 79-87

Jo C H, Dietrich A M, Tanko, et al. 2011. Simultaneous degradation of disinfection byproducts and earthy-musty odorants by the UV/H_2O_2 advanced oxidation process. Water Research, 45(8): 2507-2516

Katsoyiannis I A, Zouboulis A I. 2006. Use of iron-and manganese-oxidizing bacteria for the combined removal of iron, manganese and arsenic from contaminated groundwater. Water Qual Res J Canada, 41(2): 117

Keisuke I, Mohamed G E, Shane A S. 2008. Ozonation and advanced oxidation treatment of emerging organic pollutants in water and wastewater. Ozone: Science&Engineering, 30(1): 21~26

Kharoune M, Pauss A, Lebeault J M, 2001. Aerobic biodegradation of an oxygenates mixture: ETBE, MtBE and TAME in an upflow fixed-bed reactor. Water Res, 35(7): 1665~1674

Kim B, Fujita H, Sakai Y, et al. 2002. Catalytic ozonation of an organophosphorus pesticide using microporous silicate and its effect on total toxicity reduction. Wat Sci Tech, 46: 4: 35

Kim J, Elovitz M, Von Gunten U, et al. 2007. Modeling Cryptosporidium parvum oocyst inactivation and bromate in a flow through ozone contactor treating natural water. Wat Res, 41(2): 467~475

Kim P C, Agnihotri S. 2008. Application of water activated carbon isotherm models to water adsorption isotherms of single-walled carbon nanotubes. Journal of Colloid and Interface Science, 325(1): 64~73

Koo J Y, Hong S P. 2007. Composite polyamide reverse osmosis membrane showing high boron rejection and its manufacturing method. European Patent. EP1839731

Ku Y, Chiou H M. 2002. The adsorption of fluoride ion from aqueous solution by activated alumina, Water Air Soil Pollut, 133(1): 349~361

Lau T K, Chu W, Graham N. 2007. Reaction pathways and kinetics of butylated hydroxyanisole with UV, ozonation, and UV / O_3processes. Water Research, 41(4): 765~774

Lu Y, Yuan D X, DengY Z. 2007. Investigation of Jiulong River waterSource pollution by phthalates: Journal of Environment and Health, 24(9): 703~705

Lykins B W, Jr Clark R M. 1994. US drinking water regulations: treatment technologies and cost. Drinking Water Research Division, US Environmental Protection Agency, Cincinnati, OH .

Ma Y, Wang S G, Fan M, et al. 2009. Characteristics and defluoridation performance of granular activated carbons coated with manganese oxides. J Hazard Mater, 168(2-3): 1140~1146

Maher M Z, Makram T S, Albert D V, 2006. Bioremediation of Groundwater Contaminated with Gasoline Hydrocarbons and Oxygenates Using a Membrane-Based Reactor. Environ Sci

Technol, 40(6): 1997~2003

Maher M Z, Patricio X P, Susana G B, et al. 2006. Treatment of groundwater contaminated with PAHs, gasoline hydrocarbons, and methyl tert-butyl ether in a laboratory biomass-retaining bioreactor. Springer Biodegradation.

Maliyekkal S M, Anshup K R, Antony Pradeep T. 2010. High yield combustion synthesis of nanomagnesia and its application for fluoride removal. Sci Total Environ., 408(10): 2273~2282

Maliyekkal S M, Shukla S, Philip L, et al. 2008. Enhanced fluoride removal from drinking water by magnesia-amended activated alumina granules. Chem Eng J, 140: 183~192

Matsui Y, Fukuda Y, Inoue T, et al. 2003. Effect of natural organic matter on powdered activated carbon adsorption of Trace contaminants: characteristics and mechanism of competitive adsorption, Water Research, 37(18): 4413~4424

McCall S E, Chen A S C, Wang L. 2007. Arsenic Removal from Drinking Water by Adsorptive Media U S EPA Demonstration Project at Chateau Estates Mobile Home Park in Springfield, OH Six-Month Evaluation Report. EPA/600/R-07/016

Meng X G, Korfiatis G P, Christodoulatos C, et al. 2001. Treatment of arsenic in Bangladesh well water using a household co-precipitation and filtration system. Water Research, 35(12): 2805~2810

Mihee L, Myoung J K. 2010. Effectiveness of Potassium Ferrate (K_2FeO_4) for Simultaneous Removal of Heavy Metals and Natural Organic Matters from River Water. Water Air Soil Pollut, 211(1): 313~322

Mjengera H, Mkongo G. 2003. Appropriate deflouridation technology for use in flourotic areas in Tanzania, Phys Chem Earth, 28(20-27): 1097~1104

NSF International. 2006. Removal of chemical and microbial contaminants in drinking water. Ann Arbor, MI, NSF International. http://www. nsf. org/consumer/drinking- water/dw_ confaninart_ protocols. asp

Ongerth J, Hutton P. 2001. Testing of diatomaceous earth filtration for removal of cryptosporidium oocysts. Journal, 93(12): 54~63

Ontario Ministry of the Environment. 1985. Review of benzo[a]pyrene. Occurrence, human exposure and health effects. Prepared by Canviro Consultants Ltd. , Kitchener and Toronto

Paschke A, Poop P. 2004. Diffusion-based calibration for solid-phase microextraction of benzene, toluene, ethylbenzene, p-xylene and chlorobenzenes from aqueous samples. Journal of Chromatography, 1025(1): 11~16

Peñate B, García-Rodríguez L. 2012. Current trends and future prospects in the design of seawater reverse osmosis desalination technology, 284(1): 1~8

Pokhrel D, Viraraghavan T, Braul L. 2005. Evaluation of treatment systems for the removal of arsenic from groundwater. Practice Periodical of Hazardous, Toxic, and Radioactive Waste Management. 9(3): 152

Pruden A, Sedran M A, Suidan M T. et al. 2003. Biodegradation of MTBE and BTEX in an aerobic fluidized-bed reactor. Water Sci Technol. 47(9): 123~128

Rapala J, Niemela M, Berg K, et al. 2006. Removal of cyanobacteria, cyanotoxins, heterotrpohic bacteria and endotoxins at an operating surface water treatment plant. Wat Sci Tech, 54(3): 23

Renneker J, Corona-Vasquez B, Driedger A, et al. 2000. Synergism in sequential disinfection of cryptosporidium parvum. Wat. Sci. Tech, 41(7): 47~52

Rodriguez E, Majado M, Meriluoto J, et al. 2007. Oxidation of microcystins by permanganate:

Reaction kinetics and implications for water treatment. Wat Res, 41(1): 102

Sagar T, Amos M, Michael C. 2010. Rapid and Efficient Removal of Heavy Metal Ions from Aqueous Media Using Cysteine-Modified Polymer Nanowires. Journal of Applied Polymer Science. 116(1): 308~313

Sarkar B, Venkateshwarlu N, Nageswara R, R, et al. 2007. Potable water production from pesticide contaminated surface water: A membrane based approach. Desalination, 204(1): 368~373

Sedran M A, Pruden A, Wilson G J, et al. 2002. Effect of BTEX on degradation of MTBE and TBA by mixed bacterial consortium. ASCE J Environ Eng, 128(9): 830~835

Severn Trent Services. 2006, Three-stage Pennsylvania system treats for arsenic, manganese, and iron. J. AWWA, 98(9): 70

Shang N C, Chen Y H, Ma H W, et al. 2007. Oxidation of methyl methacrylate from semiconductor wastewater by O_3 and O_3/ UV processes. Journal of Hazardous Materials, 147(1): 307~312

Shreemoyee B, Suresh K N, Robin K D. 2011. Ironion removal from groundwater using bananaash, carbonates and bicarbonates of Na and K, and their mixtures, 281(1): 190~198

Sobrinho J A H, Thiem L T, Alkhatib E A, 1997. Benzene removal by PAC in jet flocculation system. J Environ Eng, 123(10): 1011~1018

Soile T, Bernd G. 2006. Arsenic in the aetiology of cancer. Mutation Research, 612(3): 215~246

Speth T S. 1990. The removal of glyphosate from drinking water. US Environmental Protection Agency: National primary drinking water regulations

Sundaram C S, Viswanathan N, Meenakshi S. 2009. Fluoride sorption by nanohydroxyapatite/chitin composite. J Hazard Mater, 172: 147~151

Tian J Y, Liang H, Li X. 2008. Membrane coagulation bioreactor (MCBR) for drinking water treatment. water research, 42: 3910~3920

Topudurti K, Wojciechowski M, Anagnostopoulos S, et al. 1998. Field evaluation of a photocatalytic oxidation technology. Water Sci. Technol, 38(7): 117~125

Torresa C M, Taboadab M E, Graberb T A, et al, 2015. The effect of seawater based media on copper dissolution from low-grade copper ore, 71(1): 139~145

Tripathy S S, Bersillon J L, Gopal K. 2006. Removal of fluoride from drinking water by adsorption onto alum-impregnated activated alumina. Sep Purif. Technol, 50(3): 310~317

USEPA. 2001. The Incorporation of Water Treatment Effects on Pesticide Removal and Transformations in Food Quality Protection Act (FQPA) Drinking Water Assessments. Office of Pesticide Programs United States Environmental Protection Agency (USEPA)

USEPA. 2009. Water Treatment Technology Feasibility Support. Document for Chemical Contaminants for the Second Six-Year Review of National Primary Drinking Water Regulations. Washionton DC Environmental Protection Aqeney, EPA 815-B-09-007.

Vaca M V, Callejas R L P, Gehr R, et al. 2001. Heavy metal removal with mexican inoptilolite: mul-ticomponent ionic exchange. Water Res, 35(2): 373

Valigore J M, Wang L, Chen A S C. 2006. Arsenic Removal from Drinking Water by Adsorptive Media USEPA. Demonstration Project at Valley Vista, AZ Six-Month Evaluation Report. EPA/600/R-06/083

Violeta B, Wolfgang S, René A L, 2009. Biodegradation of High Concentrations of Benzeneand Diesel in a Fixed-Film Reactor. Water Air Soil Pollut, 204(1): 351~361

Viswanathan N, Meenakshi S. 2010. Selective fluoride adsorption by a hydrotalcite/chitosan composite. Appl Clay Sci, 48: 607~611

Wang L, Chen A S C, Tong N. 2007. Coonfare C T. Arsenic Removal from Drinking Water by Ion Exchange USEPA Demonstration Project at Fruitland, ID Six-Month Evaluation Report. EPA/600/R-07/017

Ware G W. 1989. United States Environmental Protection Agency Office of Drinking Water health advisories. Rev Environ Contam Toxicol, 104(1): 115~118

Westerhoff P, Haan M, Martindale A. 2006. Badruzzaman M. Arsenic adsorptive media technology selection strategies. Water Qual Res J Canada, 41(2): 171

WHO. 2004. Guidelines for drinking-water quality. World Health Organisation, Geneva.

Yuan R F, Zhou B H, Guo D P, et al. 2010. Competitive Adsorption Amongst Dichloroacetic Acid, Dibromochloromethane, Benzene and Carbaryl on Activated Carbon. International Conference on Mechanic Automation and Control Engineering, MACE

第 8 章　饮用水安全保障立法现状与分析

饮用水安全法是保障饮用水水质安全的强制措施，为供水单位、环保、城建和水利等部门在开展饮用水安全保护工作的过程中提供法律依据，对保障饮用水水质安全具有重要意义。本章通过分析我国关于饮用水方面的国家级及地方性法律法规发展现状，借鉴美国、日本等国外饮用水安全法相关内容，提出我国现有饮用水水质安全保障法律法规中存在的问题，为建立完善的饮用水安全法奠定基础。

8.1　国外饮用水安全法律

8.1.1　美国饮用水安全法律

1. 美国饮用水相关法律的发展过程

美国是较早实行依法治水的国家，美国国会 1948 年颁布了《联邦水污染控制法》，1972 年和 1977 年对该法进行修订；1974 年通过了《饮用水安全法》；1986 年和 1996 年，先后两次修改《饮用水安全法》。美国《饮用水安全法》（*Safe Drinking Water Act*）要求采取更多行动来保护饮用水及其水源——河流、湖泊、水库、泉水和地下水水源（不包括用水人数少于 25 人的井）。最初的《饮用水安全法》中，仅仅把水处理作为向居民水龙头提供安全饮用水的主要方法。随着人们认识水平的提高，1996 年修订的《饮用水安全法》规定了水资源的保护、工作人员的培训、水系统改进的筹资和公众信息的开发利用等保证饮用水安全的重要部分。美国的饮用水保护工作主要是在《饮用水安全法》的规范指导下进行的（Levin，2002）。

《饮用水安全法》对于美国饮用水水质的改善发挥了重要作用，《饮用水安全法》对于饮用水的保护，基本上是以美国环境保护署为主导，各个州为具体的实施者，这符合美国联邦制的国家制度。但是当各州不能很好地履行自己职责时，美国环境保护署就会代替各州环保局，具体职责是制定基本政策、条例、基准和标准并监督州政府实施。各州政府的职责是实施联邦政府制定的政策、条例、基准和标准。各州制定本州的饮用水计划时，必须在联邦环保局规定的限度以上，并且要经过美国环境保护署的批准。在饮用水保护的整个过程中，美国环境保护署起着主导作用，并且保留着各州的监督作用，将饮用水保护切实提到全联邦这样一个高度，可以把握各州的饮用水保护情况，及时采取措施应对，也能有效的解决由于地方保护主义导致的地区之间水资源使用的矛盾。

2. 美国饮用水安全法的主要内容

1）饮用水安全法律保障的管理体制

美国是联邦制国家，水资源属州所有，实行以州为基本单位的管理体制。州以下分成若干个水局，对供水、排水、污水处理等诸多水务统筹考虑、统一管理。以各州自行立法与州际协议为基本管理规则，州际间水资源开发利用的矛盾则由联邦政府有关机构进行协调，如果协调不成则往往诉诸法律，通过司法程序予以解决。

管理体制的核心是管理机构的设置，各管理机构职权的分配以及各机构间的相互协调。《饮用水安全法》的管理体制是指关于饮用水管理中组织结构、职责划分和管理制度的总称。

美国《饮用水安全法》主要目的是确保饮用水水质和保护饮用水水源，其管理体制与《清洁空气法》和《联邦水污染法》规定的体制相类似，同样是联邦政府和州政府相配合的管理体制。美国环境保护署是饮用水保护的主管机关，主要职责是制定基本政策、条例、基准和标准并监督州政府的实施，各州政府负责《饮用水安全法》的实施，州实施计划要想得到联邦政府的批准必须满足下列条件：①州所制定的饮用水标准不低于联邦的饮用水标准；②州制定的实施程序足够充分；③州保存并报告的资料全面真实；④州所批准的饮用水水质标准的变更和豁免不低于联邦政府批准的变更和豁免；⑤州制定了充分的应急计划（赵国青，2000）。

在《饮用水安全法》的框架下，美国水行业的监管机构有多个，并且多方主体各负其责，分别承担环保饮用水安全的职责。美国的城乡供水建设管理的基本组织除了政府，还有中介机构、供水企业等构成。政府机构是美国饮用水安全监管机构，主要包括美国环境保护署和各州以及部落，联邦一级主要是美国环境保护署，其主要职责在于根据法律授权制定国家饮用水标准，收集提供与饮用水有关的公共信息，检查各州的饮用水计划，并向各州饮用水计划提供资金支持等。美国环境保护署和各州共同保证《饮用水安全法》的实施，制定饮用水计划，确保公共供水系统提供安全的饮用水，对饮用水水质进行检测，对违反饮用水安全法的供水系统采取执法行动等。除了政府，在饮用水安全的保护体系中，还有一类相当活跃的中介机构和行业协会。这些中介机构大多是非营利性的，独立于政府，主要目的是进行水资源开发利用和保护方面的探讨，为政府提供饮用水保护的建议，为供水企业和公众服务，提供饮用水保护的相关信息和技术。供水企业则主要是负责检测水质，确保饮用水符合健康安全的标准，否则将会为此承担责任。

2）饮用水安全法律保障的基本制度

（1）水源评估和保护制度。水源的保护在饮用水保护中处于非常重要的环节，没有干净充足的水源，我们不可能享有安全的饮用水，并且水源常常离我们饮用水相对较远，影响相对来说是间接性的，容易被忽视。《饮用水安全法》重视饮用水水源的保护，对饮用水水源的保护详细而具体，既包括水源保护区，也包括地下水源的保护。在饮用水水源保护方面，《饮用水安全法》仍然是坚持各州是具体的实施主体，对于饮用水水源保护区的管辖权属于各州，联邦政府要尊重水源保护区当局的管辖。但是美国环境保护署的主导地位并未改变，各州的饮用水水源保护区的计划必须经美国环境保护署批准后才能实施。《饮用水安全法》对饮用水水源保护计划的内容作了详细的规定，为各州制定饮用水保护计划提供了依据（巩莹等，2010）。

《饮用水安全法》规定了水源评估和保护制度，强调水源保护的重要性，从源头上防治污染是保证供水安全的关键，按此要求，美国各州和供水者必须对水源进行评估，以确定何处是易受污染的薄弱环节，评估包括四个方面的内容，即确定水源保护区界线、确定水源区域主要污染物、确定水源对各种污染的敏感程度以及向公众公布评估结果。根据评估过程中收集的信息和得出的结果，各地区要制定更为精准的水源保护计划。

《饮用水安全法》对于地下饮用水水源保护的规定是对《水污染防治法》的重要补充。《饮用水安全法》对地下水源的保护主要包括两个方面：①地下灌注控制计划。根据《饮用水安全法》的规定，美国环境保护署首先应当制订地下灌注控制计划的条例。对于州的地下灌注控制计划的制订、实施需要通过以下步骤：首先，美国环境保护署需要制订一份需要进行地下灌注控制的州名单；其次，凡是被美国环境保护署列入名单的州要制订地下灌注控制计划，但是如果该州想要获得实施该计划的权利，还必须报请美国环境保护署审批通过。如果美国环境保护署没有审批通过或者州没有经过审批程序，那么州不可以再自行制订，而必须由美国环境保护署为州制订、实施地下灌注控制计划。地下灌注控制计划的内容主要有地下灌注许可证、现场检查、监测、保存资料和报告、法律执行（行政命令、行政罚款、民事罚款、强制令、刑事制裁）等；②单一含水岩层保护。《饮用水安全法》还对单一含水岩层予以特殊保护，保护的主体是美国环境保护署。受《饮用水安全法》保护的单一含水岩层必须具备两个条件：首先，它是一个地区唯一或主要的饮用水水源；其次，此单一含水层一旦受到污染，将对公众造成巨大危害。到目前为止，美国只规定了一个受保护的单一含水岩层（即得克萨斯州爱德华地下水库），并为其制定了专门的保护条例。

1986 年，美国国会对《饮用水安全法》进行了修改。在此次修改中，增加了一项关于水源保护区的规定。《饮用水安全法》规定，水源保护区是指作为公共水系统水源的水井和井区周围的地面和地下的污染物可能通过其到达水井或井区的区域。保护水源周围的土地对保护水源的质量极其重要。《饮用水安全法》明确规定各州应当在 3 年之内制订水源保护区计划，各州的计划应当包括下列内容：①规定州、地方和公共供水系统等各方在制订、实施水源保护区计划方面的义务；②根据地下水文资料划定水源保护区；③鉴认水源保护区内不利于人体健康的污染物；④技术、财政援助，控制措施的实施，教育和培训、示范工程；⑤应急计划；⑥考虑新井和新井区范围内的潜在污染源。各州的水源保护区计划须经美国环境保护署批准后执行，如果美国环境保护署不同意州的计划，应当以书面形式说明理由。未被审批的州可对计划进行修改，再向美国环境保护署申请。

（2）饮用水国家标准制度。美国建立了严格的饮用水国家标准，美国环境保护署根据对健康的潜在威胁和污染发生频率，来确定污染物的优先控制次序，在此基础上建立饮用水水质的一级和二级标准，在近 30 年里，为了保证饮用水的安全，美国环境保护署已经制定了 91 种污染物的一、二级标准。这些标准有的与 WHO 标准完全一致，有的高于 WHO 标准，从而在最大程度上保障美国饮用水的安全以及公众的生命健康（WHO，1996）。

（3）饮用水保护的公众参与制度。饮用水的安全与否直接关系着公众的健康，因此对于饮用水水质的情况，公众应当有充分的知情权。《饮用水安全法》规定：每个人都有权知道其直接饮用的水中有什么以及该水来自何处。常年为公众提供饮用水的供水系统，每年都必须向用户提供有关水质和水源的用户信息报告，美国环境保护署和各州每年必须就供水系统遵守饮用水安全标准做出年度总结报告。《饮用水安全法》明确规定，公众有参与制订水源评估计划、使用饮用水周转基金贷款计划、州能力发展计划和州工作人员培训计划的权利。对知情权和公众参与权的保证，是公众提出关于饮用水安全建议的保证，有助于公众监督供水系统以及各州及环保局关于饮用水的措施的合理性、合法性，也是公众保护自己饮用水安全的重要法律保障。

（4）饮用水保护的资金保障制度。美国环境保护署向各州的饮用水安全计划提供补助金，并帮助各州建立专门的基金用于公共供水系统的改善（称为饮用水州周转基金）。同时，美国对饮用水水利工程建设的资金投入也采取了无偿投资和政策性扶持两种方式，从最大程度上确保饮用水保护的资金充足。

（5）紧急处置制度。《饮用水安全法》规定，当污染物出现或者可能进入公共供水系统或公共饮水源，并且相关的州和地方机关没有采取应急行动的情况时，美国环境保护署有权采取任何必要的行动来保护公众健康。这些行动包括：①发布为保护人体健康所必需的命令，如命令致害者提供替代水；②提起适当的民事诉讼，如申请法院的限制命令、强制令等法律救济措施。《饮用水安全法》将紧急处置权首先赋予各州，当相关的各州和地方机关没有采取应急行动时，由美国环境保护署为公众健康而采取必要的行动。这样一方面尊重州的权利，另一面也有利于弥补州采取措施不及时而导致危及公众饮用水安全，对于美国环境保护署采取行动的前提条件，既包括污染物已经出现的情况，也包含了饮用水可能受污染的情况。这样，既可以及时避免或者将危险程度降到最低，也更加有利于保障公众健康，是以人类健康为主旨的重要体现，再者有联邦环保局采取的行动，使处于相对弱势的公众（与饮用水的污染者相比）有了国家机关作为后盾，公众的饮用水安全有了更加坚实的保障。

3）饮用水安全法律保障的法律责任制度

当美国环境保护署发现公共供水设施违反《国家饮用水条例》时，首先必须通知采取适当的行动，当然美国环境保护署可以提供矫正违法现象的建议和适当的技术援助。如果各州在美国环境保护署发出通知后 30 天内没有采取适当的执法行动，那么美国环境保护署可以直接向违法者发布命令，责令其矫正违法现象，或者提起民事诉讼，也可两种措施都采取。这一条明确了为保护饮用水而提起民事诉讼的主体——美国环境保护署，如果公共供水系统的所有者或者营运者违反了《饮用水安全法》规定的关于信息公开的相关条文，违法者将被处 2.5 万美元以下的民事罚款。《饮用水安全法》对于故意污染公共供水系统或故意干扰公共供水系统运转的，将处以 5 年以下监禁或罚金（5 万元以下），或二者并罚；对企图污染或破坏公共供水系统者，处以 3 年以下监禁或罚金（2 万元以下罚款），或二者并罚。《饮用水安全法》规定了上述违法行为发生后，提起民事诉讼的主体都可以是美国环境保护署，而有关环境诉讼面临的一个重要难题就是，诉讼双方的不对等。污染者多是大型的企业，而受害者是分散的公众，这就导致首先双方的经济实力是极其不对等的，其次公众的搭便车心理严重，很多人不愿主动地诉讼，且他们对环保及诉讼的专业知识了解不够清楚。《饮用水安全法》将美国环境保护署作为提起诉讼的主体，将提起诉讼的主体由个人扩大到了美国环境保护署，这一规定很好地解决了环保诉讼的一大难题，是保护饮用水安全的重要保障。

8.1.2　日本饮用水安全法律

1. 日本饮用水相关法律的发展过程

1964 年，日本颁布了一部统一协调其国内水管理的基础法律，即《河川法》，该法规定河川为公共物，其保护、利用及其他管理都必须妥善进行，使河水保持正常的功能，从而达到有助于国土的保持与开发、保护公共安全、提高公众福利的目的。《河川法》自颁布之日起，已经修改了 17 次。除《河川法》之外，日本还制定了《水资源开发促进法》和《水资源开发公团法》等。日本于 1967 年通过《公害对策基本法》，确立了国家环境管理的原则，1970 年，日本颁布了《水污染防治法》，该法通过控制工厂或企业向公共水域排放和向地下渗水的同时，推进生活污水处理，防止公共水域和地下水的水质污染，以便在保护国民健康的同时，保护生活环境。该法将公共水域定义为：河流、湖泊、港湾、沿海海域及其他公共使用的水域和与此相连的公共沟渠、灌溉水渠及其他公共使用的水渠。1993 年《环境基本法》出台，形成了以《公害对策基本法》、《水污染防治法》、《环境基本法》等法律为内容的水污染防治立法有机体系（林家斌，2002）。

2. 日本饮用水安全法的主要内容

1）饮用水安全法律保障的管理体制

根据《河川法》，中央政府对一级河川按流域范围制定管理者，负责有关的保护和整治活动。一级河川由建设大臣行使管理权，对“制定区间”内的一级河川可委任给该河川所在的都、道、府、县的首长行使管理权，但是流经两个以上都、道、府、县边界的二级河川则通过有关都、道、府、县首长协调规定管理方法。在《河川法》之下制定《水资源开发促进法》，规定由内阁总理大臣规定“水资源开发水系”，以流域为基础制订水资源基本规划，并以此为指导协调各方面的利益。在《河川法》之下制定的《水资源开发公团法》，规定成立专门从事指定水系的水资源开发活动，以独立法人资格进行工程建设与运行管理。对于公害发生源具体控制权限的行使，由地方一级所设的环境保护监管机构，通过都、道、府、县知事和市町村长官履行职责。环境厅与都、道、府、县知事和市町村及其长官之间相互独立，并无上下级领导关系，但环境厅可将部分权力交都、道、府、县、村及其长官行使，他们在法定规范内接受环境厅的领导和监督。

日本的这种“多龙治水、协同管理”的模式水资源管理体制优点在于首先各部门责任分工明确，饮用水资源管理体系完善，能够及时有效协调人力资源；其次，在管理内容上，问题来源广泛、处理及时，有利于对饮用水水源污染进行及时处理，对环境的监督管理，对重点污染源的监督。

2）饮用水安全法律保障的基本制度

（1）水源监管和保护制度：流域水污染不受行政辖区界线的限制，具有极强的累积性，跨行政区域的问题已成为流域水污染防治与治理中较难处理的问题之一。日本通过以《河川法》为主的一系列法律解决了该问题，取得了较为突出的成绩，值得我国饮用水安全法的立法建设工作借鉴。

（2）饮用水国家标准制度：日本执行的饮用水水质标准基本参照“WHO 准则”制定。最新水质标准于 2004 年 4 月 1 日执行，水质标准项目由 46 项增加到 50 项，其中新追加项目 13 个，删减项目 9 个。规定沉淀池出水浊度＜2NTU，大阪等要求 0.5NTU 以下。出厂水基本都要求在 0.1NTU 以下，要求采用高精度浊度仪，精度 0.001NTU。

根据《水污染防治法》规定采取以下三项措施来防止饮用水水质破坏行为的发生：①设置者和改革者必须事前向都、道、府、县知事呈报，批准前禁止进行，违反呈报者受罚，对于设置或改革计划不完善者，都、道、府、县知事有权命令更改计划；②当排水有达不到水质标准的危险时，都、道、府、县知事有权命令改进特定装置，停止排水，违反者受罚；③对不符合排水标准的排放，可马上进行处罚。

（3）饮用水水质检测规定：当水质标准重新修定时，水质检测方法应该进行相应改进，检测过程中的有害物质尽量避免使用，尽可能实现所谓绿色实验室，并在试样分析中灵活引入自动分析法。为了确保水质安全，不仅对水质及配水的安全性进行检查和确认，还要对与自来水公司相关的水质管理作全面检查评价。水质标准囊括从微生物到化学物质等多种指标值，检测基准大都要求在 pg/L，这意味着需使用高精度的设备和机器，并且要求检测者具有很熟练的操作技能。因此，对于自来水公司水质检验部门和相关水质检查机构而言，应和与之信赖的水质检查和相关部门制订检测政策和操作方法。因此，为保证水样检测系统的安全性，应采用具有质量保证的 ISO 17025 和 ISO 9000 认证体系。配水系统的水质检测至少要选择一个以上采样点并保证相关项目一个月检测一次，以防止水质有较大的变化（万劲波和周艳芳，2002）。

8.1.3　其他国家饮用水安全法律

欧盟成员国的饮用水安全法律内容上基本相似，饮用水的水质主要依据欧盟《饮用水水质指令》(98/83/EC)，其立法思想是严格的环境主义思想，遵循预防与谨慎性相结合的原则。英格兰和威尔士 2000 年 12 月采用欧盟《饮用水水质指令》修订了《水安全法规》。英国《污染控制法》(1974) 授权水管局为防止所管辖水域遭受污染而划定一定的区域，在该区域内有权禁止或限制特定的行为。

德国对饮用水水源的管理同样以预防为主，《德国饮用水条例》(*German Drinking Water Ordinance*，2003 年 1 月 1 日修订后重新颁布）修订周期短，不断完善，执行欧盟《饮用水水质指令》条例，并依据德国传染病防治法和食品法，规定了饮用水水质和食品生产用水以及饮用水处理厂的基本要求和饮用水的消毒方法，明确了由卫生部门负责监督饮用水水质和供水设施的职责等（李建新，1998）。

加拿大、澳大利亚、新西兰等国不仅制定了联邦饮用水安全法，其州或省也制定了地方饮用水安全法规。加拿大《安全饮用水法》（*Safe Drinking Water Regulation*，1990 年出台，2001 年修订）主要包括名词解释、水处理设施建设、健康危害、运行许可、水质标准、地表水消毒、紧急供水计划和罚则 8 个部分。

法国条例不规定排放点，但规定非排放点。在这种非排放点区域内，禁止排放或严格控制排放的区域称为保护区。1964 年《水法》提出设立"特别水域管理区"，对该区中的水流状况进行严格管理。卢森堡、丹麦、俄罗斯、捷克、波兰等都有相似或相同的规定，保加利亚、匈牙利还要求在饮用水水源附近设立卫生保护带（蔡守秋，2003）。

8.1.4 国外饮用水安全法律对比分析

通过对美国、日本、欧盟、德国、加拿大等饮用水安全法律进行归纳概述（表 8.1），分析出国外各国饮用水安全法律的优势，为我国饮用水安全法律的立法以及相关法律的修订提供借鉴。

表 8.1 国外饮用水安全法律的优势对比

国家	美国	日本	欧盟	德国	加拿大
法律名称	《饮用水安全法》	《河川法》	欧盟《饮用水水质指令》	《德国饮用水条例》	加拿大《安全饮用水法》
出台时间	1974 年	1964 年	1983 年	1957 年	1990 年
修订次数	20	17	1	7	1
优点	水质标准高；管理体制健全；具有详细的公众参与制度以及应急处理制度	水质标准高；管理体制健全；具有详细的检测制度	饮用水水源保护以预防为主	修订周期短；部门职责明确	具有水处理设施制度、紧急供水计划以及特殊水体保护规定

8.2 我国饮用水安全法律法规现状

8.2.1 我国饮用水安全法律法规发展过程

1984 年颁布的《中华人民共和国水污染防治法》使我国水污染防治工作正式步入法制化道路，该法于 2008 年修订，针对水源保护区分区、禁止事项、防治水源污染和处置等做出了较明确的规定。1988 年颁布《中华人民共和国水法》，并于 2002 年进行修订，《中华人民共和国水法》是有关水资源保护的基本法律，该法对于水资源开发、利用、节约、保护、防治和管理等方面做了规定。1989 年通过的《中华人民共和国环境保护法》是我国环境保护的基本法，对我国环境保护的严责、监管体制、污染防治及责任等方面都做出了较详细的规定。1989 年颁布的《饮用水水源保护区污染防治管理规定》，是我国唯一一部最为集中规定饮用水水源地保护的部门规章。1994 年国务院颁布的《城市供水条例》主要针对城市公共供水和自建供水设计的供水水源开发利用规划、城市供水工程建设、城市供水经营、城市供水设施维护提出了原则要求和规定。1996 年建设部和卫生部联合颁布《生活饮用水卫生监督管理办法》对集中式供水、二次供水单位和涉及饮用水卫生安全的产品进行监管。2000 年国务院颁布的《水污染防治法实施细则》主要对饮用水污染物防治做出了相应的规定，包括对生活饮用水在不同的饮用水水源保护区的水质做出规定。2006 年建设部颁布《城市供水水质管理规定》，对城市公共供水、自建设施供水的原水、二次供水以及深度处理水的水质管理实行企业自检、行业监测和行政监督相结合的制度。2007 年颁布的《中华人民共和国突发事件应对法》要求国家建立统一领导、综合协调、分类管理、分级负责、属地管理为主的处理突发事件的应急管理体制，以预防为主（董敏，2011）。

8.2.2　我国国家级饮用水法律法规的概述

我国目前没有专门针对饮用水安全保障的法律法规，涉及饮用水内容的法律条例主要分散在各个相关法律法规中，针对《中华人民共和国水污染防治法以及实施细则》、《中华人民共和国水法》、《饮用水水源保护区污染防治管理规定》、《城市供水水质管理规定》及《生活饮用水卫生监督管理办法》中涉及饮用水领域的法律法规进行归纳总结如下。

1.《中华人民共和国水污染防治法》以及《水污染防治法实施细则》的概述

《中华人民共和国水污染防治法》已由中华人民共和国第十届全国人民代表大会常务委员会第三十二次会议于 2008 年 2 月 28 日修订通过，自 2008 年 6 月 1 日起施行。《中华人民共和国水污染防治法》包括总则、水污染防治的标准和规划、水污染防治的监督管理、水污染防治措施、饮用水水源和其他特殊水体保护、水污染事故处置、法律责任和附则（全国人大常委会，2008）。

《中华人民共和国水污染防治法》中指出水污染防治应当坚持预防为主、防治结合、综合治理的原则，优先保护饮用水水源，严格控制工业污染、城镇生活污染，防治农业面源污染，积极推进生态治理工程建设，预防、控制和减少水环境污染和生态破坏。实施目标责任制和考核评价制度，将水环境保护目标完成情况作为对地方人民政府及其负责人考核评价的内容。鼓励科学技术的研究和先进技术的推广应用，淘汰传统仪器，引进自动化设备，建立水源保护网络体系，加强水环境保护的宣传教育，鼓励公众参与监督。其中第四章规定了工业、城镇、农业、农村以及船舶水污染防治措施；第五十六条到六十五条对饮用水水源和其他特殊水体制定了保护制度，但是缺乏保护区的具体划分方法；第六十六条到第六十八条为水污染事故的处置，将渔业及船舶造成的污染单独提出处治措施。

《水污染防治法实施细则》于 2000 年 3 月 20 日中华人民共和国国务院令第 284 号公布，自公布之日起施行，包括总则、水污染防治的监督管理、防治地表水污染、防治地下水污染、法律责任和附则。对《水污染防治法》的条例实施进行解释细化，包括水污染防治规划的具体内容、水源保护区内详细禁止事宜以及详细的惩罚措施，使《水污染防治法》更具有可操作性，弥补法律漏洞，便于水污染防治工作的顺利开展。

2.《中华人民共和国水法》的概述

《中华人民共和国水法》于 2002 年 8 月 29 日第九届全国人民代表大会常务委员会第二十九次会议通过，自 2002 年 10 月 1 日起施行。《中华人民共和国水法》包括总则、水资源规划、水资源开发利用、水资源水域和水工程的保护、水资源配置和节约使用、水事纠纷处理与执法监督检查、法律责任和附则（全国人大常委会，2002）。

《中华人民共和国水法》是有关水资源保护的基础性法律，第八条、第四十九条到第五十三条规定了节水制度，大力推行节约用水措施，推广节约用水新技术、新工艺，配套建设节水设施，发展节水型工业、农业和服务业，建立节水型社会。该法第十二条规定实施水资源流域管理与行政区域管理相结合的管理体制，国务院水行政主管部门负责全国水资源的统一管理和监督工作。国务院水行政主管部门在国家确定的重要江河、湖泊设立流域管理机构，在所管辖的范围内行使法律、行政法规和国务院水行政主管部门授予的水资源管理和监督职责。县级以上地方人民政府水行政主管部门按照规定的权限，负责本行政区域内水资源的统一管理和监督工作。

3.《饮用水水源保护区污染防治管理规定》的概述

《饮用水水源保护区污染防治管理规定》是由国家环境保护局、卫生部、建设部、水利部、地矿部于 1989 年 7 月 10 日颁布的（89）环管字第 201 号文件，包括总则、饮用水地表水源保护区的划分和防护、饮用水地下水源保护区的划分和防护、饮用水水源保护区污染防治的监督管理、奖励与惩罚、附则。环境保护部于 2010 年 12 月 22 日发布《关于废止、修改部分环保部门规章和规范性文件的规定》，将原《饮用水水源保护区污染防治管理规定》进行了一定的修改（环境保护部，2010）。

《饮用水水源保护区污染防治管理规定》第十一条总体列举了饮用水地表水水源各级保护区及准保护区内必须遵循的规定，如禁止一切破坏水环境生态平衡的活动以及破坏水源林、护岸林、与水源保护相关植被的活动；禁止向水域倾倒工业废渣、城市垃圾、粪便及其他废弃物；运输有毒有害物质、油类、粪便的船舶和车辆一般不准进入保护区，必须进入者应事先申请并经有关部门批准、登记并设置防渗、防溢、防漏设施等；禁止使用剧毒和高残留农药，不得滥用化肥，不得使用炸药、毒品捕杀鱼类。第十二条详细列举了饮用水地表水源一级保护区、二级保护区和准保护区分别必须遵循的规定；第十八条总体列举了饮用水地下水源各级保护区及准保护区内均必须遵守的规定：如禁止利用渗坑、渗井、裂隙、溶洞等排放污水和其他有害废弃物；禁止利用透水层孔隙、裂隙、溶洞及废弃矿坑储存石油、天然气、放射性物质、有毒有害化工原料、农药等；实行人工回灌地下水时不得污染当地地下水源。第十九条详细列举了饮用水地下水源一级保护区、二级保护区及准保护区内必须遵守的规定。《饮用水水源保护区污染防治管理规定》为饮用水水源保护区的污染防治工作提供了依据。

4.《城市供水水质管理规定》的概述

《城市供水水质管理规定》已于 2006 年 12 月 26 日经建设部第 113 次常务会议讨论通过，现予发布，自 2007 年 5 月 1 日起施行。《城市供水水质管理规定》提出对城市公共供水、自建设施供水的原水、二次供水一级深度净化处理水的水质管理实行企业自检、行业监测和行政监督相结合的制度，主要就城市供水水质管理行业监测体系、监督检查职能、水质报送与公布、供水企业生产运营中的水质管理要求等进行了规定。该法包括网络管理、部门职责分工、应急管理以及惩罚细则（建设部，2007）。

《城市供水水质管理规定》第六条规定网络管理制度，建立国家级和地方级城市供水水质监测网络，国家城市供水水质监测网，由建设部城市供水水质监测中心和直辖市、省会城市及计划单列市等经过国家质量技术监督部门资质认定的城市供水水质监测站（以下简称国家站）组成，业务上接受国务院建设主管部门指导。建设部城市供水水质监测中心为国家城市供水水质监测网中心站，省、自治区建设主管部门和直辖市人民政府城市供水主管部门应当根据本行政区域的特点、水质检测机构的能力和水质监测任务的需要，确定地方网中心站。另外该法还细化了部门职责义务，便于管理。例如，第十一条，城市供水单位应当履行以下义务：编制供水安全计划并报所在地直辖市、市、县人民政府城市供水主管部门备案；按照有关规定，对其管理的供水设施定期巡查和维修保养；建立健全水质检测机构和检测制度，提高水质检测能力；按照国家规定的检测项目、检测频率和有关标准、方法，定期检测原水、出厂水、管网水的水质；……接受公众关于城市供水水质信息的查询。该法还对城市供水水质突发事件应急预案内容进行细化，包括突发事件的应急管理工作机制、监测与预警、信息的收集、分析、报告、通报制度、应急处理专业队伍的建设和培训等。

5.《生活饮用水卫生监督管理办法》的概述

《生活饮用水卫生监督管理办法》于1996年7月9日由建设部、卫生部第53号令发布，包括总则、卫生管理、卫生监督、罚则和附则。该法主要规定了卫生监督管理工作中的责任分工和人员仪器管理。其中第三条规定：卫生部主管全国饮用水卫生监督工作，县级以上地方人民政府卫生行政部门主管本行政区域内饮用水卫生监督工作；建设部主管全国饮用水卫生管理工作，县级以上地方人民政府建设行政主管部门主管本行政区域内城镇饮用水卫生管理工作。第九条规定：供水单位应建立饮用水卫生管理规章制度，配备专职或兼职人员，负责饮用水卫生管理工作。第十条规定：集中式供水单位必须有水质净化消毒设施及必要的水质检验仪器、设备和人员，对水质进行日常性检验，并向当地人民政府卫生行政部门和建设行政主管部门报送检测资料。城市自来水供水企业和自建设施对外供水的企业，其生产管理制度的建立和执行、人员上岗的资格和水质日常检测工作由城市建设行政主管部门负责管理。第十一条规定：直接从事供、管水的人员必须取得体检合格证后方可上岗工作，并每年进行一次健康检查（建设部和卫生部，1996）。

8.2.3 我国地方性饮用水法规、规章与规范性文件的概述

我国地方政府根据宪法、法律和行政法规的规定，结合本地区的实际情况，制定了一批有关饮用水安全保障的地方性法规或规章，地方性法规或规章比国家级法律的内容详细，是对我国现有城市安全保障法律制度体系的一个有效补充。涉及领域主要为地方饮用水水源保护与污染防治管理、地方饮用水卫生管理以及地方农村饮水与供水管理。其中具有代表性的地方性法规有《陕西省饮用水水源保护区环境保护条例》和《贵州省生活饮用水卫生监督管理条例》等。

1.《陕西省城市饮用水水源保护区环境保护条例》概述

《陕西省城市饮用水水源保护区环境保护条例》于2002年3月28日陕西省第九届人民代表大会常务委员会第二十八次会议通过。包括总则、饮用水水源保护区的划分和水质标准、饮用水地表水水源的保护、饮用水地下水水源的保护、监督管理、法律责任以及附则。第七条规定：饮用水水源保护区按照水源类别分为

地表水水源保护区、地下水水源保护区。地表水水源保护区又分为江河水源保护区和湖泊、水库水源保护区，其陆域从水域正常水位线起计算。第八条到第十条分别规定了饮用水江河水源保护区、湖泊水库水源保护区以及地下水水源保护区的一级、二级和准保护区的划分方法。第十三条、第十四条分别规定了地表水和地下水水源各级保护区的水质标准。

该条例的第十六条和第二十条分别总体列举了饮用水地表水和地下水水源保护区内的禁止活动；第十七条到第十九条分别详细列举了饮用水地表水水源各级保护区内的禁止活动；第二十一条到第二十三条分别详细列举了饮用水地下水水源各级保护区内的禁止活动（陕西省人大常委会，2002）。

2.《贵州省生活饮用水卫生监督管理条例》的概述

《贵州省生活饮用水卫生监督管理条例》于 2007 年 7 月 27 日贵州省第十届人民代表大会常务委员会第二十八次会议通过。该条例主要针对集中式供水、二次供水和管道供水做出了相应的规定：第九条对集中式供水列举了如下卫生要求：供水水源水质符合国家有关生活饮用水水源水质的规定，生活饮用水水源保护应当遵守水源卫生防护的有关规定；配备的水净化处理设备、设施能够满足净水工艺要求，并保证正常运行；供水工程中的输水、蓄水和配水等设施应当密封，定期清洗、消毒并监测，禁止与排水设施相连；新设备、新管网投产前及旧设备、旧管网修复后应当进行冲洗、消毒，管网末梢盲端易污染处应当定期放水、清洗、消毒；有与其消毒方式相适应的消毒设备、设施，备有安全防范和泄漏处置的应急设备、设施和个人防毒面具；划定生产区的范围，并设立明显标志；在其周围 30m 范围内，不得设置生活居住区和修建禽畜饲养场、渗水厕所、渗水坑等污染源，不得堆放垃圾、粪便、废渣等污染物或者铺设污水渠道等。

第十条对二次供水列举如下卫生要求：供水设施周围保持环境整洁，蓄水池周围 10m 内不得有渗水坑和堆放的垃圾等污染源；水箱周围 2m 内不得有污水管线及污染物；水箱或者蓄水池应当专用并加盖、上锁，不得渗漏；储水容器和供水设施的材质和内壁涂料应当无毒无害；保证设施及设备完好，建立健全清洗消毒制度；供水设施每年应当定期清洗消毒；清洗消毒后，应当经具备法定资质的检测机构水质检验合格。二次供水设施有管理单位的，由管理单位负责设施的日常运转、保养、清洗、消毒；没有管理单位的，业主应当委托具有资质的单位或者具有专业知识的人员负责设施的日常运转、保养、清洗、消毒。

第十一条对管道直饮水供水列举如下卫生要求：用户龙头出水应当符合国家规定的直饮水水质卫生标准；设立专用制水间，制水间面积应当满足生产工艺的要求，建筑物结构完整；铺设地面、墙壁、天花板，应当使用防水、防腐、防霉和易消毒、易清洗的材料；地面应当有一定坡度，有废水排放系统；水处理工艺和设备应当根据水源水质进行配备，确定合理的处理工艺流程，处理工艺中应当有水质消毒措施；输水管道不得与市政或者自建供水系统直接相连（贵州省人大常委会，2007）。

8.3 我国饮用水安全法律法规存在的问题

我国目前无专门针对饮用水安全保障的法律，涉及饮用水的法律法规和规范性文件有：《中华人民共和国水法》、《水污染防治法》、《传染病防治法》、《中华人民共和国固体废物污染环境防治法》、《水污染防治法实施细则》、《传染病防治法实施办法》、《城市供水条例》、《生活饮用水卫生监督管理办法》、《饮用水水源保护区污染防治管理规定》（这里所列举的法律应该包含前面介绍的，还应该加上部分省市的地方性规定）等，这些法律法规和规范性文件中的饮用水安全保障条例不全面不具体，原则性立法数量较多，而且地方级与国家级饮用水安全保障条例存在交叉或矛盾的现象，不能有效的指导饮用水安全工作的实施。我国目前饮用水安全保障法律体系存在的主要问题表现在以下几个方面（尚双霞，2009；杨会娟，2011）。

1. 饮用水安全法律保障的管理体制混乱

我国水资源大多具有明显的流域性、跨行政区域性、生态系统完整性等特点，要求我国水资源的管理和保护必须从整体上进行综合考虑，但现有法律中水资源管理倾向于区域利益、部门利益的维护，对于流域整体性的保护不够，缺乏综合性管理机构来统筹饮用水安全的保护。而且保护饮用水安全管理部门数量多，各部门权限范围存在交叉重合，职责划分不明，严重影响了我国饮用水水质安全保障工作的顺利实施。

例如，在出厂水水质管理问题上，主要是卫生部门和建设部门负责。两者管理角度和方式都不同，卫生部门从防治传染病，加强卫生监管的角度，负责饮用水卫生监督工作，而建设部门作为供水企业的行业主管和资质管理单位，负责供水水质管理工作。但是在实际工作中，两者的管理对象是一致的，职责往往难以分清，如《生活饮用水卫生监督管理办法》规定了建设部门负责饮用水卫生管理工作，这与卫生监督工作就很难区分。

在饮用水水源保护问题上，主要是水利部门和环保部门负责，从职能分析比较来看，饮用水水源保护对象凸现的是水的资源功能，而不是环境功能，应当由水利部门牵头，但在现行规定和实际工作中，往往是环保部门牵头负责饮用水水源保护工作。双方在入河排污口管理、水功能区划、饮用水水源保护区划定中都有所交叉或冲突。至于供水和水源水质监测工作，以上四部门和供水企业都有各自监测队伍，从总体上看，在监测能力和力量不足的同时又造成了大量重复建设和浪费。

2. 饮用水安全法律保障的基本制度不具体

1）饮用水水源保护区保护及划分的法律条例不完善

饮用水水源保护是饮用水保护整个过程的开始，保护饮用水水源是保障饮用水安全首先要解决的问题。在饮用水保护的法律领域，对于饮用水水源的保护相比其他环节的保护是比较充足的。我国水源保护区的划定始于 1984 年颁布的《中华人民共和国水污染防治法》，随着我国法律法规的完善，《中华人民共和国水法》等法律法规要求建立水源保护区制度，划分水源保护区。我国饮用水水源保护区（包括地表水源和地下水源）采用分类分级管理，分为一级保护区、二级保护区，并进行分类分级防护，一级保护区防护要求严于二级保护区，可以根据情况设置准保护区。最新的关于饮用水水源保护的法律是 2008 年修订的《水污染防治法》，其专门设一章来规定饮用水水源及其他特殊水体的保护，进一步完善了我国饮用水水源保护制度，但是由于我国在水源保护区建设领域起步比较晚，部分法律也只对饮用水水源保护区的划分做了原则性规定，我国还没有自己的经验值法或计算机模型法可供使用，而且，我国并没有专门的饮用水水源保护区的管理机构，这不利于饮用水水源保护区内工作的开展；再者饮用水水源保护没有跟水质监测很好地结合起来；并且对地下饮用水水源的保护重视不够。根据调查分析，涉及水源保护区的法律仍然存在以下四方面问题。

（1）保护区划分体系不完善。由于《中华人民共和国水法》和《中华人民共和国水污染防治法》对水源保护区的划分体系没有具体的规定，我国至今还没有一套统一的饮用水水源保护区划分和管理体系。根据综合分析，我国对水源保护区的划分体系研究主要分为三类：一是将水源保护区划分为三级体系（一级保护区、二级保护区和准保护区），如陕西省和四川省等；二是将水源保护区划分为两级体系（一级保护区和二级保护区），如重庆市和湖北省等；三是将水源保护区不分级，只划分保护区，如上海市。不同体系水源地保护区划分方法也不一致，这不仅造成水源保护区划分技术上存在很大的差异，而且也给水源地的管理和保护带来很多问题。

（2）水源地保护区划分技术不成熟。《中华人民共和国水污染防治法》（1996 年）、《中华人民共和国水污染防治法实施细则》（2000 年）和《饮用水水源保护区污染防治管理规定》等法律虽然都对饮用水水源保护做过明确规定，但是这些法律法规没有规定饮用水水源保护区的具体标准和方法，已远远不能适应饮用水水源地保护工作需要。由于经济、技术和管理水平的差异，各地有关饮用水水源地的设置分级、划分范围和防护要求等很不统一，科学依据不足，技术方法还有待研究，这是当前饮用水水源保护中迫切需要解决的问题。根据调查分析划分方法目前存在的问题主要有：①原划定的部分河道型水源保护区过大，超过了饮用水功能区的范围，对当地水资源的开发利用及地方经济发展有所限制，增加管理和执行难度；②湖库型水源地二级保护区规定水库周边外延 5km 或河道两侧外延 5km 范围很多已超过分水岭山脊线，明显不合理；也有将水库坝下 5km 范围也划为保护区，不符合规范；③部分地下水源保护区在城市供水管理办法中有所规定，但没有明确的保护区范围和相应的管理部门；④集中式生活饮用水水源保护区的分级划分应根据地表水域使用目的和保护目标进行确定，但不少城市把水源卫生防护带和一级保护区混合起来，实际上两者是不同的。前者是饮用水水源取水点的警卫防护区域，其范围规定统一的数值；而后者是取水水源的水质保证区域，其范围无法笼统规定统一的数值，而应依照不同水域特点进行水质定量预测，并结合饮用水水源地具体条件加以确定。

（3）保护区水质标准太低。我国的饮用水水源保护区的水质标准低。按照《地表水环境质量标准》（GB3838—2002）水质评价参数 29 个，饮用水水源水质要求Ⅱ级，很多地区因为区域内已无Ⅱ级地表水，饮用水水源水质要求降至Ⅲ级。而德国地表水水质评价参数 54 个，饮用水水源水质要求Ⅰ级，个别物理参数放宽至Ⅱ级。另外，我国生活饮用水卫生标准无溶解氧指标。

2）供水技术及设备管理的法律条例不完善

《中华人民共和国水法》提出“国家对严重污染水环境的落后工艺和设备实行淘汰制度”“鼓励有益于饮用水卫生安全的新产品、新技术、新工艺的研制开发和推广应用”等条例，《城市供水水质管理规定》提出“对城市公共供水、自建设施供水的原水、二次供水一级深度净化处理水的水质管理实行企业自检、行业监测和行政监督相结合的制度”等条例，但是影响出厂水水质的主要环节，即供水技术和设备管理制度并没有列入法律条例，监督部门没有法律依据支持，不能对采用落后水处理工艺，不及时维修更换水处理设备水厂及供水单位采取措施，导致部分出厂水水质难以达到新《标准》的要求。

3）供水管网和输配水设施管理的法律条例不完善

未改造的老化管网供水水质化学稳定性和水质生物稳定性较低，易出现“浑水”和“红水”现象，使管网供水水质安全性差，威胁饮用水水质安全，因此管网改造对保障饮用水水质安全具有重要意义。目前我国大部分地区存在管网改造工程量大、供水漏损情况严重以及供水服务面积小的现象，而且，改造过程中涉及城市改造、城市道路建设、市政建设等多个部门，现行的法律中并未规定各单位在管网改造过程中的职责、管网改造的审批程序、负责单位等具体内容，导致供水管网改造工作难以实施。

4）饮用水水质检测制度的法律条例不完善

目前我国针对饮用水水质检测出台了《生活饮用水标准检验方法》（GB/T5750—2006），但缺乏约束该标准执行的法律，此外，《城市供水水质管理规定》只是简略的提出“鼓励采用先进的检测技术和检测方法，加强检测人员培训和技术学习”的条例，未做详细规定，不便于饮用水水质检测中心实施具体改造完善工作。由于我国检测水平和管理制度较发达国家落后，存在检测技术落后、检测中心分布不均、检测采样点设置不合理、未考虑地域水源差异、检测仪器配备不齐全，检测人员技术水平有限以及缺乏信息公开共享等问题，因此需要法律完善饮用水水质检测中心的管理制度，促进标准的执行，提高检测技术等，有效保障《生活饮用水卫生标准》的实施。

5）饮用水安全应急处理制度的法律条例不完善

《城市供水水质管理规定》提出应急预案包括的内容，但并未得到较好的实施，而且未从根本上解决问题。近几年来我国水污染事件频繁发生，对我国饮用水安全造成了重大威胁。如 2009 年 1 月和 7 月江苏与山东交界的邳苍分洪道发生两起砷突发重大污染环境事件、2011 年 8 月 13 日云南曲靖“铬渣污染水”排入南盘江事件、2012 年 1 月 15 日广西龙江镉污染事件，在突发水质污染时均未能及时采取应急预案，对饮用水水质造成了严重危害。随着威胁饮用水安全的突发事件频繁发生，对此类事件的紧急处理制度变得非常重要。我国对于饮用水安全遭到破坏的应急处理工作起步较晚，没有建立起完善的饮用水危机的应急处理制度，使得饮用水受到破坏的时候，无法采取及时有效的措施加以保护，不能做到在最短的时间内恢复正常的生活、生产秩序。

突发性污染事件暴露出我国目前饮用水安全应急存在的问题：一是行业环境标准不健全，环境风险较大的砷、铅污染物没有纳入环境日常监管的范畴；二是环境应急管理还没有实现制度化和规范化，现场执法随意性很大，无法及时发现企业存在的环境风险；三是企业环境行为常因市场、原材料等各种因素的影响而发生变化，环保部门难以及时查明并消除企业的环境风险；四是跨界事件污染纠纷协调机制不健全，现有的法律规定过于原则化，跨界事件的环境应急管理机制尚未建立，还处于摸索和实践阶段；五是暴露出污染处置技术储备不足。污染物应急处置技术储备及其工程化应用与现实需求还有很大的差距，污染处置技术从实验室研究到大范围流域治理应用，不确定因素很多，环境条件非常复杂，这给污染治理带来很大的挑战；六是缺乏检测以及预警系统，饮用水污染事故一旦发生，不能及时地发现，各部门之间无法及时沟通采取相应的措施。

6）节水制度的法律条例不具体

我国水资源短缺日益严重，是世界上13个人均水资源最贫乏的国家之一，而且我国是干旱缺水严重的国家，平均每两年就发生一次较大的旱灾，水量不足直接威胁着饮用水安全，节约用水是保证饮用水水量安全的一个方面，关系着每个人的切身利益。我国目前饮用水领域的法律中多数是简单提及应提倡节水，如《中华人民共和国水法》规定“大力推行节约用水措施，推广节约用水新技术、新工艺，配套建设节水设施，发展节水型工业、农业和服务业，建立节水型社会”，但并没有具体的节水制度，关于负责节水的单位、节水的措施以及违反节水规定的惩罚等内容没有明确规定，导致节水工作在实际生活和工作中难以实施。

7）公众参与制度的法律条例不完善

公众参与是与知情权相联系的，公众必须首先知情才能广泛的参与到饮用水安全的保护之中。公众参与在饮用水安全的保护过程中起到了不可替代的作用。目前我国公众参与制度的相关内容主要规定于《宪法》、《环境保护法》、《环境影响评价法》之中，在这些法律中只是原则性规定公众具有通过各种途径和形式保护环境，并有权对污染环境和破坏环境的行为进行检举和控告，并没有具体的将公众参与的模式，具体步骤加以明确，《环境影响评价法》只是规定公众可以通过听证会、论证会等形式参与到环境影响评价活动中，而对于专门的饮用水保护的公众参与制度并未规定。公众参与制度存在的主要问题有：首先是立法层面，对于公众参与制度的规定过于分散，不系统、不集中；其次是我国目前公众参与多属于末端参与，主要是当发生环境污染和破坏以后才进行公众参与；最后是公众参与的形式单一，也没有相应的激励机制。

8）生态补偿制度的法律条例不够完善

由于我国地势西高东低，我国河流多发源于西部高原，而我国的经济发展形势确实东部明显快于西部。这样就导致了我国环境保护与经济发展的东西不相称。在西部饮用水水源地区，由于落后的经济基础，当地居民不得不以破坏水源为代价来换得生存发展，饮用水水源遭破坏，中东部地区无法喝上安全的饮用水。生态补偿制度是解决由此导致的饮用水水源危机的重要方法，它的不完善不利于我国饮用水安全的保护。我国2008年新修订的《水污染防治法》第7条规定：国家通过财政转移支付等方式，建立健全对位于饮用水水源保护区区域和江河、湖泊、水库上游地区的水环境生态保护补偿机制。这是我国第一次在国家层面上将生态补偿机制加以确立，但是就一项制度而言，生态补偿制度仍有许多不完善之处，对生态补偿的具体内容没有相应的规定，主要不足表现为资金来源单一、补偿方式单一、补偿标准确定困难等。

9）市场机制未建立

我国宪法规定水资源属于国家所有。饮用水主要是由供水企业提供的，当水经过供水企业的加工处理变成饮用水后，饮用水除了具有公共产品特性外，由于添加了人类劳动，具有了商品的属性。而单纯将饮用水作为公共产品，不利于饮用水的保护，很可能会导致供水企业不负责任，居民浪费严重。目前我国饮用水市场机制很不完善，水资源的市场基本上是遵循政府计划配置资源，供水、排水事项多有政府部门或者其所属企业来承担，政府为供水企业拨款、补贴，导致供水、排水企业效率低下，质量不高。目前我国水价偏低，水价没有反映水的价值。

3. 饮用水安全法律保障的法律责任制度不具体

目前我国对于饮用水安全法律责任的规定还相当缺乏，已有的处罚方式比较单一、处罚的力度较轻，主要是一些民事和行政处罚方式（如罚款、赔偿损失等）。刑事处罚规定较少，并且比较笼统。例如，《水污染防治法》第 90 条：违反本法规定，构成违反治安管理行为的，依法给予治安管理处罚；构成犯罪的，依法追究刑事责任。这种法律责任的保障模式对破坏饮用水安全行为不能起到有效的制裁，不利于饮用水安全的保护。此外，缺乏行政指导和奖励措施等法律条例，饮用水方面的法律责任多属于结果责任，产生危害后果之后才给予处罚，缺乏对饮用水保护的事先预防，与饮用水保护的基本原则不相符。

8.4　国外饮用水安全法律对我国饮用水立法的借鉴

发达国家饮用水的成功治理和高质量的供水系统，为我国的饮用水的发展与完善提供了很多可以学习和借鉴的先进经验，与此同时，仍需要考虑我国的经济发展状况和地理条件，不能一味的按部就班。完善饮用水安全法制度，内容包括完善的饮用水安全法制度、高标准的饮用水水质标准、饮用水水源的保护、完善的饮用水基础设施建设市场化制度、饮用水中广泛存在的参与意识、监督管理制度、应急处理制度等。完善的法律体系有利于供水过程有法可依、有标可循。

（1）完善的饮用水安全法制度。制度需涵盖饮用水保护的方方面面，包括饮用水水源保护、饮用水水质标准、饮用水监督管理制度、饮用水开发利用制度和饮用水应急处理制度等。这样完备的饮用水安全法体系，使得中央政府和地方政府能明确各自的饮用水管理权限，使饮用水安全保障的规划和政策能够得到顺利的推行。而我国在饮用水安全保障中做到依法治水就必须有法可依、有标可寻，面对我国数量庞大的原则性饮用水安全法律制度，在深化其法律执行效力上，政府和立法机构还有大量的工作需要解决。

（2）高质量的饮用水水质标准。饮用水的水质安全直接关系到实现城市居民的健康饮水权，因此供应高质量的饮用水一直是发达国家饮用水供水的原则。发达国家一般采用比世界卫生组织规定的《饮用水水质准则》更加严格的饮用水水质标准，除此之外，还对饮用水水源保护区保护的具体安全指标和城市管网定期水质监测的安全指标等也进行了严格的规定。

（3）关注饮用水水源保护区的保护。我国目前的饮用水保护区划分方法多采用经验值法，即由当地政府按照其他地区饮用水水源保护区划定的经验，制定当地的饮用水水源保护区管理条例，在条例中直接规定饮用水水源保护区的范围。这种划定方法以其制定简单和操作方便受到了大多数地方政府的认可，但是这种划分方法的不足之处也是显而易见的。饮用水水源保护区的划分和保护均应多借鉴国外的经验，包括对饮用水水源保护区的管理手段、地方对于饮用水水源保护区的作用、饮用水水源保护区的污染防治等内容。

（4）完善饮用水基础设施建设市场化制度。像饮用水这种关系国计民生的行业，政府无疑是占据主导地位的，政府也应在资金、技术和政策上对饮用水的发展起到重要的作用。而单纯由政府投资建设饮用水各类设施，在哪个国家都显现出来越来越多的弊端，所以对饮用水行业进行市场化改革已经是一个发展趋势。长期以来，我国城市水行业是属于事业单位管理，由政府全额拨款运作，其投资主体也一直是中央政府和各级地方政府，很少由社会资本投资经营。但是由于中央和各地方政府的财力有限，不少城市的供水基础设施建设已经严重滞后于城市经济和社会发展。通过借鉴国外的市场化法律制度，在饮用水的各项设施建设工程中引进其他资本，进行饮用水的开发、利用等事务，并着重学习政府在饮用水基础设施建设市场化中的监督和管理的制度。

（5）提高公民参与意识。国外许多国家的饮用水法律、管理和应急处理中都十分重视保障公民的参与意识，这不光是公民自身的参与意识高，更重要的是有法律、经济、政策方面的引导和支持。政府通过这种协商、参与的方式对各种社会利益进行合理化处理，以达成高效的、社会化程度高的饮用水安全保障新机制。另外还要关注饮用水节水意识的培养，节水意识不光要靠政策宣传，还应将节约用水的理念作为一种长效机制利用制度确定下来。应加大对节水行业、产品的扶持力度，让百姓和企业真正得到实惠，从而发自内心的加入节约用水的行列。

（6）高效的饮用水监督管理体系。统一管理是符合水资源特性的一种管理模式，在国外也有很多成功的先例。但是就饮用水安全保障而言，对我国的管理体制进行大幅度变化的可能性并不是很大，在现阶段也没有什么实际意义，所以探索一个有效的协调和调度饮用水监督管理制度对我国饮用水的保护和缓解饮用水短缺更有意义。

（7）完备的饮用水应急处理系统。饮用水突发性公共卫生污染事件是我国饮用水安全保障制度中面临的新问题，由于我国长期缺乏危机意识、城市工业布局不合理等情况，饮用水突发性公共卫生污染事件的发生在一段时期内难以得到全面遏制，饮用水应急处理法律制度的建设将是一项长期的、艰巨的任务。应结合国外的先进经验，对我国现有的饮用水应急处理制度进行反思，以期能探索出一条中国式的饮用水应急处理新思路。

参 考 文 献

蔡守秋. 2003. 国外水资源保护立法研究. 环境资源法论丛, 北京: 法律出版社

董敏. 2011. 我国饮用水安全法律保障研究. 济南: 山东科技大学硕士学位论文

巩莹, 刘伟江, 朱倩, 等. 2010. 美国饮用水水源地保护的启示. 环境保护, 28(12): 25~27

贵州省人大常委会. 2007. 贵州省生活饮用水卫生监督管理条例, http://www.gzgov.gov.cn/ [2007-07-27]

环境保护部. 2010. 饮用水水源保护区污染防治管理规定. http://www.zhb.gov.cn [2010-12-22]

建设部, 卫生部. 1996. 生活饮用水卫生监督管理办法. http://www.jc.gansu.gov.cn [1996-07-09]

建设部. 2007. 城市供水水质管理规定. http://www.mohurd.gov.cn [2007-12-26]

李建新. 1998. 德国饮用水水源保护区的建立与保护. 地理科学进展, 17(4): 88~97

林家斌. 2002. 日本水资源管理体系考察及借鉴. 水资源保护, 18(4): 55~59

全国人大常委会. 2002. 中华人民共和国水法. http://www.law.npc.gov.cn [2002-08-29]

全国人大常委会. 2008. 中华人民共和国水污染防治法. http://www.law.npc.gov.cn [2008-02-28]

陕西省人大常委会. 2002. 陕西省城市饮用水水源保护区环境保护条例, http://www.sxrd.gov.cn [2002-03-28]

尚双霞. 2009. 我国饮用水安全立法问题研究. 太原: 山西财经大学硕士学位论文

万劲波, 周艳芳. 2002. 中日水资源管理的法律比较研究. 长江流域资源与环境, 11(1): 16~20

杨会娟. 2011. 我国饮用水安全法律问题研究. 哈尔滨: 东北林业大学硕士学位论文

赵国青. 2000. 外国环境法选编(上、下册). 北京: 中国政法大学出版社

Levin R B, Epstein P R. 2002. U.S.Drinking water Challenges in the twenty—First Century. Environmental Health Perspectives, 110 (suppl 1): 43-52

WHO. 1996. Guideline for drinking water Quality. Geneva: World Health Organization

第 9 章　我国饮用水安全法的构想

针对目前我国饮用水安全法律法规存在的问题，结合发达国家饮用水安全保障的成功经验，从水源、净水厂到供水管网的连续式、全局式角度，融入应急制度、管理制度、节水制度、公众参与制度以及奖罚制度，提出我国饮用水安全法构想草案（附录6），为《生活饮用水卫生标准》（GB 5749—2006）的有效实施提供法律保障。

9.1　我国饮用水安全保障立法的重要性

目前饮用水水源污染形势严峻，饮用水水源环境安全风险问题突出，保障饮用水安全成为最现实、最具体的民生问题，是直接关系到人民群众身体健康和生命安全的头等大事，是落实科学发展观、建设生态文明、全面构建社会主义和谐社会的基本要求。全国人大常委会始终高度关注饮用水安全保障工作，2013 年 3 月举行的十二届全国人民代表大会第一次会议期间，储亚平、王毅等 72 位代表提出建议制定“饮用水安全法”的议案，建议通过立法构建饮用水安全保障体系。现阶段我国饮用水安全保障立法具有重要意义，具体表现在以下几方面。

1. 饮用水安全保障立法有利于《生活饮用水卫生标准》的有效实施

由卫生部、国家标准化管理委员会发布的《生活饮用水卫生标准》（GB5749—2006）颁布后，水质指标由 35 项增至 106 项，新标准项目更加全面，对微生物、消毒副产物、农药类有毒有害化合物要求更加严格，同时对供水厂水质、检测能力等方面提出了更高的要求。但是，我国目前供水行业整体发展状况跟不上新《标准》的发展要求，饮用水水源和供水水质状况堪忧，达标率较低。因此，我国政府应采取有效的法律措施，对饮用水水源及供水过程进行统一的监督管理，使饮用水水质符合新《标准》的要求，同时我国饮用水安全法的建立可为《生活饮用水卫生标准》的进一步完善、修改和执行提供法律保障，有利于新《标准》的有效实施。

2. 饮用水安全保障立法有利于监督管理工作的有效实施

饮用水领域目前存在的问题主要表现在以下几方面：①水源地污染现象严重，防范意识薄弱，对水资源保护管理机制不健全；②饮用水处理工艺落后，设备陈旧，水厂升级改造进程缓慢，在新工艺新技术的研发和推广方面较为欠缺；③供水管网及相关辅助设施老化、运行管理不善等所导致的二次污染现象严重；④对饮用水水质的检测手段和监测设备落后，水质安全监督管理水平不高。

由于目前我国尚无针对饮用水安全方面设立的专项法律，现行的环境保护法、水污染防治法和水法等法律法规对饮用水安全保障的规定往往只涉及水源保护、卫生要求、水量保障等部分环节，但系统性、整体性考虑不足，导致我国大部分地区饮用水领域的监督管理工作困难。针对监督管理机制的不健全，迫切需要政府部门通过立法，加强新技术新工艺的研发和应用，加快供水系统升级改造进程，完善饮用水水质监管制度，从而保障我国居民生活饮用水水质安全。

因此，制定我国《饮用水安全法》对于完善我国饮用水安全法律体系、建全体制、统一规范，加强政府对供水行业的监管，推进我国供水安全保障水平不断提升具有重要意义。

9.2　立 法 依 据

开展我国饮用水安全立法的法律依据主要包括以下内容。

- 《中华人民共和国水法》
- 《中华人民共和国环境保护法》
- 《中华人民共和国水污染防治法》
- 《中华人民共和国水污染防治法实施细则》
- 《城市供水条例》
- 《城市供水水质管理规定》
- 《生活饮用水卫生监督管理办法》
- 《地表水环境质量标准》（GB3838—2002）
- 《入河排污口监督管理办法》
- 《饮用水水源保护区污染防治管理规定》
- 《生活饮用水卫生标准》（GB5749—2006）
- 《北京市城市自来水厂地下水源保护管理办法》
- 《西藏自治区饮用水水源环境保护管理办法》
- 《银川市饮用水水源保护区污染防治管理办法》
- 《黑龙江省生活饮用水卫生监督管理规定》
- 《海南省城镇饮用水卫生监督管理规定》
- 《四川省生活饮用水卫生监督管理办法》
- 《江西省生活饮用水水源污染防治办法》
- 《浙江省饮用水水源保护条例》

- 《上海市饮用水水源保护条例》
- 《广州市饮用水水源污染防治规定》
- 《陕西省城市饮用水水源保护区环境保护条例》
- 《贵州省生活饮用水卫生监督管理条例》
- 《西安市城市饮用水源污染防治管理条例》

9.3 饮用水安全法组成部分

（1）名称。该法适用于中华人民共和国范围内的饮用水安全保障，涉及饮用水水源保护、净水、输配水、检测、监测、应急、监督管理、公众参与以及节水等内容，可以作为饮用水领域的基本法。该法由全国人民代表大会制定，具有最高法律效力，建议命名为“中华人民共和国饮用水安全法”（以下简称“饮用水安全法”）。

（2）结构。参考立法依据中法律的结构，饮用水安全法形式结构包括总则、分则和附则 3 个部分。

（3）总则。总则包含立法宗旨、立法依据、适用范围、基本原则和基本制度、主管部门等内容。

（4）分则。分则是饮用水安全法的核心内容，具体规定各项饮用水安全保障制度，包括实施细则、负责单位、禁止事宜以及方式方法等。

（5）附则。集中规定有关法律术语的含义、概念、技术标准、实施日期等。

9.4 饮用水安全法制定内容建议

饮用水安全法作为饮用水领域的基本法，应该满足饮用水安全管理等多方面需要，并且能够弥补现行饮用水相关法律法规系统性、协调性和可操作性不强的缺点，因此饮用水安全法的制定方向应该全面具体，切实做到饮用水从水源保护到净水输水配水系统、水质检测到应急以及监督管理等方面均有法可依。

1. 饮用水水源保护法律建议

饮用水安全法中应规定国家环保部建立专门的饮用水水源保护区管理机构，对饮用水水源保护区的各项工作进行管理；完善饮用水水源保护区制度，编制地表水水源、地下水水源的水源保护区（一级保护区、二级保护区、准保护区）划分方法、水源保护区范围内的禁止事宜和各级保护区水质应遵循的标准。此外，应规定饮用水水源保护区名单的申报程序以及负责单位，定期公布饮用水水源保护区名单；建立饮用水水源地补偿制度，确保有效解决经济社会发展与跨区域饮用水水源保护的矛盾，保证饮用水水源水质安全。

2. 供水技术及设备管理法律建议

饮用水安全法中应规定水厂加强信息综合管理，建立水厂资料数据库，污染物可行处理技术数据库等，提倡水厂采用先进的水处理工艺和设施，落后工艺和设备实行淘汰制度，定期完善水处理工艺，建立设备管理维修制度、员工技术培训制度等。

3. 供水管网和输配水设施管理法律建议

饮用水安全法中应规定市政建设部门建立城市供水管网资料库，按照全面推进、突出重点的原则，根据城市供水发展目标，结合城市总体规划和供水专项规划，对管网进行维修和改造，明确管网改造的负责单位，对相关各部门职责范围进行界定，并提倡在管网改造过程中采用新施工技术、新型管材。

4. 饮用水水质检测法律建议

饮用水安全法中应规定环保部对检测中心实施分级制度，建立仪器维修管理制度、人员培训制度和检测中心资料库等，便于检测工作的顺利开展；并坚持以质量第一原则，提倡采用先进检测仪器和高科技检测技术，建立检测信息管理、公开、共享制度，确保检验数据真实、科学、准确。

5. 饮用水水质监测法律建议

饮用水安全法应规定国家有关部门建立国家级和地方级监测网络，合理科学的在水源、供水厂出水口、管网末梢设置监测点，并安装相应的先进监测设备，采用先进监测技术，从源头到龙头的各涉水环节实施在线水质监测，确保实时了解饮用水水质变化情况。

6. 饮用水安全应急法律建议

饮用水安全法中应规定国家环保部及地方环保部门建立饮用水水源突发污染事件应急处置技术库、应急检测处理队伍、应急移动检测实验室、重点应急物资储备库以及应急水源名单，加强信息监测、传递、分析处理，对可能发生饮用水资源事故的地点、程度等情况进行预测；建立完善的应急预警体系，制订饮用水资源监测预报方案和事故、灾害应急方案，建立应急快速处理机制，制订应急预案，对突发事件进行应急处理，及时对事故展开调查、监测、处理、报告以及通报等，防止事故的扩大，将损失减少到最低限度，并限定各单位负责突发污染事件的范围。

7. 饮用水安全监督管理体制法律建议

饮用水安全法中应规定环境主管部门建立区域整体相结合的饮用水水质监督

管理制度，建立统一的饮用水水质监督管理机构，对监督管理机构的职责范围进行界定，对水源、供水、节水、排水、治污和回用等进行一体化监督管理；各监督管理机构定期对管辖范围内的水源水质、水厂出水水质、管网末梢水水质、相关单位仪器配置进行检查，被检查单位需积极配合工作，提供必要资料，各单位各尽其责共同实施饮用水安全保障的监督管理工作。

8. 公众参与法律建议

饮用水安全法应规定相关部门定期召开相关的饮用水资源听证会，公布饮用水水质水量状况信息、饮用水相关的重大决策，建立宣传组织，鼓励公众发挥监督作用，参与水质标准制订工作、环境影响评价以及环境公益诉讼制度的建立工作等，赋予用户知情权、参与权和监督权。

9. 节水制度法律建议

饮用水安全法中应规定环保部及相关部门建立节水机构，定期宣传节水知识，号召单位和个人参与节水行动，积极推广运用常规节水和高新节水技术，发展节水项目。此外，禁止扩建非节水项目，改建和新建项目均需配备节水设施，提倡中水回用项目，提高水资源利用率。

10. 奖罚政策法律建议

饮用水安全法应设置科学的法律责任，详细规定饮用水安全保障过程中单位和个人奖罚政策，将奖罚程度和与其对应的行为内容进行详细限定，注重相应责任的可操作性，从实际出发设立各种责任，并发挥其对相应行为应有的警戒作用。奖罚程度包括荣誉称号、奖章、锦旗、奖金、处分、罚款以及刑事处罚；行为内容指单位（水源及其保护区的管理单位、水厂、检测中心等单位）或个人（单位负责人和公众）有利于或有害于饮用水安全的具体行为。除此之外，应规定行政指导制度，对行政处罚起到补充作用，使单位和个人积极主动的保障饮用水安全。

附录一　生活饮用水卫生标准（GB 5749—2006）

1. 范围

本标准规定了生活饮用水水质卫生要求、生活饮用水水源水质卫生要求、集中式供水单位卫生要求、二次供水卫生要求、涉及生活饮用水卫生安全产品卫生要求、水质监测和水质检验方法。

本标准适用于城乡各类集中式供水的生活饮用水，也适用于分散式供水的生活饮用水

2. 规范性引用文件

下列文件中的条款通过本标准的引用而成为本标准的条款。凡是标注日期的引用文件，其随后所有的修改（不包括勘误内容）或修订版均不适用于本标准，然而，鼓励根据本标准达成协议的各方研究是否可使用这些文件的最新版本。凡是不注明日期的引用文件，其最新版本适用于本标准。

GB 3838　地表水环境质量标准

GB/T 5750　生活饮用水标准检验方法

GB/T 14848　地下水质量标准

GB 17051　二次供水设施卫生规范

GB/T 17218　饮用水化学处理剂卫生安全性评价

GB/T 17219　生活饮用水输配水设备及防护材料的安全性评价标准

CJ/T 206　城市供水水质标准

SL 308　村镇供水单位资质标准

卫生部　生活饮用水集中式供水单位卫生规范

3. 术语和定义

下列术语和定义适用于本标准

3.1 生活饮用水　drinking water

供人生活的饮水和生活用水

3.2 供水方式　type of water supply

3.2.1 集中式供水　central water supply

自水源集中取水，通过输配水管网送到用户或者公共取水点的供水方式，包括自建设施供水。为用户提供日常饮用水的供水站和为公共场所、居民社区提供

的分质供水也属于集中式供水。

3.2.2 二次供水 secondary water supply

集中式供水在入户之前经再度储存、加压和消毒或深度处理，通过管道或容器输送给用户的供水方式。

3.2.3 农村小型集中式供水 small central water supply for rural areas

日供水在 1000m^3 以下（或供水人口在 1 万人以下）的农村集中式供水。

3.2.4 分散式供水 non-central water supply

用户直接从水源取水，未经任何设施或仅有简易设施的供水方式。

3.3 常规指标 regular indices

能反映生活饮用水水质基本状况的水质指标。

3.4 非常规指标 non-regular indices

根据地区、时间或特殊情况需要的生活饮用水水质指标。

4. 生活饮用水水质卫生要求

4.1 生活饮用水水质应符合下列基本要求，保证用户饮用安全。

4.1.1 生活饮用水中不得含有病原微生物。

4.1.2 生活饮用水中化学物质不得危害人体健康。

4.1.3 生活饮用水中放射性物质不得危害人体健康。

4.1.4 生活饮用水的感官性状良好。

4.1.5 生活饮用水应经消毒处理。

4.1.6 生活饮用水水质应符合附表 1.1 和附表 1.3 卫生要求。集中式供水出厂水中消毒剂限值、出厂水和管网末梢水中消毒剂余量均应符合附表 1.2 要求。

4.1.7 农村小型集中式供水和分散式供水的水质因条件限制，部分指标可暂按照附表 1.4 执行，其余指标仍按附表 1.1、附表 1.2 和附表 1.3 执行。

4.1.8 当发生影响水质的突发性公共事件时，经市级以上人民政府批准，感官性状和一般化学指标可适当放宽。

4.1.9 当饮用水中含有附录 A 表 A.1 所列指标时，可参考此表限值评价。

附表 1.1 水质常规指标及限值

指标		限值
1. 微生物指标[①]	总大肠菌群/（MPN/100mL）或（CFU/100mL）	不得检出
	耐热大肠菌群/（MPN/100mL）或（CFU/100mL）	不得检出
	大肠埃希氏菌/（MPN/100mL）或（CFU/100mL）	不得检出
	菌落总数（CFU/mL）	100
2. 毒理指标	砷/（mg/L）	0.01
	镉/（mg/L）	0.005

续表

指标	限值	
2. 毒理指标	铬/（六价）/（mg/L）	0.05
	铅/（mg/L）	0.01
	汞/（mg/L）	0.001
	硒/（mg/L）	0.01
	氰化物/（mg/L）	0.05
	氟化物/（mg/L）	1.0
	硝酸盐/（以 N 计）/(mg/L）	10，地下水源限制时为 20
	三氯甲烷/（mg/L）	0.06
	四氯化碳/（mg/L）	0.002
	溴酸盐（使用臭氧时）/（mg/L）	0.01
	甲醛（使用臭氧时）/（mg/L）	0.9
	亚氯酸盐（使用二氧化氯消毒时）/mg/L）	0.7
	氯酸盐（使用复合二氧化氯消毒时）/mg/L）	0.7
3. 感官性状和一般化学指标	色度（铂钴色度单位）	15
	浊度（NTU-散射浊度单位）	1 水源与净化技术条件限制时为 3
	臭和味	无异臭、异味
	肉眼可见物	无
	pH（pH 单位）	不小于 6.5 且不大于 8.5
	铝/（mg/L）	0.2
	铁/（mg/L）	0.3
	锰/（mg/L）	0.1
	铜/（mg/L）	1.0
	锌/（mg/L）	1.0
	氯化物/（mg/L）	250
	硫酸盐/（mg/L）	250
	溶解性总固体/（mg/L）	1000
	总硬度（以 $CaCO_3$ 计）/（mg/L）	450
	耗氧量（COD_{Mn} 法，以 O_2 计）/（mg/L）	3 水源限制，原水耗氧量＞6mg/L 时为 5
	挥发酚类（以苯酚计）/（g/L）	0.002
	阴离子合成洗涤剂/（mg/L）	0.3
	指导值	
4. 放射性指标②	总 α 放射性/（Bq/L）	0.5
	总 β 放射性/（Bq/L）	1

① MPN 表示最可能数；CFU 表示菌落形成单位。当水样检出总大肠菌群时，应进一步检验大肠埃希氏菌或耐热大肠菌群；水样未检出总大肠菌群，不必检验大肠埃希氏菌或耐热大肠菌群；② 放射性指标超过指导值，应进行核素分析和评价，判定能否饮用。

附表 1.2　饮用水中消毒剂常规指标及要求

消毒剂名称	与水接触时间	出厂水中限值/（mg/L）	出厂水中余量/（mg/L）	管网末梢水中余量/（mg/L）
氯气及游离氯制剂（游离氯）	至少 30min	4	≥0.3	≥0.05
一氯胺（总氯）	至少 120min	3	≥0.5	≥0.05
臭氧（O_3）	至少 12min	0.3	—	0.02 如加氯，总氯≥0.05
二氧化氯（ClO_2）	至少 30min	0.8	≥0.1	≥0.02

附表 1.3　水质非常规指标及限值

	指标	限值
1. 微生物指标	贾第鞭毛虫/（个/10L）	＜1
	隐孢子虫/（个/10L）	＜1
2. 毒理指标	锑/（mg/L）	0.005
	钡/（mg/L）	0.7
	铍/（mg/L）	0.002
	硼/（mg/L）	0.5
	钼/（mg/L）	0.07
	镍/（mg/L）	0.02
	银/（mg/L）	0.05
	铊/（mg/L）	0.0001
	氯化氰（以 CN^- 计）/（mg/L）	0.07
	一氯二溴甲烷/（mg/L）	0.1
	二氯一溴甲烷/（mg/L）	0.06
	二氯乙酸/（mg/L）	0.05
	1,2-二氯乙烷/（mg/L）	0.03
	二氯甲烷/（mg/L）	0.02
	三卤甲烷（三氯甲烷、一氯二溴甲烷、二氯一溴甲烷、三溴甲烷的总和）	该类化合物中各种化合物的实测浓度与其各自限值的比值之和不超过 1
	1,1,1-三氯乙烷/（mg/L）	2
	三氯乙酸/（mg/L）	0.1
	三氯乙醛/（mg/L）	0.01
	2,4,6-三氯酚/（mg/L）	0.2
	三溴甲烷/（mg/L）	0.1
	七氯/（mg/L）	0.0004
	马拉硫磷/（mg/L）	0.25
	五氯酚/（mg/L）	0.009
	六六六/（总量）/（mg/L）	0.005
	六氯苯/（mg/L）	0.001
	乐果/（mg/L）	0.08

续表

指标		限值
2. 毒理指标	对硫磷/（mg/L）	0.003
	灭草松/（mg/L）	0.3
	甲基对硫磷/（mg/L）	0.02
	百菌清/（mg/L）	0.01
	呋喃丹/（mg/L）	0.007
	林丹/（mg/L）	0.002
	毒死蜱/（mg/L）	0.03
	草甘膦/（mg/L）	0.7
	敌敌畏/（mg/L）	0.001
	莠去津/（mg/L）	0.002
	溴氰菊酯/（mg/L）	0.02
	2,4-滴/（mg/L）	0.03
	滴滴涕/（mg/L）	0.001
	乙苯/（mg/L）	0.3
	二甲苯/（mg/L）	0.5
	1,1-二氯乙烯/（mg/L）	0.03
	1,2-二氯乙烯/（mg/L）	0.05
	1,2-二氯苯/（mg/L）	1
	1,4-二氯苯/（mg/L）	0.3
	三氯乙烯/（mg/L）	0.07
	三氯苯（总量）/（mg/L）	0.02
	六氯丁二烯/（mg/L）	0.0006
	丙烯酰胺/（mg/L）	0.0005
	四氯乙烯/（mg/L）	0.04
	甲苯/（mg/L）	0.7
	邻苯二甲酸二（2-乙基己基）酯/（mg/L）	0.008
	环氧氯丙烷/（mg/L）	0.0004
	苯/（mg/L）	0.01
	苯乙烯/（mg/L）	0.02
	苯并[*a*]芘/（mg/L）	0.00001
	氯乙烯/（mg/L）	0.005
	氯苯/（mg/L）	0.3
	微囊藻毒素-LR/（mg/L）	0.001
3. 感官性状和一般化学指标	氨氮（以N计，mg/L）	0.5
	硫化物/（mg/L）	0.02
	钠/（mg/L）	200

附表 1.4　农村小型集中式供水和分散式供水部分水质指标及限值

指标		限值
1. 微生物指标	菌落总数（CFU/mL）	500
2. 毒理指标	砷（mg/L）	0.05
	氟化物（mg/L）	1.2
	硝酸盐（以 N 计，mg/L）	20
3. 感官性状和一般化学指标	色度（铂钴色度单位）	20
	浊度（NTU-散射浊度单位）	3 水源与净化技术条件限制时为 5
	pH（pH 单位）	不小于 6.5 且不大于 9.5
	溶解性总固体（mg/L）	1500
	总硬度（以 $CaCO_3$ 计，mg/L）	550
	耗氧量（COD_{Mn} 法，以 O_2 计，mg/L）	5
	铁（mg/L）	0.5
	锰（mg/L）	0.3
	氯化物（mg/L）	300
	硫酸盐（mg/L）	300

5. 生活饮用水水源水质卫生要求

5.1 采用地表水为生活饮用水水源时应符合 GB 3838 要求。

5.2 采用地下水为生活饮用水水源时应符合 GB/T 14848 要求。

6. 集中式供水单位卫生要求

6.1 集中式供水单位的卫生要求应按照卫生部《生活饮用水集中式供水单位卫生规范》执行。

7. 二次供水卫生要求

二次供水的设施和处理要求应按照 GB 17051 执行。

8. 涉及生活饮用水卫生安全产品卫生要求

8.1 处理生活饮用水采用的絮凝、助凝、消毒、氧化、吸附、pH 调节、防锈、阻垢等化学处理剂不应污染生活饮用水，应符合 GB/T 17218 要求。

8.2 生活饮用水的输配水设备、防护材料和水处理材料不应污染生活饮用水，应符合 GB/T 17219 要求。

9. 水质监测

9.1 供水单位的水质检测

供水单位的水质检测应符合以下要求。

9.1.1 供水单位的水质非常规指标选择由当地县级以上供水行政主管部门和卫生行政部门协商确定。

9.1.2 城市集中式供水单位水质检测的采样点选择、检验项目和频率、合格率计算按照 CJ/T 206 执行。

9.1.3 村镇集中式供水单位水质检测的采样点选择、检验项目和频率、合格率计算按照 SL 308 执行。

9.1.4 供水单位水质检测结果应定期报送当地卫生行政部门，报送水质检测结果的内容和办法由当地供水行政主管部门和卫生行政部门商定。

9.1.5 当饮用水水质发生异常时应及时报告当地供水行政主管部门和卫生行政部门。

9.2 卫生监督的水质监测

卫生监督的水质监测应符合以下要求

9.2.1 各级卫生行政部门应根据实际需要定期对各类供水单位的供水水质进行卫生监督、监测。

9.2.2 当发生影响水质的突发性公共事件时，由县级以上卫生行政部门根据需要确定饮用水监督、监测方案。

9.2.3 卫生监督的水质监测范围、项目、频率由当地市级以上卫生行政部门确定。

10. 水质检验方法

生活饮用水水质检验应按照 GB/T 5750 执行。

附录 A（资料性附录）

表 A.1　生活饮用水水质参考指标及限值

指标	限值
肠球菌/（CFU/100mL）	0
产气荚膜梭状芽孢杆菌/（CFU/100mL）	0
二（2-乙基己基）己二酸酯/（mg/L）	0.4
二溴乙烯/（mg /L）	0.000 05
二噁英（2,3,7,8-TCDD）/（mg/L）	0.000 000 03
土臭素（二甲基萘烷醇）/（mg /L）	0.000 01
五氯丙烷/（mg/L）	0.03
双酚 A/（mg/L）	0.01
丙烯腈/（mg/L）	0.1
丙烯酸/（mg/L）	0.5
丙烯醛/（mg/L）	0.1
四乙基铅/（mg /L）	0.000 1
戊二醛/（mg/L）	0.07

续表

指标	限值
甲基异莰醇-2/（mg /L）	0.000 01
石油类（总量，mg/L）	0.3
石棉/（＞10μm，万/L）	700
亚硝酸盐/（mg/L）	1
多环芳烃（总量）/（mg /L）	0.002
多氯联苯（总量）/（mg /L）	0.000 5
邻苯二甲酸二乙酯/（mg/L）	0.3
邻苯二甲酸二丁酯/（mg/L）	0.003
环烷酸/（mg/L）	1.0
苯甲醚/（mg/L）	0.05
总有机碳（TOC）/（mg/L）	5
萘酚-β/（mg/L）	0.4
黄原酸丁酯/（mg /L）	0.001
氯化乙基汞/（mg /L）	0.000 1
硝基苯/（mg/L）	0.017
镭 226 和镭 228/（pCi/L）	5
氡/（pCi/L）	300

附录二 美国《饮用水水质标准》（2011 年）

附表 2.1 美国饮用水一级标准

	污染物名称	MCL[a]/MCLG[b]（mg/L）	污染物健康影响	监测要求和建议
无机化学物质（10Cs）	锑	0.006/0.006	增加血液中的胆固醇，减少血糖	地表水每年一次，地下水每 3 年一次
	石棉（＞10μm 纤维）	7MFL/7MFL	导致良性肠息肉	每 9 年一次
	钡	2/2	增加血压	地表水每年一次，地下水每 3 年一次
	铍	0.004/0.004	导致肠损害	
	镉	0.005/0.005	肾脏损害	
	铬（总数）	0.1/0.1	变应性皮炎	
	铜	TT[c]（AL＝1.3）/ 1.3	导致肠胃、肝脏、肾脏的问题	和铅一样
	氯化物	0.2 / 0.2	甲状腺及神经上的影响	地表水每年一次，地下水每 3 年一次
	氟化物	4.0 / 4.0	骨疾病；儿童易斑釉牙	
	铅	TT（AL＝0.015）/ 0	肾脏问题；高血压；婴儿和儿童在生理心理上的发育迟缓	在厨房或浴室水槽水龙头提取住宅样本。 ALS 必须满足 90%的样本，腐蚀控制优化后每 6 个月监测
	水银	0.002 / 0.002	肝脏损害	地表水每年一次，地下水每 3 年一次
	硝酸盐	10 / 10	高铁血红蛋白症/多尿	地下水一年一次， 地表水第一年每季度初一次，然后一年一次
	亚硝酸盐	1 / 1	高铁血红蛋白症/多尿	前三年制定一个样本，之后重复监测由美国环境保护署决定
	硒	0.05 / 0.05	少头发或手指甲，四肢麻木，循环有问题	地表水每年一次，地下水每 3 年一次
	铊	0.002 / 0.0005	头发少，血液变异，肾脏、肝脏、肠道问题	
	砷	0.010 / 0	致癌，心脑血管和皮肤问题	与 VOCs 相同，适用于 CWS 和 NINCWS
	放射性核素			
	镭 226 和镭 228	5 pCi/L / 0	致癌	四个季节分别取样测定，取样点均为同一点
	氡和铀	15 pCi/L / 0	致癌	
	粒子和光子	4 mrem/year / 0	致癌	重要代理必须指出易受攻击的系统，一旦确定，则需要氚、锶 90 和 β 射线的四季平均值作为分析切入点，四季取样点必须为同一点
	铀	0.030 / 0	肾脏问题，致癌	与结合镭和射线相同

续表

	污染物名称	MCL[a]/MCLG[b]（mg/L）	污染物健康影响	监测要求和建议
	有机化学合成物			
有机化学物质	2,3,7,8-二噁英	0.00000003 / 0	致癌，生殖系统有问题	对于 SOC 的：在第一履约期间连续四个季度样本，符合要求的年均季度样本为基础，适用于 CWS[d] 和 NINCWS[e]
	2,4,5-涕丙酸	0.05 / 0.05	肝脏问题	
	2,4-二氯苯氧基乙酸	0.07 / 0.07	肾上腺，肝脏，肾脏问题	
	丙烯酰胺	TT / 0	致癌，神经系统及血液问题	
	甲草胺	0.002 / 0	致癌，眼睛，肝脏、肾脏、脾脏问题	
	阿特拉津	0.003 / 0.003	心脏及生殖系统问题	
	多环芳烃	0.0002 / 0	致癌，生殖系统问题	
	克百威	0.04 / 0.04	血液，神经，生殖系统问题	
	氯丹	0.002 / 0	致癌，肝脏及神经系统问题	
	茅草枯	0.2 / 0.2	肾脏问题	
	乙二酸	0.4 / 0.4	肝脏及生殖问题，体重减少	
	1,2-二溴-3-氯丙烷	0.0002 / 0	致癌，生殖系统问题	
	邻苯二甲酸酯	0.006 / 0	致癌，肝脏及生殖系统问题	
	地乐酚	0.007 / 0.007	生殖系统问题	
	敌草快	0.02 / 0.02	眼睛问题	
	茵多杀	0.1 / 0.1	胃肠问题	
	异狄氏剂	0.002 / 0.002	肝脏问题	
	环氧氯丙烷	TT / 0	致癌，胃	
	二溴化乙烯	0.00005 / 0	致癌，肝脏、肾脏、胃、生殖系统问题	
	草甘膦	0.7 / 0.7	肾脏及生殖系统问题	
	七氯	0.0004 / 0	致癌，肝脏问题	
	环氧七氯	0.0002 / 0	致癌，肝脏问题	
	六氯苯	0.001 / 0	致癌，肝脏及生殖系统问题	
	六氯环戊二烯	0.05 / 0.05	肾，胃的问题	
	林丹	0.0002 / 0.0002	肾，肝脏问题	
	甲氧氯	0.04 / 0.04	生殖系统问题	
	草氨酰	0.2 / 0.2	神经系统问题	
	多氯联苯	0.0005 / 0	致癌，生殖系统或神经系统，胸腺问题或缺乏免疫力	
	五氯苯酚	0.001 / 0	致癌，肝脏、肾脏问题	
	毒莠定	0.5 / 0.5	肝脏问题	
	西玛津	0.004 / 0.004	血液问题	
	毒杀芬	0.003 / 0	致癌，肝脏、肾脏及甲状腺问题	

续表

	污染物名称	MCL[a]/MCLG[b] (mg/L)	污染物健康影响	监测要求和建议
有机化学物质	**挥发性有机物**			
	1,1,1-三氯丙烷	0.2/0.20	肝脏，循环及神经系统问题	对于挥发性有机物，在第一履约期间连续四个季度样本，符合要求的年均季度样本为基础，适用于CWS[d]和NINCWS[e]
	1,1,2-三氯乙烷	0.005 / 0.003	肝脏、肾脏，免疫系统问题	
	1,1-二氯乙烯	0.007 / 0.007	肝脏问题	
	1,2,4-三氯苯	0.07 / 0.07	肾上腺问题	
	1,2-二氯乙烷	0.005 / 0	致癌	
	1,2-二氯丙烷	0.005 / 0	致癌	
	苯	0.005 / 0	致癌，贫血或其他血液问题	
	四氯化碳	0.005 / 0	致癌，肝脏问题	
	氯苯	0.1 / 0.1	肾脏、肝脏问题	
	1,2-二氯乙烯	0.07 / 0.07	肝脏问题	
	二氯甲烷	0.005 / 0	致癌，肝脏问题	
	乙苯	0.7 / 0.7	肾脏、肝脏问题	
	二氯苯	0.6 / 0.6	肾脏、肝脏及循环系统问题	
	对二氯苯	0.075 / 0.075	肾脏、肝脏、脾脏及循环系统问题	
	苯乙烯	0.1 / 0.1	肾脏、肝脏及循环系统问题	
	四氯乙烯	0.005 / 0	致癌，肝脏问题	
	甲苯	1 / 1	肾脏、肝脏及神经系统问题	
	1,2-二氯乙烯	0.1 / 0.1	肝脏问题	
	三氯乙烯	0.005 / 0	致癌，肝脏问题	
	氯乙烯	0.002 / 0	致癌	
	二甲苯	10 / 10	神经系统问题	
消毒副产物	第一阶段消毒副产物 **消毒剂**			
	氯	4.0 Cl_2 MRDL[f] / 4 MRDLG[g]	刺激眼睛、鼻子，胃会感到不适	在相同的抽样地点为总大肠菌群规则的监测。遵守年平均数的基础上，以分配制度的切入点选取每日样本
	氯胺	4.0 Cl_2 MRDL[g] / 4 MRDL	刺激眼睛、鼻子，胃会感到不适，贫血	
	二氧化氯	0.8 ClO_2 MRDL / 0.8 MRDLG	贫血，神经系统问题	每日样本分布系统的入口点。四个季度的分布样品。遵守的基础上年均季度平均运行
	消毒副产物			
	总三卤甲烷	0.080	致癌，潜在的对生殖系统的影响，肝脏、肾脏及神经系统问题	
	卤乙酸	0.060	致癌	
	亚氯酸盐	1.0 / 0.8	贫血，神经系统问题	增加二氧化氯的系统需要根据分配制度的切入点每日采样
	溴酸盐	0.010 / 0	致癌	每月采样一次，符合年平均
	总有机碳	TT		水源水和净化水总有机碳每月采样一次

续表

	污染物名称	MCL[a]/MCLG[b]（mg/L）	污染物健康影响	监测要求和建议
消毒副产物	第二阶段消毒副产物			
	总三卤甲烷 三氯甲烷 一溴二氯甲烷 三溴甲烷 二溴一氯甲烷	0.080 / 0.07 / 0 / 0 / 0.06	致癌，潜在的对生殖系统的影响，肝脏、肾脏及神经系统问题	检测要求：以年平均值为基础，数据依据于源水类型和服务人数
	卤乙酸 一氯乙酸 二氯乙酸 三氯乙酸	0.060 / 0.07 / 0 / 0.02	神经系统及肝脏影响	
微生物污染物	**大肠杆菌总数管理** 大肠杆菌总数 大肠杆菌排泄物 大肠埃希菌	MCL 依据评价而定 MCLG = 0 for all 3 indicators	腹泻，抽筋，恶心，头痛或其他症状	适用于所有地表水和地下水，依据于水样地点和服务人数
	地表水处理规定 浊度	TT	没影响，但干涉消毒	适用一切公共饮用水系统
	肠兰伯氏鞭毛虫	TT / 0	胃肠疾病	最少 3 个移动/鞭毛虫失活（99.9%）
	肠道病毒	TT / 0	胃肠疾病和其他病毒性感染	最少 4 个移动/病毒失活（99.99%）
	军团杆菌	TT / 0	军团菌病	无限制，如果鞭毛虫和病毒已超过限值，则需要治理控制
	异养的	TT	用来检测水中各种细菌	在某种情况下，过滤是允许的，不集中比集中好
	临时提高地表水处理规定			
	浊度	TT	干扰消毒	
	隐孢子虫	TT / 0	胃肠疾病	
	长期 1 提高地表水处理规定			
	浊度	TT	干扰消毒	
	隐孢子虫	TT / 0	胃肠疾病	
	长期 2 提高地表水处理规定			
	隐孢子虫	TT / 0	胃肠疾病	
	过滤回流规定（隐孢子虫）	TT / 0	胃肠疾病	
	地下水规定（病毒）	TT	胃肠疾病	
补充规定	消费者信任度	没有（数据报告）		

a. MCL 为最大污染物浓度，指饮用水中允许的该污染物最大浓度。

b. MCLG 为最大污染物浓度目标值，即对人体健康无影响或预期无不良影响的水中污染物浓度，它规定了恰当的安全限量。

c. TT 表示处理技术，是降低饮用水中该污染物浓度的必需过程。

d. CWS 为公共供水系统。

e. NINCWS 为私营供水系统。

f. MROL 为最大残余消毒剂浓度。

g. NRDLG 为最大残余消毒剂浓度目标值。

附表 2.2 未来饮用水条例

条例	污染物名称	MCL/MCLG	健康影响	检测要求和建议
对大肠杆菌群的修订	大肠杆菌总数	TT 依据评价而定 MCLG = 0	大肠杆菌群是出现在自然界中的细菌，被作为其他潜在有害的细菌的指示剂，导致腹泻，抽筋，恶心，头痛或其他症状	监测系统监测出超过 1000 个除了更改成重复和额外的监测仍相同的时候，TC 作为监测和定义卫生的指示剂，1 级评估由超过 5.0% 引发，2 级评估由大肠埃希菌最大限值引发
高氯酸盐	高氯酸盐	PHG[a]=1ppb	阻止甲状腺从血液中吸收碘	采用离子色谱法检测饮用水中的高氯酸盐。EPA 根据健康风险限值要求，高氯酸盐从 2ppb 到 23ppb 对生命机体均产生毒性。
铅和铜的修订	铅和铜	铅 TT（AL = 0.015）/ 0；铜 TT（AL = 1.3）/ 0	铅：肾脏问题，高血压，婴儿和儿童在生理和心理上发育迟缓；铜：胃肠，肝脏，肾脏问题	防止腐蚀为前提，以铅做替代，挖掘采样问题，连续供水系统
污染物群	许多潜在的污染物群			待规定的污染物组群有致癌挥发性有机物化学物质（挥发性有机化合物），亚硝胺，消毒副产品，全氟碳化合物，有机磷酸酯类，氨基甲酸盐，三嗪，chloracetanilides 和蓝藻毒素
有机化学物质	氟化物	待定	骨疾病；儿童易得斑釉齿	降低氟化物水平到 0.7mg/L

a. PHG 为初期公共健康目标值。

附表 2.3 美国饮用水二级标准

指导方针	污染物	二次最大限制（SDWR[m]）	显而易见的影响
国家二级饮用水标准是非强制执行的调节污染物的指引，这些污染物可能会导致饮用水的美观。环保局建议二级饮用水标准，但不需要符合二次 MCLS。美国可能建立或强制执行的标准，与这些建议不同	铝	0.05~0.2	有色
	氯化物	250	咸
	颜色	15	有色
	铜	1.0	金属味，蓝绿色
	腐蚀性	无腐蚀性	金属味；腐蚀管道和设备；有色
	氟化物	2.0	牙齿变色
	泡沫	0.5	起泡，浑浊，味苦，有气味
	铁	0.3	生锈色，有沉积物，金属味，微红色或黄色
	锰	0.05	黑棕色，黑色，苦味
	气味	3	发霉或化学味道
	酸碱度	6.5~8.5	pH 低：味苦，有腐蚀性；pH 高：滑，苏打味，沉积
	银	0.10	皮肤变色，白眼球处泛灰色
	硫酸盐	250	咸
	溶解性颗粒	500	有硬度，沉积物，水变色，有咸味
	锌	5	含金属味道

m：SDWR 为二级饮用水标准，非强制性联邦指导准则，用于控制水中对美容（皮肤，牙齿变色）或对感官（如嗅，味，色度）有影响的污染物浓度。

附录三　世界卫生组织《饮用水水质准则》（第四版）

附表 3.1　不列入限值的化合物

英文名称	中文名称	不列入限值的理由
Amitraz	虫螨脒，胺三氮螨	在环境中迅速分解，饮用水供应系统中不太会被检出
Chlorobenzilate	乙酯杀螨醇	饮水中不大可能出现
Chlorothalonil	百菌清	饮水中不大可能出现
Cypermethrin	氯氰菊酯	饮水中不大可能出现
Deltamethrin	溴氰菊酯	饮水中不大可能出现
Diazinon	二嗪磷，敌匹硫磷	饮水中不大可能出现
Dinoseb	二硝丁酚，地乐酚	饮水中不大可能出现
Ethylene thiourea	亚乙基硫脲，2-硫代咪唑啉酮	饮水中不大可能出现
Fenamiphos	克线磷，线畏磷	饮水中不大可能出现
Formothion	安果	饮水中不大可能出现
Hexachlorocyclohexanes（mixed isomers）	六六六（异构体混合物）	饮水中不大可能出现
MCPB	二甲四氯丁酸	饮水中不大可能出现
Methamidophos	甲胺磷	饮水中不大可能出现
Methomyl	灭多虫，甲氨叉威	饮水中不大可能出现
Mirex	灭蚁灵，全氯五环癸烷	饮水中不大可能出现
Monocrotophos	久效灵	许多国家已不使用，饮水中不大可能出现
Oxamyl	草胺酰，氨基乙二酰	饮水中不大可能出现
Phorate	甲拌磷，3911	饮水中不大可能出现
Propoxur	残杀威	饮水中不大可能出现
Pyridate	哒草特	易分解，很少在饮水中存在
Quintozene	五氯硝基苯	饮水中不大可能出现
Toxaphene	毒杀芬，八氯莰烯	饮水中不大可能出现
Triazophos	三唑磷	饮水中不大可能出现
Tributyltin oxide	三丁基氧化锡	饮水中不大可能出现
Trichlorfon	敌百虫	饮水中不大可能出现

附表 3.2　尚未建立限值的化合物

英文名称	中文名称	未建立限值的理由
Aluminium	铝	由于用作仿人模型的动物试验资料的局限性和人周围环境的不确定性，尚不能制订基于健康的限值。本基准值为水厂用铝剂处理饮水，最优化的絮凝过程可达到的水平：大型水厂≤0.1mg/L，小型水厂≤0.2mg/L
Ammonia	氨	饮水中存在的浓度远低于产生毒性作用的浓度
Asbestos	石棉	摄入石棉是否有害健康尚无一致的证据
Beryllium	铍	饮水中不大可能出现
Bentazone	苯达松，噻草平	饮水中存在的浓度远低于产生毒性作用的浓度
Bromide	溴化物	饮水中存在的浓度远低于产生毒性作用的浓度
Bromochloroacetate	溴氯乙酸盐	可得到的资料不足以建立基于健康的限值
Bromochloroacetonitrile	溴氯乙腈	可得到的资料不足以建立基于健康的限值
Bacillus thuringiensis israelensis（Bti）	苏云金杆菌以色列亚种	由于饮用水中农药的矢量控制，导致无法建立限值
Carbaryl	西维因，胺甲萘	饮水中存在的浓度远低于产生毒性作用的浓度
Chloralhydrate（trichloroacetaldehyde）	水合氯醛（水合三氯乙醛）	饮水中存在的浓度远低于产生毒性作用的浓度
Chloride	氯化物	饮水中存在的水平对健康无影响[a]
Chlorine dioxide	二氧化氯	二氧化氯迅速分解，其产物亚氯酸盐暂定的限值已足以预防二氧化氯的潜在的毒性
Chloroacetones	氯丙酮（类）	可得到的资料不足以建立基于健康的限值
2-Chloropheno	邻氯苯酚	可得到的资料不足以建立基于健康的限值
Chloropicrin	氯化苦	可得到的资料不足以建立基于健康的限值
Cyanide	氰化物	饮水中存在的浓度远低于产生毒性作用的浓度，除了紧急情况泄露到水源中
Cyanogen chloride	氯化氰	饮水中存在的浓度远低于产生毒性作用的浓度
Dialkyltins	二烃基锡（类）	任何一种二烃基锡的可得到的资料不足以建立基于健康的限值
Dibromoacetate	二溴乙酸盐	可得到的资料不足以建立基于健康的限值
Dichloramine	二氯胺	可得到的资料不足以建立基于健康的限值
1,3-Dichlorobenzene	1,3-二氯苯	毒理学资料不足以建立基于健康的限值
1,1-Dichloroethane	1,1-二氯乙烷	毒理学和致癌性资料很有限
1,1-Dichloroethene	1,1-二氯乙烯	饮水中存在的浓度远低于产生毒性作用的浓度
2,4-Dichlorophenol	2,4-二氯酚	可得到的资料不足以建立基于健康的限值
1,3-Dichloropropane	1,3-二氯丙烷	可得到的资料不足以建立基于健康的限值
Di（2-ethylhexyl）adipate	己二酸二（2-乙基己基）	饮水中可能存在的浓度远低于会产生毒性作用的浓度

续表

英文名称	中文名称	未建立限值的理由
Diflubenzuron	二氟脲，氟虫脲	由于饮用水中农药的矢量控制，导致无法建立限值
Diquat	敌草快，杀草快	很少在饮水中找到，它可用作除水草剂，控制漂浮和沉入池塘、湖泊和灌溉沟渠的杂草
Endosulfan	硫丹	饮水中可能存在浓度远低于会产生毒性作用的浓度
Fenitrothion	杀螟松，杀螟硫磷	饮水中可能存在浓度远低于会产生毒性作用的浓度
Fluoranthene	荧蒽	饮水中可能存在浓度远低于会产生毒性作用的浓度
Formaldehyde	甲醛	饮水中可能存在浓度远低于会产生毒性作用的浓度
Glyphosate and AMPA	草甘膦，甘氨磷和AMPA[b]	饮水中可能存在浓度远低于会产生毒性作用的浓度
Hardness	硬度	饮水中存在的水平对健康无影响
HeFTAchlor and heFTAchlor epoxide	七氯和七氯环氧化物	饮水中可能存在浓度远低于会产生毒性作用的浓度
Hexachlorobenzene	六氯苯	饮水中可能存在浓度远低于会产生毒性作用的浓度
Hydrogen sulfide	硫化氢	饮水中存在的水平对健康无影响[a]
Inorganic tin	无机锡	饮水中可能存在浓度远低于会产生毒性作用的浓度
Iodine	碘	可得到的资料不足以建立基于健康的限值。人不可能一生都接触用于水消毒的碘
Iron	铁	通常，在饮水中观测到的铁浓度对健康无影响。水出现异味和外观改变时铁的浓度低于基于健康的值[a]
Malathion	马拉硫磷，4049	饮水中可能存在的浓度远低于产生毒性作用的浓度
Manganese	锰	饮水中存在的水平对健康无影响[a]
Methoprene	甲氧普林	由于饮用水中农药的矢量控制，导致无法建立限值
Methyl parathion	甲基对硫磷，甲基1605	饮水中可能存在浓度远低于产生毒性作用的浓度
Methyl tertiary-butyl ether（MTBE）	甲基叔丁基醚（MTBE）	毒理学的资料非常有限，任何推导出来的限值的浓度都高于由于METB的存在能嗅觉到的浓度
Molybdenum	钼	饮水中存在的水平对健康无影响
Monobromoacetate	一溴乙酸盐	可得到的资料不足以建立基于健康的限值
Monochlobenzene	一氯苯	饮水中可能存在浓度远低于产生毒性作用的浓度。已报告的异味和嗅阈值远低于基于健康的值
MX	呋喃酮	饮水中可能存在浓度远低于产生毒性作用的浓度
Nitrobenzene	硝基苯	饮水中存在的水平对健康无影响
Novaluron	双苯氟脲，敌草胺	由于饮用水中农药的矢量控制，导致无法建立限值
Parathion	对硫磷，1605	饮水中可能存在浓度远低于产生毒性作用的浓度
Permethrin	氯菊酯	饮水中可能存在浓度远低于产生毒性作用的浓度
Petroleum products	石油产品	饮水中浓度低于影响到健康的浓度，特别是短期暴露，在大多数情况下，能够通过味觉和嗅觉测试到
pH	pH	饮水中存在的水平对健康无影响[c]
2-Phenylphenol and its sodiumSalt	2-苯基苯酚及其钠盐	饮水中可能存在浓度远低于产生毒性作用的浓度
Pirimiphos-methyl	甲基嘧啶磷	没有有效安全直接适用于饮用水的处理方法
Potassium	钾	饮水中存在的水平对健康无影响

续表

英文名称	中文名称	未建立限值的理由
Propanil	敌稗	迅速转变为毒性更大的代谢产物，因而不宜制订母体的限值，但制订其代谢产物的限值的资料不足
Pyriproxyfen	吡丙醚	由于饮用水中农药的矢量控制，导致无法建立限值
Silver	银	可得到的资料不足以建立基于健康的限值
Sodium	钠	饮水中存在的水平对健康无影响[a]
Spinosad	多杀菌素	由于饮用水中农药的矢量控制，导致无法建立限值
Sulfate	硫酸盐	饮水中存在的水平对健康无影响[a]
Temephos	双硫磷	由于饮用水中农药的矢量控制，导致无法建立限值
Total dissolved solids（TDS）	溶解性总固体	饮水中存在的水平对健康无影响[a]
Trichloramine	三氯胺	可得到的资料不足以建立基于健康的限值
Trichloroacetonitrile	三氯乙腈	可得到的资料不足以建立基于健康的限值
Trichlorobenzenes（total）	三氯苯类（总）	饮水中可能存在的浓度远低于产生毒性作用的浓度，基于健康的值高于最低报告的嗅阈值
1,1,1-Trichloroethane	1,1,1-三氯乙烷	饮水中可能存在的浓度远低于产生毒性作用的浓度
Zinc	锌	通常，饮水中观测到的浓度对健康无影响[a]

a. 会影响饮水的可接受程度。

b. 磷酸标准品。

c. 是一项重要水质参数。

附表 3.3　饮用水中有健康意义的化合物限值

英文名称	中文名称	限值/（mg/L）	说明
Acrylamide	丙烯酰胺	0.000 5[a]	
Alachlor	甲草胺，草不绿	0.02[a]	
Aldicarb	涕灭威	0.01	用于砜与亚砜化合物
Aldrin and dieldrin	艾氏剂和异艾氏剂	0.000 03	两者之和
Antimony	锑	0.02	
Arsenic	砷	0.01（P）	
Atrazine and its chloro-*s*triazine metabolites	莠去津	0.002	
Barium	钡	0.7	
Benzene	苯	0.01[a]	
Benzo[*a*] pyrene	苯并[*a*]芘	0.0007[a]	
Boron	硼	0.5（T）	
Bromate	溴酸盐	0.01[a]（A，T）	
Bromodichloromethane	一溴二氯甲烷	0.06[a]	
Bromoform	溴仿	0.1	
Cadmium	镉	0.003	

续表

英文名称	中文名称	限值/（mg/L）	说明
Carbofuran	呋喃丹，卡巴呋喃，克百威	0.007	
Carbon tetrachloride	四氯化碳	0.004	
Chlorate	氯酸盐	0.7（D）	
Chlordane	氯丹	0.000 2	
Chlorine	氯	5（C）	用于有效消毒，在 pH＜8.0 时，至少接触 30min，游离氯≥0.5mg/L
Chlorite	亚氯酸盐	0.7（D）	
Chloroform	氯仿	0.3	
Chlorotoluron	绿麦隆	0.03	
Chlorpyrifos	毒死蜱	0.03	
Chromium	铬	0.05（P）	总铬
Copper	铜	2	低于此值时所洗衣物和卫生洁具有可能着色
Cyanazine	氰乙酰肼	0.0006	
2,4-D（2,4-dichlorophenoxyacetic acid）	2,4-滴（2,4-二氯酚羟基乙酸）	0.03	用于游离酸
2,4-DB	丁基-2,4-二氯酚羟基乙酸	0.09	
DDT and metabolites	滴滴涕和代谢物	0.001	
Dibromoacetonitrile	二溴乙腈	0.07	
Dibromochloromethane	二溴氯甲烷	0.1	
1,2-Dibromo-3-chloropropane	1,2-二溴-3-氯丙烷	0.001[a]	
1,2-Dibromoethane	1,2-二溴乙烷	0.000 4[a]（P）	
Dichloroacetate	二氯乙酸	0.05[a]（T，D）	
Dichloroacetonitrile	二氯乙腈	0.02（P）	
1,2-Dichlorobenzene	1,2-二氯苯	1（C）	
1,4-Dichlorobenzene	1,4-二氯苯	0.3（C）	
1,2-Dichloroethane	1,2-二氯乙烷	0.03[a]	
1,2-Dichloroethene	1,2-二氯乙烯	0.05	
Dichloromethane	二氯甲烷	0.02	
1,2-Dichloropropane	1,2-二氯丙烷	0.04（P）	
1,3-Dichloropropene	1,3-二氯丙烯	0.02[a]	
Dichlorprop	2,4-滴丙酸	0.1	
Di（2-ethylhexyl）phthalate	邻二甲酸酯	0.008	
Dimethoate	乐果	0.006	
1,4-Dioxane	1,4-二噁烷，1,4-二氧杂环己烷	0.05[a]	

续表

英文名称	中文名称	限值/（mg/L）	说明
Edetic acid（EDTA）	EDTA，乙二胺四乙酸	0.6	用于游离酸
Endrin	异狄氏剂	0.000 6	
Epichlorohydrin	环氧氯丙烷，表氯醇	0.000 4（P）	
Ethylbenzene	乙苯	0.3（C）	
Fenoprop	2,4,5-涕丙酸	0.009	
Fluoride	氟化物	1.5	设定国家标准时应考虑饮水量和其他来源的摄入量
Hexachlorobutadiene	六氯丁二烯	0.0006	
Hydroxyatrazine	羟基莠去津	0.2	莠去津代谢物
Isoproturon	异丙隆	0.009	
Lead	铅	0.01	
Lindane	林旦，林丹，高丙体 666	0.002	
Manganese	锰	0.4（C）	
MCPA	4-（2-甲基-4-氯苯氧基）乙酸	0.002	
Mecoprop	2-甲基-4-氯丙酸	0.01	
Mercury	汞	0.006	无机汞
Methoxychlor	甲氧滴滴涕	0.02	
Monochloroacetate	一氯乙酸盐	0.02	
Nickel	镍	0.07	
Nitrate（as NO_3^-）	硝酸盐（以 NO_3^-计）	50	短期暴露
Nitrilotriacetic acid（NTA）	次氨基三乙酸（NTA）	0.2	短期暴露
Nitrite（as NO_2^-）	亚硝酸盐（以 NO_2^-计）	0.2（P）	长期暴露
Pendimethalin	二甲戊乐灵	0.02	
Pentachlorophenol	五氯酚	0.009[a]（P）	
Selenium	硒	0.04（P）	
Simazine	西玛津，西玛三嗪	0.002	
Sodium	钠	50	
dichloroisocyanurate	二氯异氰尿酸盐	40	
Styrene	苯乙烯	0.02（C）	
2,4,5-T	2,4,5-三氯苯氧乙酸	0.009	
Terbuthylazine	特丁津	0.007	
Tetrachloroethene	四氯乙烯	0.04	
Toluene	甲苯	0.7（C）	
Trichloroacetate	三氯乙酸盐	0.2	
Trichloroethene	三氯乙烯	0.02（P）	

续表

英文名称	中文名称	限值/（mg/L）	说明
2,4,6-Trichlorophenol，	2,4,6-三氯酚	0.2[a]（C）	
Trifluralin	氟乐灵	0.02	
Trihalomethanes	三卤甲烷		各组分浓度与各自限值的比值之总和≤1
Uranium	铀	0.015（P，T）	只涉及铀的化学性质
Vinyl chloride	氯乙烯	0.000 3[a]	
Xylenes	二甲苯（类）	0.5（C）	

注：P＝ 暂定限值。已证明对健康有害，但资料有限。

T＝ 暂定限值。因为计算所得限值低于实际处理方法或水源保护等所能达到的浓度。A＝ 暂定限值。因为计算所得限值低于所能达到的定量水平。

D＝ 暂定限值。因为消毒结果可能超过限值。

C＝ 该物质浓度相当或低于基于健康意义的限值时已能使水的外观、味道或气味改变，引起消费者抱怨。

a. 考虑作为致癌物，其限值是指在一般寿命的上限值期间发生癌症危险为 10^{-5} 时饮水中致癌物（每 100 000 人口饮用限值浓度的水在 70 年间增加 1 例癌症）的浓度。危险为 10^{-4} 或 10^{-6} 时的浓度值可通过将该限值乘以 10 或除以 10 计算获得。

附录四 欧盟2001年第2455/2001/EC决议确定的水环境政策优先物质

附表4.1

序号	CAS号（1）	EU号（2）	优先物质名称*		是否确定为优先有害物质
			中文	英文	
1	15972-60-8	240-110-8	甲草胺	Alachlor	
2	120-12-7	204-371-1	蒽	Anthracene	是
3	1912-24-9	217-617-8	阿特拉津	Atrazine	
4	71-43-2	200-753-7	苯	Benzene	
5	不适用	不适用	多溴联苯醚	Brominated diphenylethers**	是
6	7440-43-9	231-152-8	镉及其化合物	Cadmium and its compounds	是
7	85535-84-8	287-476-5	$C_{10\sim13}$的氯代烷烃	C10-13-C10-C13 Chloroalkanes***	是
8	470-90-6	207-432-0	杀螟威	Chlorfenvinphos	
9	2921-88-2	220-864-4	毒死蜱	Chlorpyrifos	
10	107-06-2	203-458-1	1,2-二氯乙烷	1，2-Dichloroethane	
11	1975-9-2	200-838-9	二氯甲烷	Dichloromethane	
12	117-81-7	204-211-0	邻苯二甲酸二异辛酯	Di（2-ethylhexyl）phthalate	
13	330-54-1	206-354-4	敌草隆	Diuron	
14	115-29-7	204-079-4	硫丹	Endosulfan	是
	959-98-8	不适用	α-硫丹	alpha-endosulfan	
15	206-44-0	205-912-4	荧蒽	Fluoranthene****	
16	118-74-1	204-273-9	六氯苯	Hexachlorobenzene	是
17	87-68-3	201-765-5	六氯丁二烯	Hexachlorobutadiene	是
18	608-73-1	210-158-9	六六六	Hexachlorocyclohexane	是
	58-89-9	200-401-2	林丹	gamma-isomer，Lindane	
19	34123-59-6	251-835-4	异丙隆	Isoproturon	
20	7439-92-1	231-100-4	铅及其化合物	Lead and its compounds	
21	7439-97-6	231-106-7	汞及其化合物	Mercury and its compounds	是
22	91-20-3	202-049-5	萘	Naphthalene	
23	7440-02-0	231-111-4	镍及其化合物	Nickel and its compounds	

续表

序号	CAS 号（1）	EU 号（2）	优先物质名称*（中文）	优先物质名称*（英文）	是否确定为优先有害物质
24	25154-52-3	246-672-0	壬基酚	Nonylphenol	是
	104-40-5	203-199-4	4-壬基酚	4-（para）-nonyphenol	
25	1806-26-4	217-302-5	辛基酚	Octylphenol	
	140-66-9	不适用	对叔辛基苯酚	para-tert-octylphenol	
26	608-93-5	210-172-5	五氯苯	Pentachlorobenzene	是
27	87-86-5	201-778-6	五氯酚	Pentachlorophenol	
28	122-34-9	204-535-2	西玛津	Simazine	
29	688-73-3	211-704-4	丁基锡化合物	Tributyltin compounds	是
	36643-28-4	不适用	丁基锡阳离子	Tributyltin-cation	
30	67-66-3	200-663-8	氯仿	Trichloromethane	
31	不适用	不适用	多环芳烃	Polyaromatic hydrocarbons	是
	50-32-8	200-028-5	苯并[a]芘	Benzo[a]pyrene	
	205-99-2	205-911-9	苯并[b]荧蒽	Benzo[b]fluoranthene	
	191-24-2	205-883-8	苯并[g，h，i]苝	Benzo[g，h，i]perylene	
	207-08-9	205-916-6	苯并[k]荧蒽	Benzo[k]fluoranthene	
	193-39-5	205-893-2	茚并[1，2，3-cd]芘	Indeno[1，2，3-cd]pyrene	
32	12002-48-1	234-413-4	三氯苯	Trichlorobenzene	
	120-82-1	204-428-0	1，2，4-三氯苯	1，2，4-Trichlorobenzene	
33	1582-09-8	216-428-8	氟乐灵	Trifuralin	

*如果是一组物质，那么本表只列出代表性物质。污染控制也是针对这些代表性物质，但也不能排除在适当的时候把其他代表性物质包括在内。

**只包括 Pentabromobiphenylether（CAS-number 32534-81-9）。

***该组物质里一般包括相当多的单个化合物，当前没有给出合适的代表性物质。

****本表中荧蒽 Fluoranthene 只能作为其他毒性更大的 PHC 的指示物（indicator）。

CAS（1）. Chemical Abstract Services.

EU 号(2). European Inventory of Existing Commercial Chemical Substances 或 European List of Notified Chemical Substances.

附录五　英文缩写符号释义

附表 5.1　污染物浓度

缩写	英文全拼	释义
ND	No Detection	未检出
NM	No Mention	未提及

附表 5.2　水质类别

缩写	英文全拼	释义
LW	Lab Water	实验、试验配水
SW	Surface Water	地表水
GW	Ground Water	地下水
MW	Modified Water：Described in the Comments Field	特定水质：在文献中详细说明
LGW	Lab Simulated Ground Water	实验模拟地下水
RW	Raw Water	原水

附表 5.3　检测技术

缩写	英文全拼	释义
PGC	Purge-and-trap GC	吹扫捕集填充柱色谱
EC	Electric conductance	电导
GC	Gas Chromatogram	气相色谱
MS	Mass Spectrometry	质谱法
ECD	Electron Capture Detector	电子捕获测器
SCLPM	Suspended curing liquid phase microextraction	悬浮固化液相微萃取
HPLC	High performance liquid chromatography	高效液相色谱法
SPE	Solid Phase Extraction	固相萃取
UV	Ultraviolet absorption	紫外吸收
HPLS	High performance liquid Spectrometry	高效液相光谱法
ICP	Inductively Coupled Plasma	电感耦合等离子
AES	Atomic emission spectrometry	原子发射光谱法
B	Bench	小试试验
P	Pilot	中试试验
F	Full scale	生产试验

附表 5.4 处理技术

缩写	英文全拼	释义
AC	Activated Carbon Treatment	活性炭处理
AOX	Advanced Oxidation	高级氧化
GAC	Granular Active Carbon	粒状活性炭
OT	Ozonation Technology	臭氧氧化
FTA	Filling Tower Airscavenging	填充塔吹托
RO	Reverse Osmosis	反渗透
NF	Nanofiltration	纳滤
EC	Enhanced Coagulation	强化混凝
BT	Biological Treatment	生物处理
IX	Ion Exchange	离子交换
PS	Precipitative Softening	沉淀软化
C/F	Coagulation/Filtration	混凝/过滤
O/F	Oxidation/Filtration	氧化过滤
LS	Lime Softening	石灰软化
PA/UF	Polymeric aluminium/ ultrafiltration	聚合氯化铝/超滤
DC	Disinfection System Control	消毒系统控制
AA	Activated Alumina	活性氧化铝
AR	Aeration	曝气
DEF	DiatomaceousEarth Filter	硅藻土过滤
DF	Direct Filter	直接过滤
D	Disinfect	消毒
CL	Chlorination	氯化
SSF	Suspended Sludge Filtration	悬浮污泥过滤法
CC	Corrosion control	腐蚀控制
RWT	Raw water treatment	原水控制
BCO	Bio-contact oxidation	生物接触氧化
MT	Membrane treatment	膜处理
PAC	Powdered activated carbon	粉末活性炭
UV	Ultraviolet	紫外

附录六　中华人民共和国饮用水安全法（草案建议稿）

第一章　总　　则

第一条　为了保证饮用水水质安全，适应国民经济和社会发展的需要，特制定本法。

第二条　国家厉行节约用水，大力推行节约用水制度，建立节水型社会。

第三条　饮用水水源应当坚持预防为主、防治结合、综合治理的原则，积极推进生态治理工程建设，严格预防、控制和减少水环境污染和生态破坏。

第四条　国家鼓励、支持饮用水安全保障过程中科学技术研究和先进适用技术的推广应用。

第五条　加强水环境保护的宣传教育，号召公众参与监督饮用水水质安全，任何单位和个人都有义务保护水环境，并有权对污染损害水环境的行为进行检举。

第六条　饮用水领域相关部门各尽其责，实施奖罚政策。

第二章　饮用水水源保护区的划分和防护

第七条　饮用水水源保护区的划定，由有关市、县人民政府根据保护区划分技术规范提出划定方案，报省、自治区、直辖市人民政府批准。

跨市、县饮用水水源保护区的划定，由有关市、县人民政府协商提出划定方案，报省、自治区、直辖市人民政府批准；协商不成的，由省、自治区、直辖市人民政府环境保护主管部门会同同级水行政、国土资源、卫生、建设等部门提出划定方案，征求同级发展改革、林业、渔业等部门的意见后，报省、自治区、直辖市人民政府批准。

跨省、自治区、直辖市的饮用水水源保护区，由有关省、自治区、直辖市人民政府有关流域管理机构划定；协商不成的，由国务院环境保护主管部门会同国务院水行政、国土资源、卫生、建设等部门提出划定方案，征求国务院发展改革、林业、渔业等部门的意见后，报国务院批准。

社区城市人民政府可以根据省级人民政府的授权，批准辖区内的饮用水水源保护区划定方案，并报省、自治区、直辖市人民政府备案。

第八条　经批准的饮用水水源保护区由各省、自治区、直辖市人民政府及时向社会公告。有关地方人民政府应当在饮用水水源保护区的边界设立明确的地理界标和明显的警示标志。

经批准的饮用水水源保护区需要调整的，必须经批准该保护区的人民政府同意；社区城市人民政府批准的保护区的调整，要由社区城市人民政府向省、自治区、直辖市人民政府备案。

第九条　在地表水饮用水水源保护区和准保护区内，必须严格遵守下列规定：

（一）禁止向水体排放油类、酸液、碱液或者剧毒废液；

（二）禁止在水体清洗装储过油类或者有毒污染物的车辆和容器；

（三）禁止将含有汞、镉、砷、铬、铅、氰化物、黄磷等的可溶性剧毒废渣向水体排放、倾倒或者直接埋入地下；

（四）禁止设置含有汞、镉、砷、铬、铅、氰化物、黄磷等的可溶性剧毒废渣的堆放场所；

（五）禁止向水体排放、倾倒工业废渣、城市垃圾和其他废弃物；

（六）禁止在江河、湖泊、运河、渠道、水库最高水位线以下的滩地和岸坡堆放、存储固体废弃物或者其他污染物；

（七）禁止向水体排放、倾倒放射性固体废弃物或者含有放射性物质的废水；

（八）禁止向水体排放含病原体的污水；

（九）禁止向水体排放含热废水。

第十条　地表水饮用水水源准保护区内，除要遵守本条例第九条规定外，必须遵守下列规定：

（一）禁止新建、扩建对水体污染严重的建设项目；

（二）新建、改建、扩建桥梁、码头及其他跨越水体的设施或装置，必须设置独立的废水收集、排放和处理系统；

（三）改建项目，不得增加排污量；

（四）禁止在准保护区水体内进行网箱养殖、肥水养殖；

（五）禁止利用污水进行灌溉；

（六）禁止非更新性砍伐破坏水源涵养林、护岸林及保护区植被；

（七）对准保护区内已经建成的工业企业，由保护区所在地县级以上人民政府发展改革行政主管部门会同环境保护行政主管部门组织实施强制性清洁生产审核；

（八）县级以上地方人民政府应当根据保护饮用水水源的实际需要，在准保护区内采取工程措施或者建造湿地、水源涵养林等生态保护措施，防止水污染物直接排入饮用水水源保护区水体，确保饮用水安全。

第十一条　地表水饮用水水源二级保护区内，除要遵守本条例第九条规定和第十条准保护区有关规定外，要遵守下列规定：

（一）禁止设置排污口；

（二）禁止新建、扩建排放污染物的建设项目；改建项目必须削减污染物排放量；

（三）禁止在保护区水体清洗船舶、车辆；

（四）禁止设置化工原料、矿物油类及有毒有害矿产品的储存场所，以及生活垃圾、工业固体废弃物和危险废弃物的堆放场所和转运站；

（五）禁止围水造田；

（六）禁止在保护区水体内进行水产养殖或在保护区水体附近进行畜禽养殖；

（七）限制使用农药和化肥，具体办法由县级以上人民政府农业行政主管部门制订；

（八）禁止设立装卸垃圾、粪便、油类和有毒物品的码头。

第十二条　地表水饮用水水源一级保护区内，除要遵守本条例第九条规定、第十条准保护区有关规定、第十一条二级保护区有关规定外，还要遵守下列规定：

（一）禁止新建、改建、扩建与供水设施和保护水源无关的建设项目；

（二）对已经建成的与供水设施和保护水源无关的建设项目，由县级以上人民政府责令拆除；

（三）禁止使用农药和化肥；

（四）禁止从事种植、放养禽畜，严格控制网箱养殖活动；

（五）不得设置与供水需要无关的码头，禁止停靠船舶，禁止与保护水源无关的船舶通行；

（六）禁止建立墓地、丢弃及掩埋动物尸体；

（七）禁止从事旅游、游泳、垂钓或者其他可能污染饮用水水体的活动；

（八）禁止向水域排放污水，已设置的排污口必须拆除；

（九）禁止堆置和存放工业废渣、城市垃圾、粪便和其他废弃物；

（十）禁止设置油库。

第十三条　在地下水饮用水水源准保护区内，必须严格遵守下列规定：

（一）禁止利用渗井、渗坑、裂隙和溶洞排放、倾倒含有毒污染物的废水、含病原体的污水或者其他废弃物；

（二）禁止利用无防止渗漏措施的沟渠、坑塘等输送含有毒污染物的废水、含病原体的污水或者其他废弃物；

（三）禁止设置储存工业废水、医疗废水和生活污水的坑塘、沟渠等场所；

（四）多层地下水的含水层水质差异大的，应当分层开采；对已受污染的潜水和承压水，不得混合开采；

（五）禁止建设城市垃圾、粪便和易溶、有毒有害废弃物的堆放场站，因特殊需要设立转运站的，必须经有关部门批准，并采取防渗漏措施；

（六）禁止进行矿物的勘探、开采活动以及大规模挖沙、采石、取土等有可能严重影响地下水的活动。

（七）人工回灌补给地下水，不得恶化地下水质。

第十四条 地下水饮用水水源二级保护区内，除要遵守本条例第十三条有关规定外，还要遵守下列规定：

对于潜水含水层地下水水源地：

（一）禁止建设化工、电镀、皮革、造纸、制浆、冶炼、放射性、印染、染料、炼焦、炼油及其他有严重污染的企业，已建成的要限期治理，转产或搬迁；

（二）禁止设置城市垃圾、粪便和易溶、有毒有害废弃物堆放场和转运站，已有的上述场站要限期搬迁；

（三）禁止利用未经净化的污水灌溉农田，已有的污灌农田要限期改用清水灌溉；

（四）化工原料、矿物油类及有毒有害矿产品的堆放场所必须有防雨、防渗措施。

对于承压含水层地下水水源地：

（一）禁止建设无隔离设施的输油管道；

（二）禁止进行挖沙、采石、取土等有可能影响地下水的活动；

（三）禁止承压水和潜水的混合开采，做好潜水的止水措施。

第十五条 地下水饮用水水源一级保护区内，除要遵守本条例第十三条规定、第十四条有关规定外，还要遵守下列规定：

（一）禁止建设与取水设施无关的建筑物；

（二）禁止从事农牧业活动；

（三）禁止倾倒、堆放工业废渣及城市垃圾、粪便和其他有害废弃物；

（四）禁止输送污水的渠道、管道及输油管道通过本区；

（五）禁止建设油库；

（六）禁止建立墓地。

第三章 供水技术及设备

第十六条 国家对严重污染水环境的落后工艺和设备实行淘汰制度。

国务院经济综合宏观调控部门会同国务院有关部门，公布限期禁止采用的严重污染水环境的工艺名录和限期禁止生产、销售、进口、使用的严重污染水环境的设备名录。

生产者、销售者、进口者或者使用者应当在规定的期限内停止生产、销售、进口或者使用列入前款规定的设备名录中的设备。工艺的采用者应当在规定的期限内停止采用列入前款规定的工艺名录中的工艺。

第十七条　国家鼓励有益于饮用水卫生安全的新产品、新技术、新工艺的研制开发和推广应用。

第十八条　工作人员必须持有上岗证，员工所在单位定期对工作人员进行技术培训。

第十九条　各省市水厂必须建立净水工艺数据库，编制污染物最有效净化技术，强化净水厂处理工艺规划改造。

第二十条　省、自治区、直辖市人民政府环境保护行政主管部门和社区城市人民政府环境保护行政主管部门负责调查水厂资料，建立数据库，调查包括以下内容：

（一）净水厂的名称、建成时间、生产能力、净水工艺以及年供水量；

（二）净水厂的源水类型和规模，根据水厂日常监测数据以及水源地调查评价成果说明源水水质类别和主要污染物；

（三）对出厂水水质进行监测，确定出厂水的主要监测项目；

（四）水厂净水设备引进年份以及单价和数量；

（五）水厂工作人员数量及学历。

第四章　供水管网和输配水设施

第二十一条　按照全面推进、突出重点的原则，根据城市供水发展目标，结合城市总体规划和供水专项规划，进行地下管线的综合规划和优化设计，改善供水服务压力，扩大公共供水服务范围，使城市供水管网漏损率尽快达到国家规定的标准以内，提高供水安全可靠性。

第二十二条　实施城市供水管网的改造，坚持厂网并重、管网先行，按照管网服务压力、漏损率规划目标以及管网水质稳定的要求，以优化布局、完善系统为重点，在优化设计的基础上统筹安排。

第二十三条　优先改造供水漏损和供水安全影响较大的管网，管径较小管段可在方案比较的基础上采用改大或增设并列管段等方式。

第二十四条　积极推广新型管材和新的施工技术、管材选择、接口方式、防腐措施。

第二十五条　管道必须考虑环氧树脂或水泥砂浆衬里等防腐措施，尽可能采用柔性接口，焊接钢管要考虑伸缩节，积极采用非开挖技术。

第二十六条　管网改造过程中遵循安全可靠性高、维修量少、管道寿命长、内壁阻力系数低、造价相对低的原则。提倡采用新型管材，强制淘汰灰口铸铁管、冷镀锌铁管、普通砼管、含铅聚氯乙烯管等易爆、易裂、易锈、易污染的劣质管材。

第二十七条　省、自治区、直辖市人民政府环境保护行政主管部门和社区城市人民政府环境保护行政主管部门负责调查的城市输配水管网情况，调查包括以下内容：

（一）管网长度，按管材类型和敷设时间分别进行统计。管材类型包括灰口铸铁管、球磨铸铁管、镀锌管、钢管、水泥管、聚氯乙烯管、玻璃钢管、其他材质等，敷设时间可分为 1953 年以前、1954~1965 年、1966~1978 年、1979~1995 年、1996~2012 年、2013 年以后。

（二）管网覆盖面积（包括低压区面积）、管网压力合格率和压力漏失率。

（三）对管网水进行监测，确定水质主要超标项目。

第五章　饮用水水质检测

第二十八条　供水单位应当做好原水水质检测工作。发现原水水质不符合生活饮用水水源水质标准时，应当及时采取相应措施，并报告所在地直辖市、市、县人民政府城市供水、水利、环境保护和卫生主管部门。

第二十九条　建设（城市供水）主管部门实施现场检查时应当做好检查记录，并在取得抽检水样检测报告十五日内，向被检查单位出具检查意见书。

发现供水水质不合格或存在安全隐患的，建设（城市供水）主管部门应当责令被检查单位限期改正。

第三十条　建设（城市供水）主管部门实施监督检查，应当委托经质量技术监督部门资质认定的水质检测机构进行水质检测。

第三十一条　水质检验中心、制水生产单位水质检验部门、各营业分公司水质检验部门和各级水质检验部门要切实加强水质检验的质量管理，确保检验数据真实、科学、准确，为加强水质管理，保证供水质量提供及时、准确的检验数据，为水源建设、供水生产、管网维护改造、二次加压供水、营业收费提供水质服务。

第三十二条　供水单位上报的水质检测数据，应当是经质量技术监督部门资质认定的水质检测机构检测的数据。水质检测机构应当依照国家有关规定，客观、公正地出具检验结果。水质检测数据按以下程序报送：

（一）城市供水单位将水质检测数据报所在地市、县人民政府城市供水主管部门审核后，报送地方网中心站汇总；

（二）地方网中心站将汇总、分析后的报表和报告送至省、自治区建设主管部门或者直辖市人民政府城市供水主管部门审核后，报送建设部城市供水水质监测中心；

（三）建设部城市供水水质监测中心汇总、分析地方网中心站上报的报表和报告，形成水质报告，报送国务院建设主管部门。

第三十三条　国务院环境保护行政主管部门会同有关部门建立国家水质检测资料数据库，省、自治区、直辖市人民政府环境保护行政主管部门和社区城市人民政府环境保护行政主管部门负责调查水质检测站资料，调查包括以下内容：

（一）水质检测站所在城市、名称及规模；

（二）实验室人员数量及学历；

（三）检测设备种类、总数及设备单价；

（四）可检测项目数；

（五）实验室计量认证和认可情况。

第三十四条　供水单位必须有水质净化消毒设施及必要的水质检验仪器、设备和人员，对水质进行日常性检验，并向当地人民政府卫生行政部门和建设行政主管部门报送检测资料。城市自来水供水企业和自建设施对外供水的企业，其生产管理制度的建立和执行、人员上岗的资格和水质日常检测工作由城市建设行政主管部门负责管理。

第三十五条　用于城市供水的新设备、新管网或者经改造的原有设备、管网，应当严格进行清洗消毒，经质量技术监督部门资质认定的水质检测机构检验合格后，方可投入使用。

第三十六条　用于检定的全部计量检测仪器、设备必须计量检定合格，并能溯源到国家标准；用于检定的全部标准物质能溯源到国家标准的物质；药品、试剂必须是有合格证的产品。引进高科技检测仪器设备，鼓励高科技检测技术的研发，对检测人员进行技术培训。

第三十七条　直接从事供、管水的人员必须取得体检合格证后方可上岗工作，并每年进行一次健康检查。凡患有痢疾、伤寒、病毒性肝炎、活动性肺结核、化脓性或渗出性皮肤病及其他有碍饮用水卫生的疾病的和病原携带者，不得直接从事供、管水工作。直接从事供、管水的人员，未经卫生知识培训不得上岗工作。

第三十八条　水质检测中心制订采样点设置原则，一般按供水人口每两万人设一个点计算，供水人口超过一百万时，上述比例可酌减；在全部采样点中应有一定的点数，选在水源、出厂水、水质易受污染的地点、管网末梢和管网系统陈旧部分等。

第三十九条　开展省市城市和重要县镇的水源地、出厂水和末梢水水质检测。建立移动实验室，提高水质检测系统机动快速反应能力。水质检验中心成立水质检验应急分队，做好应急装备存储及快速反应工作。对突发的水质事故，水质检验应急分队应在第一时间到达现场，按照上级的要求快速进行水质检验分析，及时将检验结果尽快上报，防止水质事故的蔓延。

第六章　饮用水水质监测

第四十条　国家建立饮用水质量监测制度。国务院环境保护主管部门负责制定水环境监测规范，统一发布国家水环境状况信息，会同国务院水行政等部门组织监测网络。

第四十一条　城市供水水质监测体系由国家和地方两级城市供水水质监测网络组成。各监测中心配备齐全的监测仪器和专业的数据分析队伍。

国家城市供水水质监测网，由建设部城市供水水质监测中心和直辖市、省会城市及计划单列市等经过国家质量技术监督部门资质认定的城市供水水质监测站（以下简称国家站）组成，业务上接受国务院建设主管部门指导。建设部城市供水水质监测中心为国家城市供水水质监测网中心站，承担国务院建设主管部门委托的有关工作。

地方城市供水水质监测网（以下简称地方网），由设在直辖市、省会城市、计划单列市等的国家站和其他城市经过省级以上质量技术监督部门资质认定的城市供水水质监测站（以下简称地方站）组成，业务上接受所在地省、自治区建设主管部门或者直辖市人民政府城市供水主管部门指导。

第四十二条　省、自治区建设主管部门和直辖市人民政府城市供水主管部门应当根据本行政区域的特点、水质检测机构的能力和水质监测任务的需要，确定地方网中心站。

第四十三条　水源、出厂水、管网末梢处应当安装水污染物排放自动监测设备，与环境保护主管部门的监控设备联网，并保证监测设备正常运行，并保存原始监测记录。具体办法由国务院环境保护主管部门规定。

第七章　饮用水安全应急体系

第四十四条　企业事业单位发生事故或者其他突发性事件，造成或者可能造成水污染事故的，应当立即启动本单位的应急方案，采取应急措施，并向事故发生地的县级以上地方人民政府或者环境保护主管部门报告。环境保护主管部门接到报告后，应当及时向本级人民政府报告，并抄送有关部门。

第四十五条　按照事故的严重性和紧急程度，饮用水水源污染事故分为特别重大水污染事故、重大水污染事故、较大水污染事故和一般水污染事故四级；具体分级方法在突发环境事件的国家专项应急预案中予以规定。

第四十六条　发生一般或者较大饮用水水源污染事故时，有关县级和设区的市级人民政府应当成立水污染事故应急指挥机构。发生重大或者特别重大饮用水水源污染事故时，有关省、自治区、直辖市人民政府应当成立水污染事故应急指挥机构。必要时，国务院可以成立水污染事故应急指挥机构。

水污染事故应急指挥机构由政府领导负责、有关部门组成，在本级人民政府的领导下，统一指挥和组织水污染事故的应急工作。

第四十七条　国务院环境保护行政主管部门会同有关部门建立预警体系，设定不同级别的预警体系，级别由低到高，颜色依次为黄色、橙色、红色。根据事态的发展情况和采取措施的效果，预警颜色可以升级、降级或解除。明确突发污染、水量、水质、水性疾病的预警形式，并制订相应的应急预案。

第四十八条　国务院环境保护行政主管部门会同有关部门建立应急水源的评选程序及制度，下发各省、自治区、直辖市，并定期公布应急水源名单，报当地环境保护主管部门备案，对于单一水源的城市，应制订应急饮用水水源或储备水源工程建设项目。对于非单一水源的城市，应提前制订应急水源的采用途径。

第四十九条　应急预案需有效克服规模化治污技术困境，环保部门应主动联系、配合科研单位，加强实用性技术储备，积极促进技术工程专业化水平提高，做好突发环境事件应急处置的技术保障。

第五十条　国务院环境保护行政主管部门会同有关部门建立饮用水水源突发污染事件应急处置技术库。包括以往发生的突发事件以及处理方案和处理效果，预计潜在会出现的突发污染事件以及处理方案。

第五十一条　建设（供水）主管部门应当会同有关部门制订供水水质突发事件应急预案，经同级人民政府批准后组织实施。

供水单位应当依据所在地城市供水水质突发事件应急预案，制订相应的突发事件应急预案，报所在地直辖市、市、县人民政府城市供水主管部门备案，并定期组织演练。

第五十二条　县级以上人民政府环境保护主管部门应当会同同级有关部门编制饮用水水源污染事故专项应急预案，报本级人民政府批准后发布；

可能发生水污染事故的企业事业单位，应制订处理水污染事故的应急方案，报当地环境保护主管部门备案，并做好应急准备，定期进行演练。

第五十三条　供水水质突发事件应急预案应当包括以下内容：

（一）突发事件的应急管理工作机制；

（二）突发事件的监测与预警；

（三）突发事件信息的收集、分析、报告、通报制度；

（四）突发事件应急处理技术和监测机构及其任务；

（五）突发事件的分级和应急处理工作方案；

（六）突发事件预防与处理措施；

（七）应急供水设施、设备及其他物资和技术的储备与调度；

（八）突发事件应急处理专业队伍的建设和培训。

第五十四条 饮用水水源保护区附近的工业企业、污水处理厂、生活垃圾填埋场、固体废弃物、危险废物集中储存、处置单位、化学品仓库等单位以及各自来水公司实施应急物资储备制度，建立重点应急物资储备库，保障饮用水水源突发污染事件应急工作的实施。

第五十五条 因发生事故或者其他突发性事件，造成或者可能造成污染事故的单位，必须立即采取措施处理，及时通报可能受到污染危害的单位和居民，并向当地环境保护行政主管部门和有关部门报告，接受调查处理。

可能发生重大污染事故的企业事业单位，应当采取措施，加强防范。

第五十六条 企业事业单位发生事故或者其他突发性事件，造成或者可能造成水污染事故的，应当立即启动本单位的应急方案，采取应急措施，并向事故发生地的县级以上地方人民政府或者环境保护主管部门报告。环境保护主管部门接到报告后，应当及时向本级人民政府报告，并抄送有关部门。

县级以上地方人民政府及其环境保护主管部门接到报告后，应当立即派人赶赴现场调查，采取有效措施，控制并消除事故影响，防止污染饮用水水源，同时按照国务院环境保护主管部门关于环境事故分级报告的规定，向上级人民政府和上级环境保护主管部门报告，并通告可能受到危害的相关地区的人民政府和可能受到危害的单位。特殊情况下，可以直接向国务院和国务院环境保护主管部门报告。

第五十七条 饮用水水源污染事故发生后，县级以上人民政府应当启动并组织实施相应的饮用水水源污染事故应急预案，并及时向受影响地区居民发布饮用水水源污染事故警报。

县级以上人民政府有关部门应当按照饮用水水源污染事故应急预案的分工，做好相应的应急工作。环境保护主管部门应当会同同级水行政、交通、渔业、建设等部门做好水污染事故地区及相关饮用水水源的环境应急监测工作，根据监测结果预测事态发展情况，提出科学合理的应急对策和防护措施，防止污染事故危害的扩大。

因处置水污染事故需要紧急调水的，有关流域管理机构应当做好调水工作。

饮用水水源污染事故导致饮用水供应停止的，停止供水地区的县级以上人民政府要组织启动备用水源，或者采用其他的饮用水应急供应措施。

第八章　饮用水安全监督管理

第五十八条　国家对水资源实行流域管理与行政区域管理相结合的管理体制。

国务院水行政主管部门负责全国水资源的统一管理和监督工作。

国务院水行政主管部门在国家确定的重要江河、湖泊设立的流域管理机构（以下简称流域管理机构），在所管辖的范围内行使法律、行政法规规定的和国务院水行政主管部门授予的水资源管理和监督职责。

县级以上地方人民政府水行政主管部门按照规定的权限，负责本行政区域内水资源的统一管理和监督工作。

第五十九条　国务院环境保护行政主管部门负责制定饮用水水源保护区环境管理评估办法，组织开展全国饮用水水源保护区环境管理的评估工作，并向国务院提交评估报告。

省、自治区、直辖市人民政府环境保护行政主管部门和社区城市人民政府环境保护行政主管部门负责组织开展辖区内饮用水水源保护区环境管理评估工作，并向同级人民政府提交评估报告。

县级人民政府要根据经省、自治区、直辖市人民政府或设区城市人民政府批准的评估报告的要求，完善本辖区饮用水水源保护区的环境管理工作。

第六十条　卫生部主管全国饮用水卫生监督工作。县级以上地方人民政府卫生行政部门主管本行政区域内饮用水卫生监督工作。

建设部主管全国饮用水卫生管理工作。县级以上地方人民政府建设行政主管部门主管本行政区域内城镇饮用水卫生管理工作。

第六十一条　县级以上人民政府卫生行政部门负责本行政区域内饮用水卫生监督监测工作。

供水单位的供水范围在本行政区域内的，由该行政区人民政府卫生行政部门负责其饮用水卫生监督监测工作；

供水单位的供水范围超出其所在行政区域的，由供水单位所在行政区域的上一级人民政府卫生行政部门负责其饮用水卫生监督监测工作；

供水单位的供水范围超出其所在省、自治区、直辖市的，由该供水单位所在省、自治区、直辖市人民政府卫生行政部门负责其饮用水卫生监督监测工作。

铁道、交通、民航行政主管部门设立的卫生监督机构，行使卫生部会同国务院有关部门规定的饮用水卫生监督职责。

第六十二条　供水单位应建立饮用水卫生管理规章制度，配备专职或兼职人员，负责饮用水卫生管理工作。

第六十三条　供水单位应当履行以下义务：

（一）编制供水安全计划并报所在地直辖市、市、县人民政府城市供水主管部门备案；

（二）按照有关规定，对其管理的供水设施定期巡查和维修保养；

（三）建立健全水质检测机构和检测制度，提高水质检测能力；

（四）按照国家规定的检测项目、检测频率和有关标准、方法，定期检测原水、出厂水、管网水的水质；

（五）做好各项检测分析资料和水质报表存档工作；

（六）按月向所在地直辖市、市、县人民政府城市供水主管部门如实报告供水水质检测数据；

（七）按照所在地直辖市、市、县人民政府城市供水主管部门的要求公布有关水质信息；

（八）接受公众关于城市供水水质信息的查询。

第六十四条　建设（供水）主管部门实施监督检查时，可以采取以下措施：

（一）进入现场实施检查；

（二）对供水水质进行抽样检测；

（三）查阅、复制相关报表、数据、原始记录等文件和资料；

（四）要求被检查的单位就有关问题做出说明；

（五）纠正违反有关法律、法规和本办法规定的行为。

第六十五条　实施监督检查，不得妨碍被检查单位正常的生产经营活动。建设（城市供水）主管部门及其工作人员对知悉的被检查单位的商业秘密负有保密义务。

第六十六条　县级以上人民政府环境保护行政主管部门或者其他依照法律规定行使环境监督管理权的部门，有权对管辖范围内的排污单位进行现场检查。被检查的单位应当如实反映情况，提供必要的资料。检查机关应当为被检查的单位保守技术秘密和业务秘密。

第六十七条　建设（供水）主管部门依法实施监督检查，有关单位和个人不得拒绝或者阻挠。被检查单位应当接受监督检查和督察，并提供工作方便。

第六十八条　供水单位卫生许可证由县级以上人民政府卫生行政部门发放，有效期四年，每年复核一次。有效期满前六个月重新提出申请换发新证。《城市供水企业资质证书》的申办按《城市供水企业资质管理规定》执行。

第六十九条　县级以上人民政府卫生行政部门设饮用水卫生监督员，负责饮用水卫生监督工作。县级人民政府卫生行政部门可聘任饮用水卫生检查员，负责乡、镇饮用水卫生检查工作。饮用水卫生监督员由县级以上人民政府卫生行政部门发给证书，饮用水卫生检查员由县级人民政府卫生行政部门发给证书。铁道、交通、民航的饮用水卫生监督员，由其上级行政主管部门发给证书。

第九章　公 众 参 与

第七十条　公众全过程参与饮用水水质保护，切实赋予用水户知情权、参与权和监督权，增强用水户的责任感。

第七十一条　环保部门定期公开饮用水水质检测信息，保证公民知情权，公布关于饮用水的重大决策，饮用水水质水量状况以及召开相关的饮用水资源听证会。

第七十二条　提倡公众发挥监督作用，公众有权参与水质标准制定制度、环境影响评价制度、环境公益诉讼制度等，避免执法单位或个人在饮用水管理和执法中可能出现的违法行为。

第七十三条　当出现突发事件或供水单位水质不达标时，及时通知用户。

第十章　节 水 制 度

第七十四条　国家厉行节约用水，大力推行节约用水措施，推广节约用水新技术、新工艺，发展节水型工业、农业和服务业，建立节水型社会。

各级人民政府应当采取措施，加强对节约用水的管理，建立节约用水技术开发推广体系，培育和发展节约用水产业。

第七十五条　单位和个人均有节约用水的义务。

第七十六条　新建、扩建、改建建设项目，应当制订节水措施方案，配套建设节水设施。节水设施应当与主体工程同时设计、同时施工、同时投产。

第七十七条　供水企业和自建供水设施的单位应当加强供水设施的维护管理，减少水的漏失。

第十一章　奖 罚 政 策

第七十八条　国家实行水环境保护目标责任制和考核评价制度，将水环境保护目标完成情况作为对地方人民政府及其负责人考核评价的内容。

第七十九条　县级以上人民政府及其有关主管部门对在水污染防治工作中做出显著成绩的单位和个人给予表彰和奖励。

第八十条　环境保护监督管理人员和其他有关国家工作人员滥用职权、玩忽职守、徇私舞弊的，由其所在单位或者上级主管部门给予行政处分；构成犯罪的，由司法机关依法追究刑事责任。

第八十一条　违反本法规定，造成饮用水水源污染事故的，由县级以上人民政府环境保护主管部门处以罚款，责令立即采取治理措施，消除污染，或者由环境保护主管部门指定有能力的单位代为治理，所需费用由违法者承担；对直接负责的主管人员和其他直接责任人员依法给予处分；构成犯罪的，依法追究刑事责任。

对造成一般或者较大饮用水水源污染事故的，按照事故造成的直接损失的20%计算罚款；对造成重大或者特大饮用水水源污染事故的，按照事故造成的直接损失的30%计算罚款，对造成重大或者特大水污染事故的企业事业单位，并报经有批准权的人民政府批准，责令关闭。

第八十二条 违反本规定，有下列行为之一的，由直辖市、市、县人民政府城市供水主管部门给予警告，并处以5万元以上10万元以下的罚款：

（一）供水水质达不到国家有关标准规定的；

（二）城市供水单位、二次供水管理单位未按规定进行水质检测或者委托检测的；

（三）对于实施生产许可证管理的净水剂及与制水有关的材料等，选用未获证企业产品的；

（四）城市供水单位使用未经检验或者检验不合格的净水剂及有关制水材料的；

（五）城市供水单位使用未经检验或者检验不合格的城市供水设备、管网的；

（六）二次供水管理单位，未按规定对各类储水设施进行清洗消毒的；

（七）城市供水单位、二次供水管理单位隐瞒、缓报、谎报水质突发事件或者水质信息的；

（八）违反本规定，有危害城市供水水质安全的其他行为的。

第八十三条 违反本规定，有下列行为之一的，由直辖市、市、县人民政府城市供水主管部门给予警告，并处以5万元以上10万元以下的罚款：

（一）城市供水单位未制订城市供水水质突发事件应急预案的；

（二）城市供水单位未按规定上报水质报表的。

第八十四条 建设（城市供水）主管部门不履行本规定职责、玩忽职守、滥用职权、徇私舞弊的，对负有责任的主管人员和其他直接责任人员依法给予处分；构成犯罪的，依法追究刑事责任。

第八十五条 因供水单位原因导致供水水质不符合国家有关标准，给用户造成损失的，应当依法承担赔偿责任。

第八十六条 违反本办法规定，有下列情形之一的，县级以上地方人民政府卫生行政部门应当责令限期改进，并可处以5万元以上10万元以下的罚款：

（一）在饮用水水源保护区修建危害水源水质卫生的设施或进行有碍水源水质卫生的作业的；

（二）新建、改建、扩建的饮用水供水项目未经卫生行政部门参加选址、设计审查和竣工验收而擅自供水的；

（三）供水单位未取得卫生许可证而擅自供水的；

（四）供水单位供应的饮用水不符合国家规定的生活饮用水卫生标准的；

（五）未取得卫生行政部门的卫生许可擅自从事二次供水设施清洗消毒工作的。

第八十七条　违反本办法规定，生产或者销售无卫生许可批准文件的涉及饮用水卫生安全的产品的，县级以上地方人民政府卫生行政部门应当责令改进，并可处以违法所得3倍以下的罚款。

第八十八条　供水企业，有下列行为之一的，由建设行政主管部门责令限期改进，并可处以违法所得3倍以上5倍以下的罚款：

（一）新建、改建、扩建的饮用水供水工程项目未经建设行政主管部门设计审查和竣工验收而擅自建设并投入使用的；

（二）未按规定进行日常性水质检验工作；

（三）未取得《城市供水企业资质证书》擅自供水的。

第十二章　附　　则

第八十九条　中华人民共和国缔结或者参加的与国际或者国境边界河流、湖泊有关的国际条约、协定与中华人民共和国法律有不同规定的，适用国际条约、协定的规定。但是，中华人民共和国声明保留的条款除外。

第九十条　本法自公布之日起施行。

编 后 记

《博士后文库》（以下简称《文库》）是汇集自然科学领域博士后研究人员优秀学术成果的系列丛书。《文库》致力于打造专属于博士后学术创新的旗舰品牌，营造博士后百花齐放的学术氛围，提升博士后优秀成果的学术和社会影响力。

《文库》出版资助工作开展以来，得到了全国博士后管委会办公室、中国博士后科学基金会、中国科学院、科学出版社等有关单位领导的大力支持，众多热心博士后事业的专家学者给予积极的建议，工作人员做了大量艰苦细致的工作。在此，我们一并表示感谢！

《博士后文库》编委会